A INVENÇÃO DOS DIREITOS HUMANOS

LYNN HUNT

A invenção dos direitos humanos

Uma história

Tradução
Rosaura Eichenberg

7ª reimpressão

COMPANHIA DAS LETRAS

Copyright © 2007 by Lynn Hunt
Publicado originalmente nos Estados Unidos por W. W. Norton & Company, Inc.

Grafia atualizada segundo o Acordo Ortográfico da Língua Portuguesa de 1990, que entrou em vigor no Brasil em 2009.

Título original
Inventing human rights — A history

Capa
Mariana Newlands

Foto de capa
© Gianni Dagli Orti/ Corbis/ LatinStock

Índice remissivo
Luciano Marchiori

Preparação
Lucas Murtinho

Revisão
Ana Maria Barbosa
Huendel Viana

Dados Internacionais de Catalogação na Publicação (CIP)
(Câmara Brasileira do Livro, SP, Brasil)

Hunt, Lynn
    A invenção dos direitos humanos ; uma história / Lynn Hunt ;
tradução Rosaura Eichenberg. — São Paulo : Companhia das Letras,
2009.

    Título original : Inventing Human Rights : A History.

    ISBN 978-85-359-1459-7

    1. Direitos humanos na literatura 2. Direitos humanos - História
3. Tortura - História I. Título.

09-03980   CDD-323.09

Índice para catálogo sistemático:
1. Direitos humanos : Ciência política : História

Todos os direitos desta edição reservados à
EDITORA SCHWARCZ S.A.
Rua Bandeira Paulista 702 cj. 32
04532-002 — São Paulo — SP
Telefone (11) 3707-3500
www.companhiadasletras.com.br
www.blogdacompanhia.com.br
facebook.com/companhiadasletras
instagram.com/companhiadasletras
twitter.com/cialetras

Para Lee e Jane
Irmãs, Amigas, Inspiradoras

Sumário

Agradecimentos 9
Introdução — "Consideramos estas verdades
autoevidentes". 13

1. "TORRENTES DE EMOÇÕES" 35
Lendo romances e imaginando a igualdade

2. "OSSOS DOS SEUS OSSOS" 70
Abolindo a tortura

3. "ELES DERAM UM GRANDE EXEMPLO" 113
Declarando os direitos

4. "ISSO NÃO TERMINARÁ NUNCA" 146
As consequências das declarações

5. "A FORÇA MALEÁVEL DA HUMANIDADE". 177
*Por que os direitos humanos fracassaram a princípio, mas tiveram
sucesso no longo prazo*

Apêndice — Três declarações: 1776, 1789, 1948 217
Notas 237
Créditos das imagens 271
Índice remissivo 273

Agradecimentos

Enquanto escrevia este livro, beneficiei-me de incontáveis sugestões oferecidas por amigos, colegas e participantes de vários seminários e conferências. Nenhuma expressão de gratidão de minha parte poderia pagar as dívidas que tive a felicidade de contrair, e só espero que alguns dos credores reconheçam as suas contribuições em certas passagens ou notas. O ato de proferir as Conferências Patten na Universidade de Indiana, as Conferências Merle Curti na Universidade de Wisconsin e as Conferências James W. Richards na Universidade de Virginia propiciou oportunidades inestimáveis para testar as minhas noções preliminares. Alguns *insights* excelentes também vieram do público em Camino College; Carleton College; Centro de Investigación y Docencia Económicas, Cidade do México; Universidade de Fordham; Instituto de Pesquisa Histórica, Universidade de Londres, Lewis & Clark College; Pomona College; Universidade de Stanford; Universidade Texas A&M; Universidade de Paris; Universidade de Ulster, Coleraine; Universidade de Washington, Seattle; e na minha instituição, a Universidade da Califórnia, Los Angeles (UCLA). O financiamento para a maior parte da minha pesquisa proveio da Cátedra Eugen Weber de História Moderna Europeia na UCLA, e a pesquisa foi muito facilitada pela riqueza verdadeiramente excepcional das bibliotecas da UCLA.

A maioria das pessoas pensa que o ensino fica abaixo da pesquisa na lista de prioridades dos professores universitários, mas a ideia para este livro surgiu originalmente de uma coletânea de documentos que editei e traduzi com o objetivo de ensinar estudantes dos cursos de graduação: *The French Revolution and Human Rights: A Brief Documentary History* (Boston/ Nova York: Bedford/ St. Martin's Press, 1996). Uma bolsa da National Endowment for the Humanities me ajudou a completar aquele projeto. Antes de escrever este livro, publiquei um breve esboço, "The Paradoxical Origins of Human Rights", in Jeffrey N. Wasserstrom, Lynn Hunt e Marilyn B. Young, eds., *Human Rights and Revolutions* (Lanham, MD: Rowman & Littlefield, 2000), pp. 3-17. Alguns dos argumentos no capítulo 2 foram primeiro desenvolvidos de um modo diferente em "Le Corps au XVIIIe siècle: les origines des droits de l'homme", *Diogène*, 203 (julho-setembro de 2003), pp. 49-67.

Da ideia até a execução final, a estrada, pelo menos no meu caso, é longa e às vezes árdua, mas se torna transitável com a ajuda daqueles que me são próximos e queridos. Joyce Appleby e Suzanne Desan leram os primeiros rascunhos dos meus três primeiros capítulos e deram sugestões maravilhosas para aperfeiçoá-los. A minha editora na W. W. Norton, Amy Cherry, forneceu o tipo de atenção minuciosa à redação e ao argumento com que a maioria dos autores só consegue sonhar. Sem Margaret Jacob eu não teria escrito este livro. Ela me estimulou com o seu próprio entusiasmo pela pesquisa e redação, com a sua valentia em se aventurar em domínios novos e controversos e, não menos importante, com a sua capacidade de deixar tudo de lado para preparar um jantar refinado. Ela sabe o quanto lhe devo. Meu pai morreu enquanto eu escrevia este livro, mas ainda posso escutar as suas palavras de encorajamento e apoio. Dedico este livro às minhas irmãs Lee e Jane, em reconhecimento, ainda que inadequado, por tudo o que temos partilhado ao longo de muitos anos. Elas me ensinaram as minhas primeiras lições sobre os direitos, a resolução de conflitos e o amor.

Introdução

"Consideramos estas verdades autoevidentes"

Às vezes grandes textos surgem da reescrita sob pressão. No seu primeiro rascunho da Declaração da Independência, preparado em meados de junho de 1776, Thomas Jefferson escreveu: "Consideramos que estas verdades são sagradas e inegáveis: que todos os homens são criados iguais & independantes [*sic*], que dessa criação igual derivam direitos inerentes & inalienáveis, entre os quais estão a preservação da vida, a liberdade & a busca da felicidade". Em grande parte graças às suas próprias revisões, a frase de Jefferson logo se livrou dos soluços para falar em tons mais claros, mais vibrantes: "Consideramos estas verdades autoevidentes: que todos os homens são criados iguais, dotados pelo seu Criador de certos Direitos inalienáveis, que entre estes estão a Vida, a Liberdade e a busca da Felicidade". Com essa única frase, Jefferson transformou um típico documento do século XVIII sobre injustiças políticas numa proclamação duradoura dos direitos humanos.[1]

Treze anos mais tarde, Jefferson estava em Paris quando os franceses começaram a pensar em redigir uma declaração de seus direitos. Em janeiro de 1789 — vários meses antes da queda da Bastilha —, o marquês de Lafayette, amigo de Jefferson e veterano da Guerra da Independência americana, delineou uma declaração francesa, muito provavelmente com a ajuda de Jefferson. Quando a Bastilha caiu, em 14 de julho, e a Revolução Francesa começou para valer, a necessidade de uma declaração oficial ganhou impulso. Apesar dos melhores esforços de Lafayette, o documento não foi forjado por uma única mão, como Jefferson fizera para o Congresso americano. Em 20 de agosto, a nova Assembleia Nacional começou a discussão de 24 artigos rascunhados por um comitê desajeitado de quarenta deputados. Depois de seis dias de debate tumultuado e infindáveis emendas, os deputados franceses só tinham aprovado dezessete artigos. Exaustos pela disputa prolongada e precisando tratar de outras questões prementes, os deputados votaram, em 27 de agosto de 1789, por suspender a discussão do rascunho e adotar provisoriamente os artigos já aprovados como a sua Declaração dos Direitos do Homem e do Cidadão.

O documento tão freneticamente ajambrado era espantoso na sua impetuosidade e simplicidade. Sem mencionar nem uma única vez rei, nobreza ou igreja, declarava que "os direitos naturais, inalienáveis e sagrados do homem" são a fundação de todo e qualquer governo. Atribuía a soberania à nação, e não ao rei, e declarava que todos são iguais perante a lei, abrindo posições para o talento e o mérito e eliminando implicitamente todo o privilégio baseado no nascimento. Mais extraordinária que qualquer garantia particular, entretanto, era a universalidade das afirmações feitas. As referências a "homens", "homem", "todo homem", "todos os homens", "todos os cidadãos", "cada cidadão", "sociedade" e "toda sociedade" eclipsavam a única referência ao povo francês.

Como resultado, a publicação da declaração galvanizou imediatamente a opinião pública mundial sobre o tema dos direitos, tanto contra como a favor. Num sermão proferido em Londres em 4 de novembro de 1789, Richard Price, amigo de Benjamin Franklin e crítico frequente do governo inglês, tornou-se lírico a respeito dos novos direitos do homem. "Vivi para ver os direitos dos homens mais bem compreendidos do que nunca, e nações ansiando por liberdade que pareciam ter perdido a ideia do que isso fosse." Indignado com o entusiasmo ingênuo de Price pelas "abstrações metafísicas" dos franceses, o famoso ensaísta Edmund Burke, membro do Parlamento britânico, rabiscou uma resposta furiosa. O seu panfleto, *Reflexões sobre a revolução em França* (1790), foi logo reconhecido como o texto fundador do conservadorismo. "Não somos os convertidos por Rousseau", trovejou Burke. "Sabemos que não fizemos nenhuma descoberta, e pensamos que nenhuma descoberta deve ser feita, no tocante à moralidade. [...] Não fomos estripados e amarrados para que pudéssemos ser preenchidos como pássaros empalhados num museu, com farelos, trapos e pedaços miseráveis de papel borrado sobre os direitos do homem." Price e Burke haviam concordado sobre a Revolução Americana: os dois a apoiaram. Mas a Revolução Francesa aumentou bastante o valor da aposta, e as linhas de batalha logo se formaram: era a aurora de uma nova era de liberdade baseada na razão ou o início de uma queda implacável rumo à anarquia e à violência?[2]

Por quase dois séculos, apesar da controvérsia provocada pela Revolução Francesa, a Declaração dos Direitos do Homem e do Cidadão encarnou a promessa de direitos humanos universais. Em 1948, quando as Nações Unidas adotaram a Declaração Universal dos Direitos Humanos, o artigo 1º dizia: "Todos os seres humanos nascem livres e iguais em dignidade e direitos". Em 1789, o artigo 1º da Declaração dos Direitos do Homem e do Cidadão já havia proclamado: "Os homens nascem e permanecem livres e iguais em direitos". Embora as modificações na linguagem fossem significativas, o eco entre os dois documentos é inequívoco.

As origens dos documentos não nos dizem necessariamente

nada de significativo sobre as suas consequências. Importa realmente que o esboço tosco de Jefferson tenha passado por 86 alterações feitas por ele mesmo, pelo Comitê dos Cinco* ou pelo Congresso? Jefferson e Adams claramente pensavam que sim, pois ainda estavam discutindo sobre quem contribuiu com o quê na década de 1820, a última de suas longas e memoráveis vidas. Entretanto, a Declaração da Independência não tinha natureza constitucional. Declarava simplesmente intenções, e passaram-se quinze anos antes que os estados finalmente ratificassem uma *Bill of Rights* muito diferente em 1791. A Declaração dos Direitos do Homem e do Cidadão afirmava salvaguardar as liberdades individuais, mas não impediu o surgimento de um governo francês que reprimiu os direitos (conhecido como o Terror), e futuras constituições francesas — houve muitas delas — formularam declarações diferentes ou passaram sem nenhuma declaração.

Ainda mais perturbador é que aqueles que com tanta confiança declaravam no final do século XVIII que os direitos são universais vieram a demonstrar que tinham algo muito menos inclusivo em mente. Não ficamos surpresos por eles considerarem que as crianças, os insanos, os prisioneiros ou os estrangeiros eram incapazes ou indignos de plena participação no processo político, pois pensamos da mesma maneira. Mas eles também excluíam aqueles sem propriedade, os escravos, os negros livres, em alguns casos as minorias religiosas e, sempre e por toda parte, as mulheres. Em anos recentes, essas limitações a "todos os homens" provocaram muitos comentários, e alguns estudiosos até questionaram se as declarações tinham um verdadeiro significado de emancipação.

* O Committee of Five, formado por Thomas Jefferson, John Adams, Benjamin Franklin, Robert Livingston e Roger Sherman, foi designado pelo Congresso americano em 11 de junho de 1776 para esboçar a Declaração da Independência americana. (N. T.)

Os fundadores, os que estruturaram e os que redigiram as declarações têm sido julgados elitistas, racistas e misóginos por sua incapacidade de considerar todos verdadeiramente iguais em direitos.

Não devemos esquecer as restrições impostas aos direitos pelos homens do século XVIII, mas parar por aí, dando palmadinhas nas costas pelo nosso próprio "avanço" comparativo, é não compreender o principal. Como é que esses homens, vivendo em sociedades construídas sobre a escravidão, a subordinação e a subserviência aparentemente natural, chegaram a imaginar homens nada parecidos com eles, e em alguns casos também mulheres, como iguais? Como é que a igualdade de direitos se tornou uma verdade "autoevidente" em lugares tão improváveis? É espantoso que homens como Jefferson, um senhor de escravos, e Lafayette, um aristocrata, pudessem falar dessa forma dos direitos autoevidentes e inalienáveis de todos os homens. Se pudéssemos compreender como isso veio a acontecer, compreenderíamos melhor o que os direitos humanos significam para nós hoje em dia.

O PARADOXO DA AUTOEVIDÊNCIA

Apesar de suas diferenças de linguagem, as duas declarações do século XVIII se baseavam numa afirmação de autoevidência. Jefferson deixou isso explícito quando escreveu: "Consideramos estas verdades autoevidentes". A declaração francesa afirmava categoricamente que "a ignorância, a negligência ou o menosprezo dos direitos do homem são as únicas causas dos males públicos e da corrupção governamental". Pouca coisa tinha mudado a esse respeito em 1948. Verdade, a Declaração das Nações Unidas assumia um tom mais legalista: "Visto que o reconhecimento da dignidade inerente a todos os membros da família humana e de seus direitos iguais e inalienáveis é o fundamento da liberdade, da justiça e da paz no mundo". Mas isso também constituía uma afirmação de autoevidência, porque "visto que" significa literalmente "sendo fato que". Em outras palavras, "visto que" é simplesmente um modo legalista de afirmar algo determinado, autoevidente.

Essa afirmação de autoevidência, crucial para os direitos humanos mesmo nos dias de hoje, dá origem a um paradoxo: se a igualdade dos direitos é tão autoevidente, por que essa afirmação tinha de ser feita e por que só era feita em tempos e lugares específicos? Como podem os direitos humanos ser universais se não são universalmente reconhecidos? Vamos nos contentar com a explicação, dada pelos redatores de 1948, de que "concordamos sobre os direitos, desde que ninguém nos pergunte por quê"? Os direitos podem ser "autoevidentes" quando estudiosos discutem há mais de dois séculos sobre o que Jefferson queria dizer com a sua expressão? O debate continuará para sempre, porque Jefferson nunca sentiu a necessidade de se explicar. Ninguém do Comitê dos Cinco ou do Congresso quis revisar a sua afirmação, mesmo modificando extensamente outras seções de sua versão preliminar. Aparentemente concordavam com ele. Mais ainda, se Jefferson tivesse se explicado, a autoevidência da afirmação teria se evaporado. Uma afirmação que requer discussão não é evidente por si mesma.[3]

Acredito que a afirmação de autoevidência é crucial para a história dos direitos humanos, e este livro busca explicar como ela veio a ser tão convincente no século XVIII. Felizmente, ela também propicia um ponto focal no que tende a ser uma história muito difusa. Os direitos humanos tornaram-se tão ubíquos na atualidade que parecem requerer uma história igualmente vasta. As ideias gregas sobre a pessoa individual, as noções romanas de lei e direito, as doutrinas cristãs da alma... O risco é que a história dos direitos humanos se torne a história da civilização ocidental ou agora, às vezes, até a história do mundo inteiro. A antiga Babilônia, o hinduísmo, o budismo e o islã também não deram as suas contribuições? Como, então, explicamos a repentina cristalização das afirmações dos direitos humanos no final do século XVIII?

Os direitos humanos requerem três qualidades encadeadas: devem ser *naturais* (inerentes nos seres humanos), *iguais* (os mesmos para todo mundo) e *universais* (aplicáveis por toda parte). Para que os direitos sejam direitos *humanos*, todos os humanos em todas as regiões do mundo devem possuí-los igualmente e apenas por causa de seu status como seres humanos. Acabou sendo mais fácil aceitar a qualidade natural dos direitos do que a sua igualdade ou universalidade. De muitas maneiras, ainda estamos aprendendo a lidar com as implicações da demanda por igualdade e universalidade de direitos. Com que idade alguém tem direito a uma plena participação política? Os imigrantes — não-cidadãos — participam dos direitos ou não, e de quais?

Entretanto, nem o caráter natural, a igualdade e a universalidade são suficientes. Os direitos humanos só se tornam significativos quando ganham conteúdo político. Não são os direitos de humanos num estado de natureza: são os direitos de humanos em sociedade. Não são apenas direitos humanos em oposição aos direitos divinos, ou direitos humanos em oposição aos direitos animais: são os direitos de humanos *vis-à-vis* uns aos outros. São, portanto, direitos garantidos no mundo político secular (mesmo que sejam chamados "sagrados"), e são direitos que requerem uma participação ativa daqueles que os detêm.

A igualdade, a universalidade e o caráter natural dos direitos ganharam uma expressão política direta pela primeira vez na Declaração da Independência americana de 1776 e na Declaração dos Direitos do Homem e do Cidadão de 1789. Embora se referisse aos "antigos direitos e liberdades" estabelecidos pela lei inglesa e derivados da história inglesa, a *Bill of Rights* inglesa de 1689 não declarava a igualdade, a universalidade ou o caráter natural dos direitos. Em contraste, a Declaração da Independência insistia que "todos os homens são criados iguais" e que todos possuem "direitos inalienáveis". Da mesma forma, a Declaração dos Direitos do Homem e do Cidadão proclamava que "Os homens nascem e permanecem livres e iguais em direitos". Não os homens franceses, não os homens brancos, não os católicos, mas "os homens", o que tanto naquela época como agora não significa apenas machos, mas pessoas, isto é, membros da raça humana. Em outras palavras, em algum momento entre 1689 e 1776 direitos que tinham sido considerados muito frequentemente como sendo de determinado povo — os ingleses nascidos livres, por exemplo — foram transformados em direitos humanos, direitos naturais universais, o que os franceses chamavam *les droits de l'homme,* ou "os direitos do homem".[4]

OS DIREITOS HUMANOS E "OS DIREITOS DO HOMEM"

Uma breve incursão na história dos termos ajudará a fixar o momento do surgimento dos direitos humanos. As pessoas do século XVIII não usavam frequentemente a expressão "direitos humanos" e, quando o faziam, em geral queriam dizer algo diferente do significado que hoje lhe atribuímos. Antes de 1789, Jefferson, por exemplo, falava com muita frequência de "direitos naturais". Começou a usar o termo "direitos do homem" somente depois de 1789. Quando empregava "direitos humanos", queria dizer algo mais passivo e menos político do que os direitos naturais ou os direitos do homem. Em 1806, por exemplo, usou o termo ao se referir aos males do tráfico de escravos:

> Eu lhes felicito, colegas cidadãos, por estar próximo o período em que poderão interpor constitucionalmente a sua autoridade para afastar os cidadãos dos Estados Unidos de toda participação ulterior naquelas violações dos direitos humanos que têm sido reitera-

das por tanto tempo contra os habitantes inofensivos da África, e que a moralidade, a reputação e os melhores interesses do nosso país desejam há muito proscrever.

Ao sustentar que os africanos gozavam de direitos humanos, Jefferson não tirava nenhuma ilação sobre os escravos negros no país. Os direitos humanos, pela definição de Jefferson, não capacitava os africanos — muito menos os afro-americanos — a agir em seu próprio nome.[5]

Durante o século XVIII, em inglês e em francês, os termos "direitos humanos", "direitos do gênero humano" e "direitos da humanidade" se mostraram todos demasiado gerais para servir ao emprego político direto. Referiam-se antes ao que distinguia os humanos do divino, numa ponta da escala, e dos animais, na outra, do que a direitos politicamente relevantes como a liberdade de expressão ou o direito de participar na política. Assim, num dos empregos mais antigos (1734) de "direitos da humanidade" em francês, o acerbo crítico literário Nicolas Lenglet-Dufresnoy, ele próprio um padre católico, satirizava "aqueles monges inimitáveis do século VI, que renunciavam tão inteiramente a todos 'os direitos da humanidade' que pastavam como animais e andavam por toda parte completamente nus". Da mesma forma, em 1756, Voltaire podia proclamar com ironia que a Pérsia era a monarquia em que mais desfrutava dos "direitos da humanidade", porque os persas tinham os maiores "recursos contra o tédio". O termo "direito humano" apareceu em francês pela primeira vez em 1763 significando algo semelhante a "direito natural", mas não pegou, apesar de ser usado por Voltaire no seu amplamente influente *Tratado sobre a tolerância*.[6]

Enquanto os ingleses continuaram a preferir "direitos naturais" ou simplesmente "direitos" durante todo o século XVIII, os franceses inventaram uma nova expressão na década de 1760 —

"direitos do homem" (*droits de l'homme*). "O(s) direito(s) natural(is)" ou "a lei natural" (*droit naturel* tem ambos os significados em francês) tinham histórias mais longas que recuavam centenas de anos no passado, mas talvez como consequência "o(s) direito(s) natural(is)" tinha um número exagerado de possíveis significados. Às vezes significava simplesmente fazer sentido dentro da ordem tradicional. Assim, por exemplo, o bispo Bossuet, um porta-voz a favor da monarquia absoluta de Luís XIV, usou "direito natural" somente ao descrever a entrada de Jesus Cristo no céu ("ele entrou no céu pelo seu próprio direito natural").[7]

O termo "direitos do homem" começou a circular em francês depois de sua aparição em *O contrato social* (1762), de Jean-Jacques Rousseau, ainda que ele não desse ao termo nenhuma definição e ainda que — ou talvez porque — o usasse ao lado de "direitos da humanidade", "direitos do cidadão" e "direitos da soberania". Qualquer que fosse a razão, por volta de junho de 1763, "direitos do homem" tinha se tornado um termo comum, segundo uma revista clandestina:

> Os atores da *Comédie française* representaram hoje, pela primeira vez, *Manco* [uma peça sobre os incas no Peru], de que falamos antes. É uma das piores tragédias já construídas. Há nela um papel para um selvagem que poderia ser muito belo: ele recita em verso tudo o que temos lido espalhado sobre reis, liberdade e os direitos do homem, em *A desigualdade de condições*, em *Emílio*, em *O contrato social*.

Embora a peça não empregue de fato a expressão precisa "os direitos do homem", mas antes a relacionada "direitos de nosso ser", é claro que o termo havia entrado no uso intelectual e estava de fato diretamente associado com as obras de Rousseau. Outros escritores do Iluminismo, como o barão D'Holbach, Raynal e Mercier, adotaram a expressão nas décadas de 1770 e 1780.[8]

Antes de 1789, "direitos do homem" tinha poucas incursões no inglês. Mas a Revolução Americana incitou o marquês de Condorcet, defensor do Iluminismo francês, a dar o primeiro passo para definir "os direitos do homem", que para ele incluíam a segurança da pessoa, a segurança da propriedade, a justiça imparcial e idônea e o direito de contribuir para a formulação das leis. No seu ensaio de 1786, "De l'influence de la révolution d'Amérique sur l'Europe", Condorcet ligava explicitamente os direitos do homem à Revolução Americana: "O espetáculo de um grande povo em que os direitos do homem são respeitados é útil para todos os outros, apesar da diferença de clima, costumes e constituições". A Declaração da Independência americana, ele proclamava, era nada menos que "uma exposição simples e sublime desses direitos que são, ao mesmo tempo, tão sagrados e há tanto tempo esquecidos". Em janeiro de 1789, Emmanuel-Joseph Sieyès usou a expressão no seu incendiário panfleto contra a nobreza, *O que é o Terceiro Estado?*. O rascunho de uma declaração dos direitos, feito por Lafayette em janeiro de 1789, referia-se explicitamente aos "direitos do homem", referência também feita por Condorcet no seu próprio rascunho do início de 1789. Desde a primavera de 1789 — isto é, mesmo antes da queda da Bastilha em 14 de julho — muitos debates sobre a necessidade de uma declaração dos "direitos do homem" permeavam os círculos políticos franceses.[9]

Quando a linguagem dos direitos humanos apareceu, na segunda metade do século XVIII, havia a princípio pouca definição explícita desses direitos. Rousseau não ofereceu nenhuma explicação quando usou o termo "direitos do homem". O jurista inglês William Blackstone os definiu como "a liberdade natural da humanidade", isto é, os "direitos absolutos do homem, considerado como um agente livre, dotado de discernimento para distinguir o bem do mal". A maioria daqueles que usavam a expressão nas décadas de 1770 e 1780 na França, como D'Holbach e Mirabeau, figuras controversas do Iluminismo, referia-se aos direitos do homem como se fossem óbvios e não necessitassem de nenhuma justificação ou definição; eram, em outras palavras, autoevidentes. D'Holbach argumentava, por exemplo, que se os homens temessem menos a morte "os direitos do homem seriam defendidos com mais ousadia". Mirabeau denunciava os seus perseguidores, que não tinham "nem caráter nem alma, porque não têm absolutamente nenhuma ideia dos direitos dos homens". Ninguém apresentou uma lista precisa desses direitos antes de 1776 (a data da Declaração de Direitos da Virgínia redigida por George Mason).[10]

A ambiguidade dos direitos humanos foi percebida pelo pastor calvinista Jean-Paul Rabaut Saint-Étienne, que escreveu ao rei francês em 1787 para se queixar das limitações de um projeto de edito de tolerância para protestantes como ele próprio. Encorajado pelo sentimento crescente em favor dos direitos do homem, Rabaut insistiu: "sabemos hoje o que são os direitos naturais, e eles certamente dão aos homens muito mais do que o edito concede aos protestantes. [...] Chegou a hora em que não é mais aceitável que uma lei invalide abertamente os direitos da humanidade, que são muito bem conhecidos em todo o mundo". Talvez eles fossem bem conhecidos, mas o próprio Rabaut admitia que um rei católico não podia sancionar oficialmente o direito calvinista ao culto público. Em suma, tudo dependia — como ainda depende — da interpretação dada ao que não era "mais aceitável".[11]

COMO OS DIREITOS SE TORNARAM AUTOEVIDENTES

Os direitos humanos são difíceis de determinar porque sua definição, e na verdade a sua própria existência, depende tanto das emoções quanto da razão. A reivindicação de autoevidência se baseia em última análise num apelo emocional: ela é convincente se ressoa dentro de cada indivíduo. Além disso, temos muita certeza de que um direito humano está em questão quando nos sentimos horrorizados pela sua violação. Rabaut Saint-Étienne sabia que podia apelar ao conhecimento implícito do que não era "mais aceitável". Em 1755, o influente escritor do Iluminismo francês Denis Diderot tinha escrito, a respeito do *droit naturel,* que "o uso desse termo é tão familiar que quase ninguém deixaria de ficar convencido, no interior de si mesmo, de que a noção lhe é obviamente conhecida. Esse sentimento interior é comum tanto para o filósofo quanto para o homem que absolutamente não refletiu". Como outros de seu tempo, Diderot dava apenas uma indicação vaga do significado de direitos naturais: "como homem", concluía, "não tenho outros direitos naturais que sejam verdadeiramente inalienáveis a não ser aqueles da humanidade". Mas ele tocara na qualidade mais importante dos direitos humanos: eles requeriam certo "sentimento interior" amplamente partilhado.[12]

Até Jean-Jacques Burlamaqui, o austero filósofo suíço da lei natural, insistia que a liberdade só podia ser experimentada pelos sentimentos interiores de cada homem: "Tais provas de sentimento estão acima de toda objeção e produzem a *convicção* mais profundamente arraigada". Os direitos humanos não são apenas uma doutrina formulada em documentos: baseiam-se numa disposição em relação às outras pessoas, um conjunto de convicções sobre como são as pessoas e como elas distinguem o certo e o errado no mundo secular. As ideias filosóficas, as tradições legais e a política revolucionária precisaram ter esse tipo de ponto de referência emocional interior para que os direitos humanos fossem verdadeiramente "autoevidentes". E, como insistia Diderot, esses sentimentos tinham de ser experimentados por muitas pessoas, não somente pelos filósofos que escreviam sobre eles.[13]

O que sustentava essas noções de liberdade e direitos era um conjunto de pressuposições sobre a autonomia individual. Para ter direitos humanos, as pessoas deviam ser vistas como indivíduos separados que eram capazes de exercer um julgamento moral independente; como dizia Blackstone, os direitos do homem acompanhavam o indivíduo "considerado como um agente livre, dotado de discernimento para distinguir o bem do mal". Mas, para que se tornassem membros de uma comunidade política baseada naqueles julgamentos morais independentes, esses indivíduos autônomos tinham de ser capazes de sentir empatia pelos outros. Todo mundo teria direitos somente se todo mundo pudesse ser visto, de um modo essencial, como semelhante. A igualdade não era apenas um conceito abstrato ou um slogan político. Tinha de ser internalizada de alguma forma.

Embora consideremos naturais as ideias de autonomia e igualdade, junto com os direitos humanos, elas só ganharam influência no século XVIII. O filósofo moral contemporâneo J. B. Schneewind investigou o que ele chama de "a invenção da autonomia". "A nova perspectiva que surgiu no fim do século XVIII", afirma ele, "centrava-se na crença de que todos os indivíduos normais são igualmente capazes de viver juntos numa moralidade de autocontrole." Por trás desses "indivíduos normais" existe uma longa história de luta. No século XVIII (e de fato até o presente) não se imaginavam todas as "pessoas" como igualmente capazes de autonomia moral. Duas qualidades relacionadas mas distintas estavam implicadas: a capacidade de raciocinar e a independência de decidir por si mesmo. Ambas tinham de estar presentes para que um indivíduo fosse moralmente autônomo. Às crianças e aos insanos faltava a necessária capacidade de raciocinar, mas eles poderiam algum dia ganhar ou recuperar essa capacidade. Assim como as crianças, os escravos, os criados, os sem propriedade e as mulheres não tinham a independência de status requerida para serem plenamente autônomos. As crianças, os criados, os sem propriedade e talvez até os escravos poderiam um dia tornar-se autônomos, crescendo, abandonando o serviço, adquirindo uma propriedade ou comprando a sua liberdade. Apenas as mulheres não pareciam ter nenhuma dessas opções: eram definidas como inerentemente dependentes de seus pais ou maridos. Se os proponentes dos direitos humanos naturais, iguais e universais excluíam automaticamente algumas categorias de pessoas do exercício desses direitos, era primariamente porque viam essas pessoas como menos do que plenamente capazes de autonomia moral.[14]

Entretanto, o poder recém-descoberto da empatia podia funcionar até contra os preconceitos mais duradouros. Em 1791, o governo revolucionário francês concedeu direitos iguais aos judeus; em 1792, até os homens sem propriedade foram emancipados; e em 1794, o governo francês aboliu oficialmente a escravidão. Nem a autonomia nem a empatia estavam determinadas: eram habilidades que podiam ser aprendidas, e as limitações "aceitáveis" dos direitos podiam ser — e foram — questionadas. Os direitos não podem ser definidos de uma vez por todas, porque a sua base emocional continua a se deslocar, em parte como reação às declarações de direitos. Os direitos permanecem sujeitos a discussão porque a nossa percepção de quem tem direitos e do que são esses direitos muda constantemente. A revolução dos direitos humanos é, por definição, contínua.

A autonomia e a empatia são práticas culturais e não apenas ideias, e portanto são incorporadas de forma bastante literal, isto é, têm dimensões tanto físicas como emocionais. A autonomia individual depende de uma percepção crescente da separação e do caráter sagrado dos corpos humanos: o seu corpo é seu, e o meu corpo é meu, e devemos ambos respeitar as fronteiras entre os corpos um do outro. A empatia depende do reconhecimento de que outros sentem e pensam como fazemos, de que nossos sentimentos interiores são semelhantes de um modo essencial. Para ser autônoma, uma pessoa tem de estar legitimamente separada e protegida na sua separação; mas, para fazer com que os direitos acompanhem essa separação corporal, a individualidade de uma pessoa deve ser apreciada de forma mais emocional. Os direitos humanos dependem tanto do domínio de si mesmo como do reconhecimento de que todos os outros são igualmente senhores de si. É o desenvolvimento incompleto dessa última condição que dá origem a todas as desigualdades de direitos que nos têm preocupado ao longo de toda a história.

A autonomia e a empatia não se materializaram a partir do ar rarefeito do século XVIII: elas tinham raízes profundas. Durante o longo período de vários séculos, os indivíduos tinham começado a se afastar das teias da comunidade, tornando-se agentes cada vez mais independentes tanto legal como psicologicamente. Um maior respeito pela integridade corporal e linhas de demarcação mais claras entre os corpos individuais haviam sido produzidos pelo limiar cada vez mais elevado da vergonha a respeito das funções corporais e pelo senso crescente de decoro corporal. Com o tempo, as pessoas começaram a dormir sozinhas ou apenas com um cônjuge na cama. Usavam utensílios para comer e começaram a considerar repulsivo um comportamento antes tão aceitável, como jogar comida no chão ou limpar excreções corporais nas roupas. A constante evolução de noções de interioridade e profundidade da psique, desde a alma cristã à consciência protestante e às noções de sensibilidade do século XVIII, preenchia a individualidade com um novo conteúdo. Todos esses processos ocorreram durante um longo período.

Mas houve um avanço repentino no desenvolvimento dessas práticas na segunda metade do século XVIII. A autoridade absoluta dos pais sobre os filhos foi questionada. O público começou a ver os espetáculos teatrais ou a escutar música em silêncio. Os retratos e as pinturas de gênero desafiaram o predomínio das grandes telas mitológicas e históricas da pintura acadêmica. Os romances e os jornais proliferaram, tornando as histórias das vidas comuns acessíveis a um amplo público. A tortura como parte do processo judicial e as formas mais extremas de punição corporal começaram a ser vistas como inaceitáveis. Todas essas mudanças contribuíram para uma percepção da separação e do autocontrole dos corpos individuais, junto com a possibilidade de empatia com outros.

As noções de integridade corporal e individualidade empática, investigadas nos próximos capítulos, têm histórias não dessemelhantes da dos direitos humanos, aos quais estão intimamente relacionadas. Isto é, as mudanças nos pontos de vista parecem acontecer todas ao mesmo tempo, em meados do século xviii. Considere-se, por exemplo, a tortura. Entre 1700 e 1750, a maioria dos empregos da palavra "tortura" em francês se referia às dificuldades que um escritor experimentava para encontrar uma expressão apropriada. Assim, Marivaux em 1724 se referia a "torturar a mente para extrair reflexões". A tortura, isto é, a tortura legalmente autorizada para obter confissões de culpa ou nomes de cúmplices, tornou-se uma questão de grande importância depois que Montesquieu atacou a prática no seu *Espírito das leis* (1748). Numa das suas passagens mais influentes, Montesquieu insiste que "Tantas pessoas inteligentes e tantos homens de gênio escreveram contra esta prática [a tortura judicial] que não ouso falar depois deles". Acrescenta então, um tanto enigmaticamente: "Eu ia dizer que talvez ela fosse apropriada para o governo despótico, no qual tudo que inspira medo contribui para o vigor do governo; ia dizer que os escravos entre os gregos e os romanos... Mas escuto a voz da natureza gritando contra mim". Aqui também a autoevidência — "a voz da natureza gritando" — fornece o fundamento para o argumento. Depois de Montesquieu, Voltaire e muitos outros, especialmente o italiano Beccaria, se juntariam à campanha. Na década de 1780, a abolição da tortura e das formas bárbaras de punição corporal tinham se tornado artigos essenciais na nova doutrina dos direitos humanos.[15]

As mudanças nas reações aos corpos e individualidades das outras pessoas forneceram um suporte crítico para o novo fundamento secular da autoridade política. Embora Jefferson escrevesse que o "seu Criador" tinha dotado os homens de direitos, o papel do Criador terminava ali. O governo já não dependia de Deus, muito menos da interpretação da vontade de Deus apresentada por uma igreja. "Governos são instituídos entre os homens", disse Jefferson, "para assegurar esses Direitos", e eles derivam o seu poder "do Consentimento dos Governados". Da mesma forma, a Declaração francesa de 1789 mantinha que o "objetivo de toda associação política é a preservação dos direitos naturais e imprescritíveis do homem" e que o "princípio de toda soberania reside essencialmente na nação". A autoridade política, nessa visão, derivava da natureza mais interior dos indivíduos e da sua capacidade de criar a comunidade por meio do consentimento. Os cientistas políticos e os historiadores têm examinado essa concepção da autoridade política a partir de ângulos variados, mas têm prestado pouca atenção à visão dos corpos e das individualidades que a tornou possível.[16]

Meu argumento fará grande uso da influência de novos tipos de experiência, desde ver imagens em exposições públicas até ler romances epistolares imensamente populares sobre o amor e o casamento. Essas experiências ajudaram a difundir as práticas da autonomia e da empatia. O cientista político Benedict Anderson argumenta que os jornais e os romances criaram a "comunidade imaginada" que o nacionalismo requer para florescer. O que poderia ser denominado "empatia imaginada" antes serve como fundamento dos direitos humanos que do nacionalismo. É imaginada não no sentido de inventada, mas no sentido de que a empatia requer um salto de fé, de imaginar que alguma outra pessoa é como você. Os relatos de tortura produziam essa empatia imaginada por meio de novas visões da dor. Os romances a geravam induzindo novas sensações a respeito do eu interior. Cada um à sua maneira reforçava a noção de uma comunidade baseada em indivíduos autônomos e empáticos, que podiam se relacionar, para além de suas famílias imediatas, associações religiosas ou até nações, com valores universais maiores.[17]

Não há nenhum modo fácil ou óbvio de provar ou mesmo medir o efeito das novas experiências culturais sobre as pessoas do século XVIII, muito menos sobre as suas concepções dos direitos. Os estudos científicos das reações atuais à leitura e ao ato de ver televisão revelaram-se bastante difíceis, e eles têm a vantagem de examinar sujeitos vivos que podem ser expostos a estratégias de pesquisa sempre mutáveis. Ainda assim, os neurocientistas e os psicólogos cognitivos têm feito algum progresso em ligar a biologia do cérebro a resultados psicológicos e no fim das contas até sociais e culturais. Mostraram, por exemplo, que a capacidade de construir narrativas é baseada na biologia do cérebro, sendo crucial para o desenvolvimento de qualquer noção do eu. Certos tipos de lesões cerebrais afetam a compreensão narrativa, e doenças como o autismo mostram que a capacidade de empatia — o reconhecimento de que os outros têm mentes como a nossa — tem uma base biológica. Na sua maior parte, entretanto, esses estudos só examinam um lado da equação: o biológico. Mesmo que a maioria dos psiquiatras e até alguns neurocientistas concordem que o próprio cérebro é influenciado por forças sociais e culturais, essa interação tem sido mais difícil de estudar. Na verdade, o próprio eu tem se mostrado muito difícil de examinar. Sabemos que temos a experiência de ter um eu, mas os neurocientistas não conseguiram determinar o local dessa experiência, muito menos explicar como ela funciona.[18]

Se a neurociência, a psiquiatria e a psicologia ainda estão incertas sobre a natureza do eu, então talvez não seja surpreendente que os historiadores tenham se mantido totalmente afastados do assunto. A maioria dos historiadores provavelmente acredita que o eu é, em alguma medida, modelado por fatores sociais e culturais, isto é, que a individualidade no século x significava algo diferente do que significa para nós hoje em dia. Mas pouco se sabe sobre a história da pessoa como um conjunto de experiências. Os estudiosos têm escrito bastante sobre o surgimento do individualismo e da autonomia como doutrinas, porém muito menos sobre como o próprio eu poderia mudar ao longo do tempo. Concordo com outros historiadores que o significado do eu muda ao longo do tempo, e acredito que a experiência — e não apenas a ideia — da individualidade muda de forma decisiva para algumas pessoas no século XVIII.

Meu argumento depende da noção de que ler relatos de tortura ou romances epistolares teve efeitos físicos que se traduziram em mudanças cerebrais e tornaram a sair do cérebro como novos conceitos sobre a organização da vida social e política. Os novos tipos de leitura (e de visão e audição) criaram novas experiências individuais (empatia), que por sua vez tornaram possíveis novos conceitos sociais e políticos (os direitos humanos). Nestas páginas tento desemaranhar como esse processo se realizou. Como a história, minha disciplina, tem desdenhado por tanto tempo qualquer forma de argumento psicológico — nós historiadores falamos frequentemente de reducionismo psicológico, mas nunca de reducionismo sociológico ou cultural —, ela tem omitido em grande parte a possibilidade de um argumento que depende de um relato sobre o que acontece dentro do eu.

Estou tentando voltar de novo a atenção para o que acontece dentro das mentes individuais. Esse poderia parecer um lugar óbvio para procurar uma explicação das mudanças sociais e políticas transformadoras, mas as mentes individuais — salvo as dos grandes pensadores e escritores — têm sido surpreendentemente negligenciadas nos trabalhos recentes das ciências humanas e sociais. A atenção tem se voltado para o contexto social e cultural, e não para o modo como as mentes individuais compreendem e remodelam esse contexto. Acredito que a mudança social e política — nesse caso, os direitos humanos — ocorre porque muitos indivíduos tiveram experiências semelhantes, não porque todos habitassem o mesmo contexto social, mas porque, por meio de suas interações entre si e com suas leituras e visões, eles realmente criaram um novo contexto social. Em suma, estou insistindo que qualquer relato de mudança histórica deve no fim das contas explicar a alteração das mentes individuais. Para que os direitos humanos se tornassem autoevidentes, as pessoas comuns precisaram ter novas compreensões que nasceram de novos tipos de sentimentos.

1. "Torrentes de emoções"

Lendo romances e imaginando a igualdade

Um ano antes de publicar *O contrato social*, Rousseau ganhou atenção internacional com um romance de sucesso, *Júlia ou A nova Heloísa* (1761). Embora os leitores modernos achem que a forma do romance epistolar ou em cartas tem às vezes um desenvolvimento torturantemente lento, os leitores do século XVIII reagiram de modo visceral. O subtítulo excitou as suas expectativas, pois a história medieval do amor condenado de Heloísa e Abelardo era bem conhecida. Pedro Abelardo, filósofo e clérigo católico do século XII, seduziu a sua aluna Heloísa e pagou um alto preço nas mãos do tio dela: a castração. Separados para sempre, os dois amantes então trocaram cartas íntimas que cativaram leitores ao longo dos séculos. A paródia contemporânea de Rousseau parecia a princípio apontar numa direção muito diferente. A nova Heloísa, Júlia, também se apaixona pelo seu tutor, mas desiste do miserável Saint-Preux para satisfazer seu pai autoritário, que exige o seu casamento com Wolmar, um soldado russo mais velho que no passado salvara a vida do pai de Júlia. Ela não só supera a sua paixão por Saint-Preux mas também parece aprender a amá-lo simplesmente como amigo antes de morrer, após salvar seu filho pequeno do afogamento. Será que Rousseau procurava celebrar a submissão à autoridade do pai e do esposo, ou tinha a intenção de retratar como trágico o ato de ela sacrificar os seus próprios desejos?

O enredo, mesmo com suas ambiguidades, não explica a explosão de emoções experimentada pelos leitores de Rousseau. O que os comovia era a sua intensa identificação com as personagens, especialmente Júlia. Como Rousseau já desfrutava de celebridade internacional, a notícia da iminente publicação do seu romance se espalhou como um rastilho de pólvora, em parte porque ele lia trechos do romance em voz alta para vários amigos. Embora Voltaire fizesse pouco da obra, chamando-a "esse lixo miserável", Jean le Rond d'Alembert, que coeditou a *Encyclopédie* com Diderot, escreveu a Rousseau para dizer que tinha "devorado" o livro e avisá-lo de que devia esperar ser censurado num "país em que se fala tanto do sentimento e da paixão e tão pouco se os conhece". O *Journal des Savants* admitia que o romance tinha defeitos e até algumas passagens cansativas, mas concluía que somente os de coração empedernido podiam resistir às "torrentes de emoções que tanto devastam a alma, que provocam de forma tão imperiosa e tirânica lágrimas tão amargas".[1]

Os cortesãos, o clero, os oficiais militares e toda sorte de pessoas comuns escreviam a Rousseau para descrever seus sentimentos de um "fogo devorador", suas "emoções e mais emoções, convulsões e mais convulsões". Um contava que não tinha chorado a morte de Júlia, mas que estava "gritando, uivando como um animal" (figura 1). Como observou um comentarista do século xx a respeito dessas cartas, os leitores do romance no século xviii não o liam com prazer, mas antes com "paixão, delírio, espasmos e soluços". A tradução inglesa apareceu dois meses após a edição original francesa; seguiram-se dez edições em inglês entre 1761 e 1800. Cento e quinze edições da versão francesa foram publicadas no

Figura 1. *O leito de morte de Júlia*
Esta cena provocou mais sofrimento do que qualquer outra em *Júlia, ou A nova Heloísa*. A gravura de Nicolas Delaunay, baseada num desenho do famoso artista Jean-Michel Moreau, apareceu numa edição de 1782 das obras reunidas de Rousseau.

mesmo período para satisfazer o apetite voraz de um público internacional que lia francês.[2]

A leitura de *Júlia* predispôs os seus leitores para uma nova forma de empatia. Embora Rousseau tenha feito circular o termo "direitos humanos", esse não é o tema principal do romance, que gira em torno de paixão, amor e virtude. Ainda assim, *Júlia* encorajava uma identificação extremamente intensa com os personagens e com isso tornava os leitores capazes de sentir empatia além das fronteiras de classe, sexo e nação. Os leitores do século XVIII, como as pessoas antes deles, sentiam empatia por aqueles que lhes eram próximos e por aqueles que eram muito obviamente seus semelhantes — as suas famílias imediatas, os seus parentes, as pessoas de sua paróquia, os seus iguais sociais costumeiros em geral. Mas as pessoas do século XVIII tiveram de aprender a sentir empatia cruzando fronteiras mais amplamente definidas. Alexis de Tocqueville conta uma história relatada pelo secretário de Voltaire sobre madame de Châtelet, que não hesitava em se despir na frente de seus criados, "não considerando ser um fato comprovado que os camareiros fossem homens". Os direitos humanos só podiam fazer sentido quando os camareiros fossem também vistos como homens.[3]

ROMANCES E EMPATIA

Romances como *Júlia* levavam os leitores a se identificar com personagens comuns, que lhes eram por definição pessoalmente desconhecidos. Os leitores sentiam empatia pelos personagens, especialmente pela heroína ou pelo herói, graças aos mecanismos da própria forma narrativa. Por meio da troca fictícia de cartas, em outras palavras, os romances epistolares ensinavam a seus leitores nada menos que uma nova psicologia e nesse processo estabeleciam os fundamentos para uma nova ordem política e social. Os romances tornavam a Júlia da classe média e até criados como

Pamela, a heroína do romance de mesmo nome escrito por Samuel Richardson, igual e mesmo superior a homens ricos como o sr. B., o empregador e futuro sedutor de Pamela. Os romances apresentavam a ideia de que todas as pessoas são fundamentalmente semelhantes por causa de seus sentimentos íntimos, e muitos romances mostravam em particular o desejo de autonomia. Dessa forma, a leitura dos romances criava um senso de igualdade e empatia por meio do envolvimento apaixonado com a narrativa. Seria coincidência que os três maiores romances de identificação psicológica do século XVIII — *Pamela* (1740) e *Clarissa* (1747-8), de Richardson, e *Júlia* (1761), de Rousseau — tenham sido todos publicados no período que imediatamente precedeu o surgimento do conceito dos "direitos do homem"?

Não é preciso dizer que a empatia não foi inventada no século XVIII. A capacidade de empatia é universal, porque está arraigada na biologia do cérebro: depende de uma capacidade de base biológica, a de compreender a subjetividade de outras pessoas e ser capaz de imaginar que suas experiências interiores são semelhantes às nossas. As crianças que sofrem de autismo, por exemplo, têm grande dificuldade em decodificar as expressões faciais como indicadoras de sentimentos e em geral enfrentam problemas para atribuir estados subjetivos a outros. O autismo, em suma, é caracterizado pela incapacidade de sentir empatia pelos outros.[4]

Normalmente, todo mundo aprende a sentir empatia desde uma tenra idade. Embora a biologia propicie uma predisposição essencial, cada cultura modela a expressão de empatia a seu modo. A empatia só se desenvolve por meio da interação social: portanto, as formas dessa interação configuram a empatia de maneiras importantes. No século XVIII, os leitores de romances aprenderam a estender o seu alcance de empatia. Ao ler, eles sentiam empatia além de fronteiras sociais tradicionais entre os nobres e os plebeus, os senhores e os criados, os homens e as mulheres, talvez até entre os adultos e as crianças. Em consequência, passavam a ver os outros — indivíduos que não conheciam pessoalmente — como seus semelhantes, tendo os mesmos tipos de emoções internas. Sem esse processo de aprendizado, a "igualdade" talvez não tivesse um significado profundo e, em particular, nenhuma consequência política. A igualdade das almas no céu não é a mesma coisa que direitos iguais aqui na terra. Antes do século XVIII, os cristãos aceitavam prontamente a primeira sem admitir a segunda.

A capacidade de identificação através das linhas sociais pode ter sido adquirida de várias maneiras, e não me atrevo a dizer que a leitura de romances tenha sido a única. Ainda assim, ler romances parece especialmente pertinente, em parte porque o auge de determinado tipo de romance — o repistolar — coincide cronologicamente com o nascimento dos direitos humanos. O romance epistolar cresceu como gênero entre as décadas de 1760 e 1780 e depois, um tanto misteriosamente, extinguiu-se na década de 1790. Romances de todos os tipos tinham sido publicados antes, mas eles decolaram como gênero no século XVIII, especialmente depois de 1740, a data da publicação de *Pamela*, de Richardson. Na França, oito novos romances foram publicados em 1701, 52 em 1750 e 112 em 1789. Na Grã-Bretanha, o número de novos romances aumentou seis vezes entre a primeira década do século XVIII e a década de 1760: cerca de trinta novos romances apareceram todo ano na década de 1770, quarenta por ano na de 1780 e setenta por ano na de 1790. Além disso, mais pessoas sabiam ler, e os romances de então apresentavam pessoas comuns como personagens centrais, enfrentando os problemas cotidianos do amor e do casamento e construindo sua carreira no mundo. A capacidade de ler e escrever tinha aumentado a ponto de até criados, homens e mulheres, lerem romances nas grandes cidades, embora a leitura de romances não fosse então, nem seja agora, comum entre as classes baixas. Os camponeses franceses, que chegavam a constituir 80%

da população, não tinham o costume de ler romances, isso quando sabiam ler.[5]

Apesar das limitações do leitorado, os heróis e as heroínas comuns do romance do século XVIII, de Robinson Crusoé e Tom Jones a Clarissa Harlowe e Julie d'Étanges, tornaram-se nomes familiares, mesmo ocasionalmente para aqueles que não sabiam ler. Os personagens aristocráticos como Dom Quixote e a princesa de Clèves, tão proeminentes nos romances do século XVII, agora davam lugar a criados, marinheiros e moças da classe média (enquanto filha de um pequeno nobre suíço, até Júlia parece bem classe média). A escalada extraordinária do romance à preeminência no século XVIII não passou despercebida, e os estudiosos a ligaram ao longo dos anos ao capitalismo, às ambições da classe média, ao crescimento da esfera pública, ao surgimento da família nuclear, a uma mudança nas relações de gênero e até ao surgimento do nacionalismo. Quaisquer que tenham sido as razões para o desenvolvimento do romance, o meu interesse é pelos seus efeitos psicológicos e pelo modo como ele se liga ao surgimento dos direitos humanos.[6]

Para chegar ao estímulo da identificação psicológica proporcionado pelo romance, concentro-me sobre três romances epistolares especialmente influentes: *Júlia*, de Rousseau, e dois romances de seu predecessor inglês e modelo confesso, Samuel Richardson: *Pamela* (1740) e *Clarissa* (1747-8). O meu argumento poderia ter abarcado o romance do século XVIII em geral, e teria então considerado as muitas mulheres que escreveram romances e os personagens masculinos, como Tom Jones ou Tristram Shandy, que definitivamente também receberam muita atenção. Decidi me concentrar em *Júlia*, *Pamela* e *Clarissa*, três romances escritos por homens e centrados em heroínas, por causa de seu indiscutível impacto cultural. Eles não produziram sozinhos as mudanças na empatia aqui traçadas, mas um exame mais detalhado de sua recepção certamente mostra o novo aprendizado da empatia em ação. Para compreender o que era novo a respeito do "romance" — um rótulo só adotado pelos escritores na segunda metade do século XVIII — é proveitoso ver o que romances específicos provocavam em seus leitores.

No romance epistolar, não há nenhum ponto de vista autoral fora e acima da ação (como mais tarde no romance realista do século XIX): o ponto de vista autoral são as perspectivas dos personagens expressas em suas cartas. Os "editores" das cartas, como Richardson e Rousseau se denominavam, criavam uma sensação vívida de realidade exatamente porque a sua autoria ficava obscurecida dentro da troca de cartas. Isso tornava possível uma sensação intensificada de identificação, como se o personagem fosse real, e não fictício. Muitos contemporâneos comentaram essa experiência, alguns com alegria e assombro, outros com preocupação e até repulsa.

A publicação dos romances de Richardson e Rousseau produziu reações instantâneas — e não apenas nos países em que foram originalmente publicados. Um francês anônimo, que agora se sabe que era um clérigo, publicou uma carta de 42 páginas em 1742 detalhando a "ávida" recepção dada à tradução francesa de *Pamela*: "Não se pode entrar numa casa sem encontrar uma Pamela". Embora afirme que o romance tem muitos defeitos, o autor confessa: "Eu o devorei". ("Devorar" se tornaria a metáfora mais comum para a leitura desses romances.) Ele descreve a resistência de Pamela às investidas do sr. B., seu patrão, como se eles fossem antes pessoas reais que personagens fictícios. Descobre-se preso pelo enredo. Treme quando Pamela está em perigo, sente indignação quando personagens aristocráticos como o sr. B. agem de forma indigna. A sua escolha de palavras e tipo de linguagem reforçam repetidamente a sensação de absorção emocional criada pela leitura.[7]

42

O romance composto de cartas podia produzir esses efeitos psicológicos extraordinários porque a sua forma narrativa facilitava o desenvolvimento de um "personagem", isto é, uma pessoa com um eu interior. Numa das primeiras cartas de *Pamela,* por exemplo, a nossa heroína descreve para a mãe como o seu patrão tentou seduzi-la:

> Ele me beijou duas ou três vezes, com uma avidez assustadora. — Por fim, arranquei-me de seus braços, e estava saindo do pavilhão, mas ele me reteve e fechou a porta. Eu teria dado a minha vida por um vintém. E ele disse, não vou lhe fazer mal, *Pamela*, não tenha medo de mim. Eu disse, não vou ficar. Não vai, garota! Disse ele: Você sabe com quem está falando? Perdi todo o medo, e todo o respeito, e disse: Sim, sei, senhor, até demais! — Bem que posso esquecer que sou sua criada, quando o senhor esquece o que é próprio de um patrão. SOLUCEI e chorei com muita tristeza. Que garota tola você é, disse ele: Eu lhe fiz algum mal? — Sim, senhor, disse eu, o maior mal do mundo: o senhor me ensinou a esquecer quem eu sou e o que me é próprio; e diminuiu a distância que o destino criou entre nós, rebaixando-se para tomar liberdades com uma pobre criada.

Lemos a carta junto com a mãe. Nenhum narrador, nem mesmo aspas se interpõem entre nós e a própria Pamela. Não podemos deixar de nos identificar com Pamela e experimentar com ela a eliminação potencial da distância social, bem como a ameaça à sua compostura (figura 2).[8]

Embora tenha muitas qualidades teatrais e seja representada para a mãe de Pamela por meio da escrita, a cena difere também do teatro porque Pamela pode escrever com mais detalhes sobre suas emoções interiores. Muito mais tarde, ela escreverá páginas sobre suas ideias de suicídio quando seus planos de fuga fracassam. Uma peça, em contraste, não poderia se demorar dessa maneira sobre a

FIGURA 2. *O sr. B. lê uma das cartas de Pamela a seus pais*
Numa das cenas iniciais do romance, o sr. B. se aproxima impetuosamente de Pamela e pede para ver a carta que ela está escrevendo. Escrever é o meio de autonomia de Pamela. Os artistas e os editores não resistiram a acrescentar representações visuais das principais cenas. A gravura do artista holandês Jan Punt apareceu numa antiga tradução francesa publicada em Amsterdã.

manifestação de um eu interior, que no palco em geral tem de ser inferido a partir da ação ou da fala. Um romance de muitas centenas de páginas podia revelar um personagem ao longo do tempo e, ainda por cima, a partir da perspectiva do eu interior. O leitor não segue apenas as ações de Pamela: ele participa do florescimento de sua personalidade enquanto ela escreve. O leitor se torna simultaneamente Pamela, mesmo quando se imagina um(a) amigo(a) dela e um observador de fora.

Assim que se tornou conhecido como o autor de *Pamela* em 1741 (ele publicou o romance anonimamente), Richardson começou a receber cartas, a maioria de entusiastas. O seu amigo Aaron Hill proclamou que o romance era "a alma da religião, boa educação, discrição, bom caráter, espirituosidade, fantasia, belos pensamentos e moralidade". Richardson tinha enviado um exemplar para as filhas de Aaron no início de dezembro de 1740, e Hill rabiscou uma resposta imediata: "Não tenho feito nada senão ler o romance para outros, e escutar que outros o leiam para mim, desde que me chegou às mãos; e acho provável que não faça nada mais, por só Deus sabe quanto tempo ainda por vir [...] ele se apodera, todas as noites, da imaginação. Tem um feitiço em cada uma de suas páginas; mas é o feitiço da paixão e do significado". O livro como que enfeitiçava os seus leitores. A narrativa — a troca de cartas — arrebatava inesperadamente a todos, introduzindo-os num novo conjunto de experiências.[9]

Hill e suas filhas não estavam sozinhos. A loucura por *Pamela* logo tragou a Inglaterra. Numa vila, dizia-se, os habitantes tocaram os sinos da igreja depois de escutar o rumor de que o sr. B. tinha finalmente se casado com Pamela. Uma segunda impressão apareceu em janeiro de 1741 (o original foi publicado em 6 de novembro de 1740), uma terceira em março, uma quarta em maio e uma quinta em setembro. A essa altura, outros já tinham escrito paródias, críticas extensas, poemas e imitações do original. A elas deveriam se seguir, com o passar dos anos, muitas adaptações teatrais, pinturas e gravuras das cenas principais. Em 1744, a tradução francesa entrou para o índex papal dos livros proibidos, onde logo se veria acompanhada de *Júlia*, de Rousseau, junto com muitas outras obras do Iluminismo. Nem todo mundo encontrava nesses romances "a alma da religião" ou "a moralidade" que Hill afirmara ver.[10]

Quando Richardson começou a publicar *Clarissa* em dezembro de 1747, as expectativas eram elevadas. Quando os últimos volumes (foram sete ao todo, cada um com trezentas a quatrocentas páginas!) apareceram em dezembro de 1748, Richardson já tinha recebido cartas implorando que ele oferecesse um final feliz. Clarissa foge com o devasso Lovelace para escapar do pretendente abominável proposto pela sua família. Ela então tem de resistir a Lovelace, que acaba estuprando Clarissa depois de drogá-la. Apesar do oferecimento arrependido de casamento por parte de Lovelace, e de seus próprios sentimentos pelo sedutor, Clarissa morre, o coração partido pelo ataque do devasso à sua virtude e à sua consciência de si mesma. Lady Dorothy Bradshaigh contou a Richardson a sua reação à cena da morte: "O meu ânimo é estranhamente arrebatado, meu sono é agitado, acordando à noite irrompo num choro de paixão, como também me aconteceu à hora do café esta manhã, e como me acontece neste momento". O poeta Thomas Edwards escreveu em janeiro de 1749: "Nunca senti tanta tristeza na minha vida como por essa querida menina", referida anteriormente como "a divina Clarissa".[11]

Clarissa agradou mais aos leitores cultos que ao público em geral, mas ainda assim teve cinco edições nos treze anos seguintes e foi logo traduzido para o francês (1751), o alemão (1751) e o holandês (1755). Um estudo das bibliotecas particulares montadas entre 1740 e 1760 mostrou que *Pamela* e *Clarissa* estavam entre os três romances ingleses (*Tom Jones*, de Henry Fielding, era o terceiro) com mais probabilidade de serem encontrados nelas. O tamanho de *Clarissa* sem dúvida desanimou alguns leitores: mesmo antes de os trinta volumes manuscritos irem para o prelo, Richardson se preocupou e tentou cortar o romance. Um boletim literário parisiense apresentou um julgamento misto sobre a leitura da tradução francesa: "Ao ler este livro, experimentei algo nem um pouco comum, o mais intenso prazer e o mais aborrecido tédio". Mas dois anos mais tarde outro colaborador do boletim anunciou que o gênio de Richardson, ao apresentar tantos personagens individualizados, tornava *Clarissa* "talvez a obra mais surpreendente que já surgiu das mãos de um homem".[12]

Embora Rousseau acreditasse que o seu romance era superior ao de Richardson, ele ainda assim considerava *Clarissa* o melhor de todo o resto: "Ninguém ainda escreveu, em qualquer língua, um romance igual a *Clarissa*, nem mesmo algum que dele se aproxime". As comparações entre *Júlia* e *Clarissa* continuaram por todo o século. Jeanne-Marie Roland, esposa de um ministro e coordenador informal da facção política girondina durante a Revolução Francesa, confessou a um amigo em 1789 que ela relia o romance de Rousseau todo ano, mas ainda considerava a obra de Richardson o cume da perfeição. "Não há ninguém no mundo que apresente um romance capaz de suportar uma comparação com *Clarissa*: é a obra-prima do gênero, o modelo e o desespero de todo imitador."[13]

Tanto os homens como as mulheres se identificavam com as heroínas desses romances. Pelas cartas a Rousseau, sabemos que os homens, mesmo os oficiais militares, reagiam intensamente a Júlia. Um certo Louis François, oficial militar aposentado, escreveu a Rousseau: "Você me deixou louco por ela. Imagine então as lágrimas que sua morte arrancou de mim. [...] Nunca verti lágrimas mais deliciosas. Essa leitura teve um efeito tão poderoso sobre mim que acredito que teria morrido de bom grado durante aquele supremo momento". Alguns leitores reconheciam explicitamente a sua identificação com a heroína. C. J. Panckoucke, que se tornaria um famoso editor, disse a Rousseau: "Senti passar pelo meu coração a pureza das emoções de Júlia". A identificação psicológica que conduz à empatia cruzava claramente as fronteiras de gênero. Os leitores masculinos de Rousseau não só não se identificavam com Saint-Preux, o amante a que Júlia é forçada a renunciar, como sentiam ainda menos empatia por Wolmar, o seu manso esposo, ou pelo barão D'Étanges, o seu pai tirânico. Como as leitoras, os homens se identificavam com a própria Júlia. A luta de Júlia para dominar as suas paixões e levar uma vida virtuosa tornava-se a sua luta.[14]

Pela sua própria forma, portanto, o romance epistolar era capaz de demonstrar que a individualidade dependia de qualidades de "interioridade" (ter um âmago), pois os personagens expressam seus sentimentos íntimos nas suas cartas. Além disso, o romance epistolar mostrava que todos os indivíduos tinham essa interioridade (muitos dos personagens escrevem) e, consequentemente, que todos os indivíduos eram de certo modo iguais, porque todos eram semelhantes por possuir essa interioridade. A troca de cartas torna a criada Pamela, por exemplo, antes um modelo de individualidade e autonomia orgulhosa que um estereótipo dos oprimidos. Como Pamela, Clarissa e Júlia passam a representar a própria individualidade. Os leitores se tornam mais conscientes da capacidade que existe em si próprio e em todos os outros indivíduos.[15]

Desnecessário dizer que nem todos experimentaram os mesmos sentimentos ao ler esses romances. O sagaz romancista inglês Horace Walpole zombava das "lamentações tediosas" de Richardson, "que são quadros da vida elevada como seriam concebidos por um livreiro, e romances como seriam espiritualizados por um professor metodista". Entretanto, muitos sentiram rapidamente que Richardson e Rousseau tinham mexido num nervo cultural vital. Apenas um mês depois da publicação dos volumes finais de *Clarissa*, Sarah Fielding, a irmã do grande rival de Richardson e ela própria uma romancista de sucesso, publicou anonimamente um panfleto de 56 páginas defendendo o romance. Embora seu irmão Henry tivesse publicado um dos primeiros artigos satíricos sobre *Pamela* (*An apology for the life of mrs. Shamela Andrews, in which, the many notorious falsehoods and misrepresentations of a Book called "Pamela", are exposed and refuted* [*Uma apologia à vida da sra. Shamela Andrews, na qual as muitas falsidades e deturpações de um livro chamado "Pamela" são desmascaradas e refutadas*], 1741), ela tinha se tornado uma boa amiga de Richardson, que publicou um de seus romances. Uma das suas personagens fictícias, o sr. Clark, insiste que Richardson conseguiu atraí-lo de tal modo para dentro da teia de ilusões "que de minha parte estou intimamente familiarizado com todos os *Harlow* [*sic*], como se os tivesse conhecido desde os primeiros anos da minha infância". Outra personagem, a srta. Gibson, insiste nas virtudes da técnica literária de Richardson: "Muito verdadeiro, senhor, é o seu comentário de que uma história contada dessa maneira só pode se desenrolar lentamente, de que os personagens só podem ser vistos por aqueles que prestam uma atenção precisa ao conjunto; entretanto, o autor ganha uma vantagem escrevendo no tempo presente, como ele próprio o chama, e na primeira pessoa: o fato de que as suas pinceladas penetram imediatamente no coração, e sentimos todas as desgraças que ele pinta; não só choramos por, mas com *Clarissa*, e a acompanhamos, passo a passo, por todas as suas desgraças".[16]

O célebre fisiologista e estudioso literário suíço Albrecht von Haller publicou uma apreciação anônima de *Clarissa* em *Gentleman's Magazine* em 1749. Von Haller lutou com todas as forças para compreender a originalidade de Richardson. Embora apreciasse as muitas virtudes de romances franceses anteriores, Von Haller insistia que eles não ofereciam "geralmente nada mais do que representações das ilustres ações de pessoas ilustres", enquanto no romance de Richardson o leitor vê um personagem "na mesma posição de vida em que nós próprios nos encontramos". O autor suíço examinou atentamente o formato epistolar. Embora os leitores talvez tivessem dificuldade em acreditar que todos os personagens gostavam de passar o seu tempo registrando os seus sentimentos e pensamentos íntimos, o romance epistolar podia apresentar retratos minuciosamente acurados de personagens individuais e com isso evocar o que Haller chamava de compaixão: "O patético nunca foi exposto com igual força, e é manifesto em milhares de exemplos que os temperamentos mais empedernidos e insensíveis têm sido suavizados até a compaixão, derretendo-se em lágrimas pela morte, pelos sofrimentos e pelas tristezas de Clarissa". Ele concluía que "Não conhecemos nenhuma representação, em nenhuma língua, que chegue perto de poder competir com esse romance".[17]

DEGRADAÇÃO OU MELHORA?

Os contemporâneos sabiam por suas próprias experiências que a leitura desses romances tinha efeitos sobre os corpos, e não apenas sobre as mentes, mas discordavam entre si sobre as consequências. O clero católico e protestante denunciava o potencial de obscenidade, sedução e degradação moral. Já em 1734, Nicolas Lenglet-Dufresnoy, ele próprio um clérigo educado na Sorbonne, achou necessário defender os romances contra os seus colegas, ainda que sob um pseudônimo. Refutou provocadoramente todas as objeções que levavam as autoridades a proibir romances "como estímulos que servem para inspirar em nós sentimentos que são demasiado vivos e demasiado acentuados". Insistindo que os romances eram apropriados em qualquer período, ele concedia que "em todos os tempos a credulidade, o amor e as mulheres têm reinado: assim, em todos os tempos os romances têm sido lidos com atenção e saboreados". Seria melhor concentrar-se em torná-los bons, sugeria, do que tentar suprimi-los por completo.[18]

Os ataques não terminaram quando a produção de romances disparou em meados do século. Em 1755, outro clérigo católico, o abade Armand-Pierre Jacquin, escreveu uma obra de quatrocentas páginas para mostrar que a leitura de romances solapava a moralidade, a religião e todos os princípios da ordem social. "Abram essas obras", ele insistia, "e vocês verão em quase todas os direitos da justiça divina e humana violados, a autoridade dos pais sobre os filhos desdenhada, os laços sagrados do casamento e da amizade rompidos." O perigo residia precisamente nos seus poderes de atração: ao martelar constantemente as seduções do amor, eles estimulavam os leitores a agir segundo seus piores impulsos, a recusar o conselho de seus pais e da igreja, a ignorar as censuras morais da comunidade. O único lado bom em que Jacquin podia pensar era a falta de uma força duradoura nos romances. O leitor podia devorar um romance na primeira leitura, mas jamais o reler. "Eu estava errado em profetizar que o romance de *Pamela* logo seria esquecido? [...] Acontecerá o mesmo em três anos com *Tom Jones* e *Clarissa*."[19]

Queixas semelhantes fluíam das penas dos protestantes ingleses. O reverendo Vicesimus Knox resumiu décadas de ansiedades subsistentes em 1779, quando proclamou que os romances eram degenerados, prazeres culpados que desviavam as jovens inteligências de uma leitura mais séria e edificante. A excitação nos romances britânicos só servia para disseminar os hábitos libertinos franceses e explicava a corrupção da presente era. Os romances de Richardson, admitia Knox, tinham sido escritos com "as intenções mais puras". Mas inevitavelmente o autor tinha narrado cenas e excitado sentimentos que eram incompatíveis com a virtude. Os clérigos não estavam sozinhos no seu desprezo pelo romance. Uma estrofe em *Lady's Magazine* de 1771 resumia uma visão amplamente partilhada:

With Pamela, by name,
No better acquainted;
For as novels I hate,
My mind is not tainted.

[Pamela, só de nome,
Mais não conheço;
Como romances odeio,
Minha mente é sem defeito.]

Muitos moralistas temiam que os romances semeassem descontentamento, especialmente na mente de criados e moças.[20]

O médico suíço Samuel-Auguste Tissot ligava a leitura de romances à masturbação, que ele pensava provocar uma degeneração física, mental e moral. Tissot acreditava que os corpos tendiam naturalmente a se deteriorar, e que a masturbação apressava o processo tanto nos homens como nas mulheres. "Só o que posso dizer é que o ócio, a inatividade, ficar tempo demais na cama, uma cama que seja demasiado macia, uma dieta rica, picante, salgada e cheia de vinhos, amigos suspeitos e livros licenciosos são as causas mais propensas a gerar esses excessos." Com "licenciosos" Tissot não queria dizer abertamente pornográficos: no século XVIII, "licencioso" significava algo que tendia ao erótico, mas era distinto do muito mais objetável "obsceno". Os romances sobre o amor — e a maioria dos romances do século XVIII contava histórias de amor — escorregavam muito facilmente para a categoria dos licenciosos. Na Inglaterra, as moças nos internatos pareciam especialmente em perigo, por causa de sua capacidade de conseguir esses livros "imorais e repugnantes" para lê-los na cama.[21]

Assim, os clérigos e os médicos concordavam em ver a leitura de romances em termos de perda — de tempo, de fluidos vitais, de religião e de moralidade. Supunham que a leitora imitaria a ação do romance e se arrependeria mais tarde. Uma leitora de *Clarissa*, por exemplo, poderia desconsiderar os desejos da sua família e concordar, como Clarissa, em fugir com um devasso tipo Lovelace, que a conduziria, por bem ou por mal, à sua ruína. Em 1792, um crítico inglês anônimo ainda insistia que "o aumento de romances ajuda a explicar o aumento da prostituição e os inúmeros adultérios e fugas de que ouvimos falar nas diferentes regiões do reino". Segundo essa visão, os romances estimulavam exageradamente o corpo, encorajavam uma absorção em si mesmo moralmente suspeita e provocavam ações destrutivas em relação à autoridade familiar, moral e religiosa.[22]

Richardson e Rousseau reivindicavam antes o papel de editor que o de autor, para que pudessem se esquivar da má reputação associada aos romances. Quando publicou *Pamela*, Richardson nunca se referia à obra como um romance. O título completo da primeira edição é um estudo sobre protestos excessivos: *Pamela: Ou a virtude recompensada. Numa série de cartas familiares de uma bela bonzela a seus pais: agora publicadas pela primeira vez para cultivar os princípios da virtude e religião nas mentes de jovens de ambos os sexos. Uma narrativa que tem o seu fundamento na verdade e na natureza; e ao mesmo tempo em que agradavelmente entretém, por uma variedade de incidentes curiosos e patéticos, é inteiramente despida de todas aquelas imagens que, em muitas obras calculadas apenas para a diversão, tendem a inflamar as mentes que deveriam instruir.* O prefácio "pelo editor" Richardson justifica a publicação das "seguintes Cartas" em termos morais: elas instruirão e aperfeiçoarão as mentes dos jovens, inculcarão a religião e a moralidade, pintarão o vício "em suas cores apropriadas" etc.[23]

Embora também se referisse a si mesmo como editor, Rousseau claramente considerava sua obra um romance. Na primeira frase do prefácio de *Júlia*, Rousseau ligava os romances à sua famosa crítica do teatro: "As grandes cidades devem ter teatros; e os povos corruptos, Romances". Como se isso não fosse aviso suficiente, Rousseau também apresentava um prefácio que consistia numa "Conversa sobre Romances entre o Editor e um Homem de Letras". Nele, o personagem "R" (Rousseau) apresenta todas as acusações habituais contra o romance por ele brincar com a imaginação para criar desejos que os leitores não podem satisfazer virtuosamente:

> Escutamos a queixa de que os Romances perturbam as mentes das pessoas: posso muito bem acreditar. Ao dispor interminavelmente diante dos olhos dos leitores os pretensos encantos de um estado que não é o deles, eles os seduzem, levam-nos a ver o seu próprio estado com desprezo e trocam-no na imaginação por um estado que os leitores são induzidos a amar. Tentando ser o que não somos, passamos a acreditar que somos diferentes do que somos, e esse é o caminho para a loucura.

E, mesmo assim, Rousseau passa então a apresentar um romance a seus leitores. Ele até atirou a luva em desafio. Se alguém quer me criticar por tê-lo escrito, diz Rousseau, que ele o diga para todas as pessoas do mundo, menos para mim. De minha parte, jamais poderia ter qualquer estima por um homem desses. O livro poderia escandalizar quase todo mundo, Rousseau alegremente admite, mas ao menos não proporcionará apenas um prazer tépido. Rousseau esperava plenamente que os seus leitores tivessem reações violentas.[24]

Apesar das preocupações de Richardson e Rousseau a respeito de suas reputações, alguns críticos já tinham começado a desenvolver uma visão muito mais positiva do funcionamento do romance. Já ao defender Richardson, Sarah Fielding e Von Haller tinham chamado atenção para a empatia ou compaixão estimulada pela leitura de *Clarissa*. Nessa nova visão, os romances operavam sobre os leitores para torná-los mais compreensivos em relação aos outros, em vez de apenas absorvidos em si mesmos, e assim mais morais, e não menos. Um dos defensores mais articulados do romance foi Diderot, autor do artigo sobre o direito natural para a *Encyclopédie* e ele próprio um romancista. Quando Richardson morreu, em 1761, Diderot escreveu um panegírico comparando-o aos maiores autores entre os antigos: Moisés, Homero, Eurípides e Sófocles. Diderot se alongou mais, entretanto, sobre a imersão do leitor no mundo do romance: "Apesar de todas as precauções, assume-se um papel nas suas obras, somos lançados nas conversas, aprovamos, censuramos, admiramos, ficamos irritados, sentimos indignação. Quantas vezes não me surpreendi gritando, como acontece com as crianças que foram levadas ao teatro pela primeira vez: 'Não acredite, ele está enganando você. [...] Se você for lá, estará perdido.'" A narrativa de Richardson cria a impressão de que você está presente, reconhece Diderot, e ainda mais, que esse é o seu mundo, e não um país muito distante, não um local exótico, não um conto de fadas. "Os seus personagens são tirados da sociedade comum [...] as paixões que ele pinta são as que sinto em mim mesmo."[25]

Diderot não usa os termos "identificação" ou "empatia", mas apresenta uma descrição convincente dos dois. Nós nos reconhecemos nos personagens, ele admite, saltamos imaginativamente para o meio da ação, sentimos os mesmos sentimentos que os personagens estão experimentando. Em suma, aprendemos a sentir empatia por alguém que não é nós mesmos e não pode jamais ter contato direto conosco (ao contrário, digamos, dos membros da nossa família), mas que ainda assim, de um modo imaginativo, é também nós mesmos, sendo esse um elemento crucial na identificação. Esse processo explica por que Panckoucke escreveu para Rousseau: "Senti passar pelo meu coração a pureza das emoções de Júlia".

A empatia depende da identificação. Diderot percebe que a técnica narrativa de Richardson o atrai inelutavelmente para essa experiência. É uma espécie de incubadora do aprendizado emocional: "No espaço de algumas horas, passei por um grande número de situações que a mais longa das vidas não pode nos oferecer ao longo de sua total duração. [...] Senti que tinha adquirido experiência". Diderot se identifica tanto com os personagens que se sente roubado no final do romance: "Tive a mesma sensação que experimentam os homens que, intimamente entrelaçados, viveram juntos por um longo tempo e agora estão a ponto de se separar. No final, tive de repente a impressão de que haviam me deixado sozinho".[26]

Diderot simultaneamente perdeu a si mesmo na ação e recuperou a si mesmo na leitura. Ele tem uma percepção mais nítida da separação de seu eu — agora se sente solitário —, mas também percebe com mais clareza que os outros também possuem uma individualidade. Em outras palavras, tem o que ele próprio chamava aquele "sentimento interior" que é necessário aos direitos humanos. Diderot compreende, além disso, que o efeito do romance é inconsciente: "Nós nos sentimos atraídos para o bem com uma impetuosidade que não reconhecemos. Quando confrontados com a injustiça, experimentamos uma aversão que não sabemos como explicar para nós mesmos". O romance exerce o seu efeito pelo processo de envolvimento na narrativa, e não por discursos moralizadores explícitos.[27]

A leitura de ficção recebeu o seu tratamento filosófico mais sério no livro *Elements of Criticism* (1762), de Henry Home, lorde Kames. O jurista e filósofo escocês não discutia os romances de *per si* na obra, mas argumentava que a ficção em geral cria uma espécie de "presença ideal" ou "sonho acordado" em que o leitor se imagina transportado para a cena descrita. Kames descrevia essa "presença ideal" como um estado de transe. O leitor é "lançado numa espécie de devaneio" e, "perdendo a consciência do eu e da leitura, sua presente ocupação, concebe todo incidente como se ocorresse na sua presença, precisamente como se ele fosse uma testemunha ocular". O que é mais importante para Kames é que essa transformação promove a moralidade. A "presença ideal" abre o leitor para sentimentos que reforçam os laços da sociedade. Os indivíduos são arrancados de seus interesses privados e motivados a desempenhar "atos de generosidade e benevolência". A "presença ideal" era outro termo para "o feitiço da paixão e do significado" de Aaron Hill.[28]

Thomas Jefferson aparentemente partilhava essa opinião. Quando Robert Skipwith, que se casou com a meia-irmã da esposa de Jefferson, escreveu a ele em 1771 pedindo uma lista de livros recomendados, Jefferson sugeriu muitos dos clássicos, antigos e modernos, de política, religião, direito, ciência, filosofia e história. *Elements of Criticism* de Kames estava na lista, mas Jefferson começou o seu catálogo com poesia, peças teatrais e romances, incluindo os de Laurence Sterne, Henry Fielding, Jean-François Marmontel, Oliver Goldsmith, Richardson e Rousseau. Na carta que acompanhava a lista de leituras, Jefferson se tornava eloquente sobre "as diversões da ficção". Como Kames, ele insistia que a ficção poderia gravar na memória tanto os princípios como a prática da virtude. Citando especificamente Shakespeare, Marmontel e Sterne, Jefferson explicava que, ao ler essas obras, experimentamos "em nós próprios o forte desejo de praticar atos caridosos e gratos" e, inversamente, ficamos repugnados com as más ações ou a conduta imoral. A ficção, ele insistia, produz o desejo da imitação moral com uma eficácia ainda maior que a da leitura de história.[29]

Em última análise, o que estava em jogo nesse conflito de opiniões sobre o romance era nada menos do que a valorização da vida secular comum como o fundamento da moralidade. Aos olhos dos críticos da leitura desse gênero, a simpatia por uma heroína de romance estimulava o que havia de pior no indivíduo (desejos ilícitos e autorrespeito excessivo) e demonstrava a degeneração irrevogável do mundo secular. Para os adeptos da nova visão de moralização empática, em contraste, essa identificação mostrava que o despertar de uma paixão podia ajudar a transformar a natureza interior do indivíduo e produzir uma sociedade mais moral. Acreditavam que a natureza interior dos humanos fornecia uma base para a autoridade social e política.[30]

Assim, o feitiço mágico lançado pelo romance mostrou ter efeitos de longo alcance. Embora os adeptos do romance não o dissessem tão explicitamente, eles compreendiam que escritores como Richardson e Rousseau estavam efetivamente atraindo os seus leitores para a vida cotidiana como uma espécie de experiência religiosa substituta. Os leitores aprendiam a apreciar a intensidade emocional do comum e a capacidade de pessoas como eles de criar por sua própria conta um mundo moral. Os direitos humanos cresceram no canteiro semeado por esses sentimentos. Os direitos humanos só puderam florescer quando as pessoas aprenderam a pensar nos outros como seus iguais, como seus semelhantes em algum modo fundamental. Aprenderam essa igualdade, ao menos em parte, experimentando a identificação com personagens comuns que pareciam dramaticamente presentes e familiares, mesmo que em última análise fictícios.[31]

O ESTRANHO DESTINO DAS MULHERES

Nos três romances aqui escolhidos, o foco da identificação psicológica é uma jovem personagem feminina criada por um autor masculino. É claro, ocorria também a identificação com personagens masculinos. Jefferson, por exemplo, seguia avidamente a sorte de *Tristram Shandy* (1759-67), de Sterne, e do alter ego de Sterne, Yorick, em *Uma viagem sentimental* (1768). As escritoras tinham também os seus entusiastas, tanto entre os leitores como entre as leitoras. O abolicionista e reformador penal francês Jacques-Pierre Brissot citava *Júlia* constantemente, mas o seu romance inglês favorito era *Cecilia* (1782), de Fanny Burney. Como o exemplo de Burney confirma, entretanto, as personagens femininas possuíam uma posição elevada: todos os seus três romances tinham os nomes das heroínas apresentadas.[32]

As heroínas eram convincentes porque a sua busca de autonomia nunca podia ser plenamente bem-sucedida. As mulheres tinham poucos direitos legais sem os pais ou maridos. Os leitores achavam a busca de independência da heroína especialmente comovente porque logo compreendiam as restrições que essa mulher inevitavelmente enfrentava. Num final feliz, Pamela se casa com o sr. B. e aceita os limites implícitos de sua liberdade. Em contraste, Clarissa morre, em vez de se casar com Lovelace depois que ele a estupra. Embora Júlia pareça aceitar a imposição do pai, renunciando ao homem que ama, ela também morre na cena final.

Alguns críticos modernos têm visto masoquismo ou martírio nessas histórias, mas os contemporâneos podiam ver outras características. Tanto os leitores como as leitoras se identificavam com essas personagens, porque as mulheres demonstravam muita força de vontade, muita personalidade. Os leitores não queriam apenas salvar as heroínas: queriam ser como elas, até mesmo como Clarissa e Júlia, apesar de suas mortes trágicas. Quase toda a ação nos três romances gira em torno de expressões da vontade feminina, em geral uma vontade que tem de se atritar com restrições dos pais e da sociedade. Pamela deve resistir ao sr. B. para manter o seu senso de virtude e o seu senso de individualidade, e a sua resistência acaba por conquistá-lo. Clarissa se mantém firme contra sua família e depois contra Lovelace por razões bem parecidas, e no final Lovelace quer desesperadamente casar-se com Clarissa, uma oferta que ela recusa. Júlia deve desistir de Saint-Preux e aprender a amar a sua vida com Wolmar: a luta é toda sua. Em cada romance, tudo remete ao desejo de independência da heroína. As ações dos personagens masculinos só servem para realçar essa vontade feminina. Os leitores que sentiam empatia pelas heroínas aprendiam que todas as pessoas — até as mulheres — aspiravam a uma maior autonomia, e experimentavam imaginativamente o esforço psicológico que a luta acarretava.

Os romances do século XVIII refletiam uma preocupação cultural mais profunda com a autonomia. Os filósofos do Iluminismo acreditavam firmemente que tinham sido pioneiros nessa área no século XVIII. Quando falavam de liberdade, queriam dizer autonomia individual, quer fosse a liberdade de expressar opiniões ou praticar a religião escolhida, quer a independência ensinada aos meninos, se fossem seguidos os preceitos de Rousseau no seu guia educativo, *Emílio* (1762). A narrativa iluminista da conquista da autonomia atingiu o seu ápice no ensaio de 1784 de Immanuel Kant, "O que é o Iluminismo?". Ele o definiu celebremente como "a humanidade saindo da imaturidade em que ela própria incorreu". A imaturidade, ele continuava, "é a incapacidade de empregar a própria compreensão sem a orientação de outro". O Iluminismo, para Kant, significava autonomia intelectual, a capacidade de pensar por si mesmo.[33]

A ênfase do Iluminismo sobre a autonomia individual nasceu da revolução no pensamento político do século XVII, iniciada por Hugo Grotius e John Locke. Eles tinham argumentado que o acordo social de um homem autônomo com outros indivíduos também autônomos era o único fundamento possível da autoridade política legítima. Se a autoridade justificada pelo direito divino, pela escritura e pela história devia ser substituída por um contrato entre homens autônomos, então os meninos tinham de ser ensinados a pensar por si mesmos. Assim, a teoria educacional, modelada de forma muito influente por Locke e Rousseau, deslocou-se de uma ênfase na obediência reforçada pelo castigo para o cultivo cuidadoso da razão como o principal movimento da independência. Locke explicava a importância das novas práticas em *Pensamentos sobre a educação* (1693): "Devemos cuidar para que nossos filhos, quando crescidos, sejam como nós próprios. [...] Preferimos ser considerados criaturas racionais e ter nossa liberdade; não gostamos de nos sentir constrangidos sob constantes repreensões e intimidações". Como Locke reconhecia, a autonomia política e intelectual dependia de educar as crianças (no seu caso, tanto os meninos como as meninas) segundo novas regras: a autonomia requeria uma nova relação com o mundo, e não apenas novas ideias.[34]

Ter pensamentos e decisões próprios requeria, assim, tanto mudanças psicológicas e políticas como filosóficas. Em *Emílio*, Rousseau pedia que as mães ajudassem a construir paredes psicológicas entre os seus filhos e todas as pressões sociais e políticas externas. "Montem desde cedo", ele recomendava, "um cercado ao redor da alma de seu filho." O pregador e panfletário político inglês Richard Price insistia em 1776, ao escrever em apoio aos colonos americanos, que um dos quatro aspectos gerais da liberdade era a liberdade física, "esse princípio da *Espontaneidade*, ou *Autodeterminação*, que nos torna *Agentes*". Para ele, a liberdade era sinônimo de autodireção ou autogoverno, a metáfora política nesse caso sugerindo uma metáfora psicológica; mas as duas eram intimamente relacionadas.[35]

Os reformadores inspirados pelo Iluminismo queriam ir além de proteger o corpo ou cercar a alma como recomendava Rousseau. Exigiam uma ampliação do âmbito da tomada de decisão individual. As leis revolucionárias francesas sobre a família demonstram a profundidade da preocupação sentida em relação às limitações tradicionais impostas à independência. Em março de 1790, a nova Assembleia Nacional aboliu a primogenitura, que dava direitos especiais de herança ao primeiro filho, e as infames *lettres de cachet*, que permitiam às famílias encarcerar as crianças sem julgamento. Em agosto do mesmo ano, os deputados estabeleceram conselhos de família para ouvir as disputas entre pais e filhos até a idade de vinte anos, em vez de permitir aos pais o controle exclusivo sobre os seus filhos. Em abril de 1791, a Assembleia decretou que todas as crianças, meninos e meninas, deviam herdar igualmente. Depois, em agosto e setembro de 1792, os deputados diminuíram a idade da maioridade de 25 para 21 anos, declararam que os adultos já não podiam estar sujeitos à autoridade paterna e instituíram o divórcio pela primeira vez na história francesa, tornando-o acessível tanto para os homens como para as mulheres pelos mesmos motivos legais. Em suma, os revolucionários fizeram tudo o que foi possível para expandir as fronteiras da autonomia pessoal.[36]

Na Grã-Bretanha e em suas colônias norte-americanas, o desejo de maior autonomia pode ser mais facilmente retraçado em autobiografias e romances do que na lei, ao menos antes da Revolução Americana. De fato, em 1753, a Lei do Casamento tornou ilegais na Inglaterra os casamentos daqueles abaixo de 21 anos, a menos que o pai ou o guardião consentisse. Apesar dessa reafirmação da autoridade paterna, a antiga dominação patriarcal dos maridos sobre as esposas e dos pais sobre os filhos declinou no século xviii. De *Robinson Crusoé* (1719), de Daniel Defoe, à *Autobiografia* (escrita entre 1771 e 1788) de Benjamin Franklin, os escritores ingleses e americanos celebraram a independência como uma virtude cardinal. O romance de Defoe sobre o marinheiro naufragado fornecia um manual sobre como um homem podia aprender a se defender sozinho. Não é surpreendente, portanto, que Rousseau tenha tornado o romance de Defoe leitura obrigatória para o jovem Emílio ou que *Robinson Crusoé* tenha sido publicado pela primeira vez nas colônias americanas em 1774, bem no meio do nascimento da crise da independência. *Robinson Crusoé* foi um dos best-sellers coloniais americanos de 1775, só rivalizado por *Cartas de lorde Chesterfield a seu filho* e *O legado de um pai a suas filhas*, de John Gregory, popularizações das visões de Locke sobre a educação de meninos e meninas.[37]

As tendências na vida das pessoas reais se moviam na mesma direção, ainda que de forma mais hesitante. Os jovens esperavam cada vez mais poder fazer as suas próprias escolhas de casamento, embora as famílias ainda exercessem grande pressão sobre eles, como podia ser observado nos romances com enredos que giram em torno desse ponto (por exemplo, *Clarissa*). As práticas de criar as crianças também revelam mudanças sutis de atitude. Os ingleses abandonaram o costume de enrolar os bebês em panos antes dos franceses (a Rousseau pode-se dar um considerável crédito por dissuadir os franceses desse hábito), mas mantiveram por mais tempo o de bater nos meninos na escola. Na década de 1750, as famílias aristocráticas inglesas tinham deixado de usar correias para guiar o caminhar de seus filhos, desmamavam os bebês mais cedo e, como as crianças já não eram enroladas em panos, ensinavam mais cedo o uso do banheiro na hora de fazer as necessidades, tudo sinal de uma ênfase crescente na independência.[38]

Entretanto, a história era às vezes mais confusa. O divórcio na Inglaterra, ao contrário de outros países protestantes, era virtualmente impossível no século XVIII: entre 1700 e 1857, quando a Lei das Causas Matrimoniais estabeleceu um tribunal especial para ouvir casos de divórcio, apenas 325 divórcios foram concedidos pela lei privada do Parlamento na Inglaterra, no País de Gales e na Irlanda. Embora o número de divórcios tivesse de fato crescido, de catorze na primeira metade do século XVIII para 117 na segunda metade, o divórcio estava para todos os efeitos limitado a homens aristocratas, pois os motivos exigidos tornavam quase impossível a obtenção do divórcio para as mulheres. Os números indicam apenas 2,34 divórcios concedidos por ano na segunda metade do século XVIII. Depois que os revolucionários franceses instituíram o divórcio, em contraste, 20 mil divórcios foram concedidos na França entre 1792 e 1803, ou 1800 por ano. As colônias britânicas na América do Norte seguiam em geral a prática inglesa de proibir o divórcio mas permitir alguma forma de separação legal; porém após a independência, as petições de divórcio começaram a ser aceitas pelos novos tribunais na maioria dos estados. Estabelecendo uma tendência depois repetida na França revolucionária, as mulheres protocolaram a maioria das petições de divórcio nos primeiros anos da independência dos novos Estados Unidos.[39]

Em notas escritas em 1771 e 1772 sobre um caso legal de divórcio, Thomas Jefferson ligava claramente o divórcio aos direitos naturais. O divórcio devolveria "às mulheres o seu direito natural de igualdade". Ele insistia que, por sua própria natureza, os contratos por consentimento mútuo deviam ser dissolúveis se uma das partes quebrasse o acordo — o mesmo argumento que os revolucionários franceses usariam em 1792. Além disso, a possibilidade do divórcio legal assegurava a "liberdade de afeição", também um direito natural. Na "busca da felicidade", tornada famosa pela Declaração da Independência, estaria incluído o direito ao divórcio porque a "finalidade do casamento é a Reprodução & a Felicidade". O direito à busca da felicidade requeria, portanto, o divórcio. Não é por acaso que Jefferson apresentaria argumentos semelhantes para um divórcio entre as colônias americanas e a Grã-Bretanha quatro anos mais tarde.[40]

À medida que pressionavam pela expansão da autodeterminação, as pessoas do século XVIII defrontavam-se com um dilema: o que propiciaria a origem da comunidade nessa nova ordem que intensificava os direitos do indivíduo? Uma coisa era explicar como a moralidade podia ser derivada da razão humana, e não da Sagrada Escritura, ou como a autonomia devia ser preferida à obediência cega. Mas era outra coisa completamente diferente conciliar esse indivíduo orientado para si mesmo com o bem comum. Os filósofos escoceses de meados do século puseram a questão da comunidade secular no centro da sua obra e apresentaram uma resposta filosófica que repercutia a prática da empatia ensinada pelo romance. Os filósofos, como as pessoas do século XVIII de modo mais geral, chamavam a sua resposta de "simpatia". Usei o termo "empatia" porque, apesar de ter entrado no vernáculo apenas no século XX, ele capta melhor a vontade ativa de se identificar com os outros. Simpatia agora significa frequentemente piedade, o que pode implicar condescendência, um sentimento incompatível com um verdadeiro sentimento de igualdade.[41]

A palavra "simpatia" tinha um significado muito amplo no século XVIII. Para Francis Hutcheson, a simpatia era uma espécie de sentido, uma faculdade moral. Mais nobre do que a visão ou a audição, sentidos partilhados com os animais, porém menos nobre do que a consciência, a simpatia ou sentimento de solidariedade tornava a vida social possível. Pela força da natureza humana, anterior a qualquer raciocínio, a simpatia atuava como uma espécie de força gravitacional social para trazer as pessoas para fora de si mesmas. A simpatia assegurava que a felicidade não podia ser definida apenas pela autossatisfação. "Por uma espécie de contágio ou infecção", concluía Hutcheson, "todos os nossos prazeres, mesmo aqueles do tipo mais inferior, são estranhamente intensificados pelo fato de serem partilhados com os outros."[42]

Adam Smith, autor de *A riqueza das nações* (1776) e aluno de Hutcheson, dedicou uma de suas primeiras obras à questão da simpatia. No capítulo inicial da sua *Teoria dos sentimentos morais* (1759), ele usa o exemplo da tortura para chegar à maneira como a simpatia opera. O que nos faz sentir compaixão pelo sofrimento de alguém que está sendo torturado? Ainda que o sofredor seja um irmão, nunca podemos experimentar diretamente o que ele sente. Podemos apenas nos identificar com o seu sofrimento por meio da nossa imaginação, que nos coloca a nós próprios na sua situação suportando os mesmos tormentos, "como que entramos no seu corpo e nos tornamos em alguma medida ele próprio". Esse processo de identificação imaginativa — simpatia — permite que o observador sinta o que a vítima da tortura sente. O observador só é capaz de se tornar um ser verdadeiramente moral, entretanto, quando dá o próximo passo e compreende que ele também é passível dessa identificação imaginativa. Quando consegue ver a si próprio como o objeto dos sentimentos dos outros, é capaz de desenvolver dentro de si mesmo um "espectador imparcial", que serve como sua bússola moral. A autonomia e a simpatia, portanto, andam juntas para Smith. Apenas uma pessoa autônoma pode desenvolver um "espectador imparcial" dentro de si mesma, mas ela só pode fazê-lo, explica Smith, caso se identifique com os outros primeiro.[43]

A simpatia ou a sensibilidade — o último termo era muito mais difundido em francês — tiveram uma ressonância cultural ampla nos dois lados do Atlântico na última metade do século XVIII. Thomas Jefferson lia Hutcheson e Smith, embora tivesse citado especificamente o romancista Laurence Sterne como aquele que oferecia "o melhor curso de moralidade". Dada a ubiquidade de referências a simpatia e sensibilidade no mundo atlântico, não parece acidental que o primeiro romance escrito por um americano, publicado em 1789, tivesse como título *The Power of Sympathy*. A simpatia e a sensibilidade permeavam de tal modo a literatura, a pintura e até a medicina que alguns médicos começaram a se preocupar com um excesso dessas faculdades, que eles receavam poder levar à melancolia, à hipocondria ou aos "vapores". Os médicos achavam que as damas desocupadas (as leitoras) eram especialmente suscetíveis.[44]

A simpatia e a sensibilidade atuavam em favor de muitos grupos não emancipados, mas não das mulheres. Capitalizando o sucesso do romance em invocar novas formas de identificação psicológica, os primeiros abolicionistas encorajavam os escravos libertos a escrever suas autobiografias romanceadas, às vezes parcialmente fictícias, a fim de ganhar adeptos para o movimento nascente. Os males da escravidão adquiriram vida quando foram descritos em primeira mão por homens como Olaudah Equiano, cujo livro *The Interesting Narrative of the Life of Olaudah Equiano, or Gustavus Vassa, The African. Written by Himself* foi publicado pela primeira vez em Londres, em 1789. Mas a maioria dos abolicionistas deixou de relacionar sua causa com os direitos das mulheres. Depois de 1789, muitos revolucionários franceses assumiriam posições públicas e vociferantes em favor dos direitos dos protestantes, judeus, negros livres e até escravos, ao mesmo tempo que se oporiam ativamente a conceder direitos às mulheres. Nos novos Estados Unidos, embora a escravidão se apresentasse imediatamente como tema para um debate acalorado, os direitos das mulheres provocavam ainda menos comentário público do que na França. As mulheres não obtiveram direitos políticos iguais em nenhum lugar antes do século xx.[45]

As pessoas do século XVIII, como quase todo mundo na história humana antes delas, viam as mulheres como dependentes, um estado definido pelo seu status familiar, e assim, por definição, não plenamente capazes de autonomia política. Elas podiam lutar pela autodeterminação como uma virtude privada, moral, sem estabelecer ligação com os direitos políticos. Tinham direitos, mas não políticos. Essa visão se tornou explícita quando os revolucionários franceses redigiram uma nova Constituição em 1789. O abade Emmanuel-Joseph Sieyès, um intérprete ilustre da teoria constitucional, explicava a distinção emergente entre os direitos naturais e civis, de um lado, e os direitos políticos, de outro. Todos os habitantes de um país, inclusive as mulheres, possuíam os direitos de um cidadão passivo: o direito à proteção de sua pessoa, propriedade e liberdade. Mas nem todos eram cidadãos ativos, sustentava ele, com direito a participar diretamente das atividades públicas. "As mulheres, ao menos no presente estado, as crianças, os estrangeiros, aqueles que não contribuem para manter a ordem pública" eram definidos como cidadãos passivos. A ressalva de Sieyès, "ao menos no presente estado", deixava uma pequena brecha para mudanças futuras nos direitos das mulheres. Outros tentariam explorar essa brecha, mas sem sucesso no curto prazo.[46]

Os poucos que de fato defendiam os direitos das mulheres no século XVIII eram ambivalentes a respeito dos romances. Os opositores tradicionais dos romances acreditavam que as mulheres eram especialmente suscetíveis ao enlevo da leitura sobre o amor, e até os defensores dos romances, como Jefferson, preocupavam-se com os seus efeitos sobre as jovens. Em 1818, um Jefferson muito mais velho do que aquele entusiasmado com seus romancistas preferidos em 1771 alertava sobre "a paixão desregrada" por romances entre as moças. "O resultado é uma imaginação intumescida" e "um juízo doentio". Não é surpreendente, portanto, que os defensores ardentes dos direitos das mulheres levassem essas suspeitas a sério. Como Jefferson, Mary Wollstonecraft, a mãe do feminismo moderno, contrastou explicitamente a leitura de romances — "o único tipo de leitura calculado para atrair uma inteligência inocente e frívola" — com a leitura de história e com a compreensão racional ativa de modo mais geral. No entanto, a própria Wollstonecraft escreveu dois romances centrados em heroínas, resenhou muitos romances na imprensa e a eles se referia constantemente na sua correspondência. Apesar de suas objeções às prescrições de Rousseau para a educação feminina em *Emílio*, ela leu avidamente *Júlia* e usava expressões lembradas de *Clarissa* e dos romances de Sterne para transmitir suas próprias emoções nas cartas.[47]

Aprender a sentir empatia abriu o caminho para os direitos humanos, mas não assegurava que todos seriam capazes de seguir imediatamente esse caminho. Ninguém compreendeu isso melhor, nem se afligiu mais a esse respeito, do que o autor da Declaração da Independência. Numa carta de 1802 ao clérigo, cientista e reformador inglês Joseph Priestley, Jefferson exibiu o exemplo americano para o mundo inteiro: "É impossível não ter consciência de que estamos agindo por toda a humanidade; de que circunstâncias negadas a outros, mas a nós concedidas, impuseram-nos o dever de experimentar qual é o grau de liberdade e autogoverno que uma sociedade pode se arriscar a conceder a seus indivíduos". Jefferson pressionava pelo mais elevado "grau de liberdade" imaginável, o que para ele significava abrir a participação política para tantos homens brancos quanto fosse possível, e talvez eventualmente até para os índios, se eles pudessem ser transformados em agricultores. Embora reconhecesse a humanidade dos negros e até os direitos dos escravos como seres humanos, não imaginava um estado em que eles ou as mulheres de qualquer cor tivessem parte ativa. Mas esse era o mais elevado grau de liberdade imaginável para a imensa maioria dos americanos e europeus, mesmo 24 anos mais tarde, no dia da morte de Jefferson.[48]

2. "Ossos dos seus ossos"

Abolindo a tortura

Em 1762, no mesmo ano em que Rousseau usou pela primeira vez o termo "direitos do homem", um tribunal na cidade de Toulouse, no sul da França, condenou um protestante francês de 64 anos chamado Jean Calas por assassinar seu filho para impedir que ele se convertesse ao catolicismo. Os juízes condenaram Jean à morte pelo suplício da roda. Antes da execução, Calas primeiro teve de suportar uma tortura judicialmente supervisionada conhecida como a "questão preliminar", que se destinava a conseguir que aqueles já condenados nomeassem seus cúmplices. Com os punhos atados bem apertados a uma barra atrás dele, Calas foi esticado por um sistema de manivelas e roldanas que puxava firmemente seus braços para cima, enquanto um peso de ferro mantinha os pés no lugar (figura 3). Quando Calas se recusou a fornecer nomes depois de duas aplicações, foi atado a um banco e jarros de água foram despejados à força pela sua garganta, enquanto a boca era mantida aberta por dois pauzinhos (figura 4). Pressionado de novo a citar nomes, diz-se que ele respondeu: "Onde não há crime, não pode haver cúmplices".

Figura 3. *Tortura judicial*
É quase impossível encontrar representações da tortura judicialmente sancionada. Esta xilografia de página inteira do século XVI (21,6] 14,4 cm) tem o objetivo de mostrar um método empregado em Toulouse que se parece com o sofrido por Jean Calas dois séculos mais tarde. É uma versão da tortura judicial mais comumente usada na Europa, chamada *strappado*, nome derivado da palavra italiana para puxão ou rasgão violento.

Figura 4. *Tortura pela água*
A xilografia do século XVI (21,6] 14,4 cm) mostra um método francês de tortura pela água. Não é exatamente o mesmo que Calas sofreu, mas chega perto o suficiente para transmitir a ideia geral.

A morte não se seguia imediatamente, nem se pretendia que assim fosse. O suplício da roda, reservado aos homens condenados por homicídio ou assalto na estrada, ocorria em dois estágios. Primeiro, o carrasco atava o condenado a uma cruz em forma de X e esmagava sistematicamente os ossos de seus antebraços, pernas, coxas e braços, desferindo em cada um deles dois golpes brutais. Por meio de um sarilho preso à corda ao redor do pescoço do condenado, um assistente embaixo do cadafalso então deslocava as vértebras do pescoço com puxões violentos na corda. Enquanto isso, o carrasco fustigava a cintura com três golpes fortes da vara de ferro. Depois o carrasco descia o corpo quebrado e o prendia, com os membros torturantemente inclinados para trás, a uma roda de carruagem em cima de um poste de três metros. Ali o condenado permanecia bastante tempo depois da morte, concluindo "um espetáculo muito terrível". Numa instrução secreta, o tribunal concedeu a Calas a graça de ser estrangulado depois de duas horas de tormento, antes que seu corpo fosse ligado à roda. Calas morreu ainda protestando inocência.[1]

O "caso" Calas galvanizou a atenção quando foi adotado por Voltaire alguns meses depois da execução. Voltaire arrecadou dinheiro para a família, escreveu cartas em nome de vários membros da família Calas com o intuito de apresentar suas visões originais dos fatos e depois publicou um panfleto e um livro baseados no caso. O mais famoso desses foi o seu *Tratado sobre a tolerância por ocasião da morte de Jean Calas*, no qual ele usou pela primeira vez a expressão "direito humano"; o ponto principal de seu argumento era que a intolerância não podia ser um direito humano (ele não propunha o argumento positivo de que a liberdade de religião era um direito humano). Voltaire não protestou inicialmente nem contra a tortura, nem contra o suplício da roda. O que o enfureceu foi o fanatismo religioso que ele concluiu ter motivado a polícia e os juízes: "É impossível ver como, seguindo esse princípio [o direito humano], um homem pode dizer a outro, 'acredite no que eu acredito e no que você não pode acreditar, senão vai morrer'. É assim que eles falam em Portugal, Espanha e Goa [países infames pelas suas inquisições]".[2]

Como o culto calvinista público tinha sido proibido na França desde 1685, as autoridades aparentemente não precisavam se esforçar muito para acreditar que Calas tivesse matado o filho para impedir a sua conversão ao catolicismo. Certa noite, depois do jantar, a família tinha encontrado Marc-Antoine pendendo num vão de porta que abria para uma despensa nos fundos da casa, um aparente suicídio. Para evitar o escândalo, afirmaram ter descoberto o corpo no chão, presumivelmente vítima de assassinato. O suicídio era punível pela lei na França: uma pessoa que cometesse suicídio não podia ser enterrada em chão consagrado e, se considerada culpada num julgamento, o corpo podia ser exumado, arrastado pela cidade, pendurado pelos pés e atirado no lixo.

A polícia se aproveitou das incoerências no testemunho da família e logo prendeu o pai, a mãe e o irmão junto com seu criado e um visitante, acusando todos de assassinato. Um tribunal local condenou o pai, a mãe e o irmão à tortura para obter confissões de culpa (chamada a "questão preparatória"), mas na apelação o *Parlement** de Toulouse revogou a sentença do tribunal local, recusou-se a aplicar a tortura antes da condenação e considerou culpado apenas o pai, esperando que ele nomeasse os outros quando torturado pouco antes da sua execução. A publicidade inexorável dada por Voltaire ao caso valeu para o resto da família, que ainda não tinha sido inocentada. O Conselho Real primeiro anulou os veredictos por razões técnicas em 1763 e 1764 e depois, em 1765, votou a favor da absolvição de todos os envolvidos e da devolução dos bens confiscados da família.

Durante a tempestade a respeito do caso Calas, o foco de aten-

---

* *Parlement*: corte de justiça. (N. T.)

ção de Voltaire começou a mudar, e cada vez mais o próprio sistema de justiça criminal, e especialmente o seu emprego da tortura e da crueldade, passou a ser criticado. Nos seus textos iniciais sobre Calas, em 1762-3, Voltaire não usou nem uma única vez o termo geral "tortura" (empregando em seu lugar o eufemismo legal "a questão"). Ele denunciou a tortura judicial pela primeira vez em 1766 e depois estabeleceu frequentemente a ligação entre Calas e a tortura. A compaixão natural leva todo mundo a detestar a crueldade da tortura judicial, insistia Voltaire, embora ele próprio não tivesse dito essas palavras antes. "A tortura tem sido abolida em outros países, e com sucesso: a questão está, portanto, decidida." As visões de Voltaire mudaram tanto que em 1769 ele se sentiu compelido a acrescentar um artigo sobre "Tortura" a seu *Dicionário filosófico*, publicado pela primeira vez em 1764 e já no índex papal dos livros proibidos. No artigo, Voltaire emprega a sua alternância habitual do ridículo e do ataque fulminante para condenar as práticas francesas como incivilizadas: os estrangeiros julgam a França pelas suas peças teatrais, romances, versos e belas atrizes, sem saber que não há nação mais cruel que a França. Uma nação civilizada, conclui Voltaire, já não pode seguir "antigos costumes atrozes". O que há muito tempo tinha parecido aceitável a ele e a muitos outros passava a ser posto em dúvida.[3]

Assim como aconteceu com os direitos humanos de modo mais geral, as novas atitudes sobre a tortura e sobre uma punição mais humana se cristalizaram primeiro na década de 1760, não apenas na França, mas em outros países europeus e nas colônias americanas. Frederico, o Grande, da Prússia, amigo de Voltaire, já tinha abolido a tortura judicial nas suas terras em 1754. Outros imitaram seu exemplo nas décadas seguintes: a Suécia em 1772, a Áustria e a Boêmia em 1776. Em 1780, a monarquia francesa eliminou o uso da tortura para extrair confissões de culpa antes da condenação, e em 1788 aboliu provisoriamente o uso da tortura pouco antes da execução para obter os nomes de cúmplices. Em 1783, o governo britânico descontinuou a procissão pública para Tyburn, onde as execuções tinham se tornado um importante entretenimento popular, e introduziu o uso regular da "queda", uma plataforma mais elevada que o carrasco deixava cair para assegurar enforcamentos mais rápidos e mais humanos. Em 1789, o governo revolucionário francês renunciou a todas as formas de tortura judicial, e em 1792 introduziu a guilhotina, que tinha a intenção de tornar a execução da pena de morte uniforme e tão indolor quanto possível. No final do século XVIII, a opinião pública parecia exigir o fim da tortura judicial e de muitas indignidades infligidas aos corpos dos condenados. Como o médico americano Benjamin Rush insistia em 1787, não devemos esquecer que até os criminosos "possuem almas e corpos compostos dos mesmos materiais que os de nossos amigos e conhecidos. São ossos dos seus ossos".[4]

TORTURA E CRUELDADE

A tortura judicialmente supervisionada para extrair confissões tinha sido introduzida ou reintroduzida na maioria dos países europeus no século XIII, como consequência do reflorescimento da lei romana e do exemplo da Inquisição católica. Nos séculos XVI, XVII e XVIII, muitas das mais refinadas inteligências legais da Europa dedicaram-se a codificar e regularizar o uso da tortura judicial para impedir abusos perpetrados por juízes exageradamente zelosos ou sádicos. A Grã-Bretanha tinha supostamente substituído a tortura judicial pelos júris no século XIII, mas a tortura ainda ocorria nos séculos XVI e XVII nos casos de sedição e feitiçaria. Contra as bruxas, por exemplo, os magistrados escoceses mais severos empregavam ferroadas, privação de sono, tortura pelas "botas" (esmagar as pernas), queimaduras com ferro em brasa e outros métodos. A tortura para obter os nomes de cúmplices era permitida pela lei colonial de Massachusetts, mas aparentemente nunca era ordenada.[5]

As formas brutais de punição depois da condenação eram ubíquas na Europa e nas Américas. Embora a *Bill of Rights* britânica de 1689 proibisse expressamente o castigo cruel, os juízes ainda sentenciavam os criminosos ao poste dos açoites, ao banco dos afogamentos, ao tronco, ao pelourinho, ao ferro de marcar, à execução por arrastamento e esquartejamento (desmembramento do corpo por meio de cavalos) ou, para as mulheres, arrastamento, esquartejamento e morte na fogueira. O que constituía uma punição "cruel" dependia claramente das expectativas culturais. Foi somente em 1790 que o Parlamento britânico proibiu queimar as mulheres na fogueira. Antes, entretanto, havia aumentado dramaticamente o número de ofensas capitais, que segundo algumas estimativas triplicou no século XVIII e em 1753 tinha contribuído para tornar as punições por assassinato ainda mais horríveis a fim de aumentar seu poder de dissuasão. O Parlamento também ordenou que os corpos de todos os assassinos fossem entregues a cirurgiões para dissecação — naquele tempo considerada uma ignomínia — e concedeu aos juízes a autoridade discricionária de ordenar que o corpo de qualquer assassino masculino fosse dependurado acorrentado depois da execução. Apesar do crescente desconforto com esse escarnecer do cadáver dos assassinos, a prática só foi definitivamente abolida em 1834.[6]

Não surpreende que a punição nas colônias tenha seguido os padrões estabelecidos no centro imperial. Assim, um terço de todas as sentenças na Corte Superior de Massachusetts, mesmo na última metade do século XVIII, exigia humilhações públicas que iam desde usar cartazes até a perda de uma orelha, a marcação a ferro e o açoite. Um contemporâneo em Boston descreveu como "as mulheres eram tiradas de uma imensa jaula, na qual eram arrastadas sobre rodas desde a prisão, e atadas num poste com as costas nuas, nas quais eram aplicadas trinta ou quarenta chicotadas entre os gritos das culpadas e o tumulto da turba". A *Bill of Rights* britânica não protegia os escravos, porque eles não eram considerados pessoas com direitos legais. Virginia e Carolina do Norte permitiam expressamente a castração de escravos por ofensas hediondas, e em Maryland, nos casos de pequena traição ou incêndio criminoso por parte de um escravo, a mão direita era cortada e o escravo depois enforcado, a cabeça cortada, o corpo esquartejado e as partes desmembradas exibidas em público. Ainda na década de 1740, os escravos em Nova York podiam ser queimados até a morte de forma torturantemente lenta, supliciados na roda ou dependurados por correntes até morrerem por falta de alimento.[7]

A maioria das sentenças determinadas pelos tribunais franceses na última metade do século XVIII ainda incluía alguma forma de castigo corporal público, como a marcação a ferro, o açoite ou o uso do colarinho de ferro (que ficava preso a um poste ou ao pelourinho — figura 5). No mesmo ano em que Calas foi executado, o *Parlement* de Paris* sentenciou apelações de processos penais contra 235 homens e mulheres julgados em primeira instância no tribunal de Châtelet (um tribunal de instância inferior) de Paris: 82 foram sentenciados ao banimento e à marcação a ferro, em geral combinados com açoites; nove à mesma combinação mais o colarinho de ferro; dezenove à marcação a ferro e ao aprisionamento; vinte ao confinamento no Hospital Geral,** depois de serem marcados a ferro e/ou terem de usar o colarinho de ferro; doze ao enforcamento; três ao suplício da roda; e um a morrer queimado

---

* O *Parlement* de Paris era a mais alta corte de justiça do Antigo Regime. (N. T.)

** Fundado por Luís XIV, o Hospital Geral servia para recolher marginais, indigentes etc. (N. T.)

FIGURA 5. *O colarinho de ferro*
A ideia deste castigo era uma humilhação pública. Esta reprodução de um artista anônimo mostra um homem condenado por fraude e libelo em 1760. Segundo a legenda, ele foi primeiro preso ao colarinho de ferro por três dias e depois marcado a ferro e enviado às galés para o resto da vida.

na fogueira. Se todos os outros tribunais de Paris fossem incluídos na conta, o número de humilhações públicas e mutilações aumentaria para quinhentas ou seiscentas, com umas dezoito execuções — em apenas um ano, numa única jurisdição.[8]

A pena de morte podia ser imposta de cinco maneiras diferentes na França: decapitação para os nobres; enforcamento para os criminosos comuns; arrastamento e esquartejamento por ofensas contra o soberano conhecidas como *lèse-majesté*; morte na fogueira por heresia, magia, incêndio criminoso, envenenamento, bestialidade e sodomia; e o suplício da roda por assassinato ou salteamento. Os juízes ordenavam arrastamento e esquartejamento e morte na fogueira com pouca frequência no século XVIII, mas o suplício da roda era muito comum: na jurisdição do *Parlement* de Aix-en-Provence, no sul da França, por exemplo, quase a metade das 53 sentenças de morte impostas entre 1760 e 1762 era pelo suplício da roda.[9]

Mas da década de 1760 em diante, campanhas de vários tipos levaram à abolição da tortura sancionada pelo estado e a uma crescente moderação nos castigos (até para os escravos). Os reformadores atribuíam suas realizações à difusão do humanitarismo do Iluminismo. Em 1786, o reformador inglês Samuel Romilly olhou para trás e afirmou cheio de confiança que "à medida que os homens refletem e raciocinam sobre esse tema importante, as noções absurdas e bárbaras de justiça que prevaleceram por eras têm sido demolidas, e têm sido adotados princípios humanos e racionais em seu lugar". Muito do impulso imediato para pensar sobre o assunto veio do curto e vigoroso *Dos delitos e das penas*, publicado em 1764 por um aristocrata italiano de 24 anos, Cesare Beccaria. Promovido pelos círculos em torno de Diderot, traduzido rapidamente para o francês e o inglês e avidamente lido por Voltaire no decorrer do caso Calas, o pequeno livro de Beccaria examinava o sistema de justiça criminal de cada nação. O sistema italiano recente não rejeitava apenas a tortura e o castigo cruel, mas também — numa atitude extraordinária para a época — a própria pena de morte. Contra o poder absoluto dos governantes, a ortodoxia religiosa e os privilégios da nobreza, Beccaria propunha um padrão democrático de justiça: "a maior felicidade do maior número". Virtualmente todo reformador a partir de então, de Philadelphia a Moscou, o citava.[10]

Beccaria ajudou a valorizar a nova linguagem do sentimento. Para ele, a pena de morte só podia ser "perniciosa para a sociedade, pelo exemplo de barbárie que proporciona", e ao objetar a "tormentos e crueldade inútil" na punição ele os ridicularizava como "o instrumento de um fanatismo furioso". Além disso, ao justificar a sua intervenção ele expressava a esperança de que se "eu contribuir para salvar da agonia da morte uma vítima infeliz da tirania, ou da ignorância igualmente fatal, a sua bênção e lágrimas de êxtase serão para mim um consolo suficiente para o desprezo de toda a humanidade". Depois de ler Beccaria, o jurista inglês William Blackstone estabeleceu a conexão que se tornaria característica após a visão do Iluminismo: a lei criminal, afirmava Blackstone, deve sempre "se conformar aos ditados da verdade e da justiça, aos sentimentos humanitários e aos direitos indeléveis da humanidade".[11]

Entretanto, como mostra o exemplo de Voltaire, a elite educada, e até muitos dos principais reformadores, não compreendeu imediatamente a conexão entre a linguagem nascente dos direitos e a tortura e o castigo cruel. Voltaire escarneceu do malogro da justiça no caso Calas, mas não objetou originalmente ao fato de que o velho fora torturado ou supliciado na roda. Se a compaixão natural leva todo mundo a detestar a crueldade da tortura judicial, como Voltaire disse mais tarde, por que isso não era óbvio antes da década de 1760, nem mesmo para ele? Evidentemente, antolhos de algum tipo haviam atuado para inibir a operação da empatia antes desse período.[12]

Quando os escritores e os reformadores legais do Iluminismo começaram a questionar a tortura e a punição cruel, ocorreu uma viravolta quase completa de atitude ao longo de algumas décadas. A descoberta do sentimento de companheirismo constituía parte dessa mudança, mas apenas parte. O que era preciso além da empatia — na verdade, nesse caso, uma precondição necessária para a empatia com o condenado pela justiça — era um novo interesse pelo corpo humano. Antes sagrado apenas dentro de uma ordem religiosamente definida, em que os corpos individuais podiam ser mutilados ou torturados para o bem comum, o corpo se tornou sagrado por si próprio numa ordem secular que se baseava na autonomia e inviolabilidade dos indivíduos. Esse desenvolvimento ocorre em duas partes. Os corpos ganharam um valor mais positivo quando se tornaram mais separados, mais senhores de si mesmos e mais individualizados durante o desenrolar do século XVIII, enquanto as violações dos corpos provocavam mais e mais reações negativas.

A PESSOA AUTÔNOMA

Embora possa parecer que os corpos estão sempre inerentemente separados um do outro, ao menos após o nascimento, as fronteiras entre os corpos se tornaram mais nitidamente definidas depois do século XIV. Os indivíduos se tornaram mais autônomos à medida que sentiam cada vez mais a necessidade de guardar para si mesmos os seus excretos corporais. O limiar da vergonha baixou, enquanto a pressão por autocontrole aumentou. O ato de defecar ou urinar em público tornou-se cada vez mais repulsivo. As pessoas começaram a usar lenços em vez de assoar o nariz com as mãos. Cuspir, comer numa tigela comum e dormir numa cama com um estranho tornaram-se atos repugnantes ou ao menos desagradáveis. As explosões violentas de emoção e o comportamento agressivo passaram a ser socialmente inaceitáveis. Essas mudanças de atitude em relação ao corpo eram as indicações superficiais de uma transformação subjacente. Todas assinalavam o advento do indivíduo fechado em si mesmo, cujas fronteiras tinham de ser respeitadas na interação social. A compostura e a autonomia requeriam uma crescente autodisciplina.[13]

As mudanças do século XVIII nos espetáculos musicais e teatrais, na arquitetura doméstica e na arte do retrato tiveram como base essas alterações de longo prazo nas atitudes. Além disso, essas novas experiências revelaram-se cruciais para o surgimento da própria sensibilidade. Nas décadas depois de 1750, em vez de caminhar pelo teatro para encontrar e conversar com os amigos, o público das óperas começou a escutar a música em silêncio, o que lhe facultava sentir fortes emoções individuais em reação à música. Uma mulher contou a sua reação à ópera *Alceste*, de Gluck, que estreou em Paris em 1776: "Escutei essa nova obra com uma profunda atenção. [...] Desde os primeiros compassos fui invadida por um forte sentimento de admiração reverente e senti dentro de mim esse impulso religioso com tal intensidade [...] que sem me dar conta caí de joelhos no meu camarote e permaneci nessa posição, suplicante e com as mãos unidas, até o final da peça". A reação dessa mulher é especialmente notável, porque ela (a carta é assinada Pauline de R***) traça um paralelo explícito com a experiência religiosa. O fundamento de toda a autoridade estava se deslocando de uma estrutura religiosa transcendental para uma estrutura humana interior; mas esse deslocamento só podia fazer sentido para as pessoas se fosse experimentado de um modo pessoal, até mesmo íntimo.[14]

Os frequentadores do teatro exibiam uma tendência maior

para as arruaças durante os espetáculos do que os amantes da música, mas mesmo no teatro novas práticas anunciavam um futuro diferente em que as peças seriam representadas numa atmosfera semelhante a um silêncio religioso. Durante grande parte do século xviii, os espectadores parisienses coordenavam os atos de tossir, cuspir, espirrar e soltar gases para perturbar os espetáculos de que não gostavam, e demonstrações públicas de embriaguez e de brigas interrompiam frequentemente as frases dos artistas. Para colocar os espectadores a uma distância maior e assim tornar mais difíceis as perturbações, a possibilidade de se sentar no palco foi eliminada na França em 1759. Em 1782, os esforços para estabelecer a ordem na plateia ou *parterre* culminaram na instalação de bancos na Comédie Française; antes disso, os espectadores na plateia andavam livremente nesse espaço e às vezes comportavam-se mais como uma turba do que como um público. Embora os bancos fossem acaloradamente contestados na imprensa da época e vistos por alguns como um ataque perigoso à liberdade e franqueza da plateia, a direção dos acontecimentos tinha se tornado clara: as explosões coletivas deviam dar lugar a experiências interiores individuais e mais tranquilas.[15]

A arquitetura residencial reforçava esse sentido de separação do indivíduo. A "câmara" (*chambre*) nas casas francesas tornou-se cada vez mais especializada na segunda metade do século xviii. A sala, antes de finalidade geral, transformou-se no "quarto de dormir", e nas famílias mais ricas as crianças tinham quartos de dormir separados do de seus pais. Dois terços das casas parisienses tinham quartos de dormir na segunda metade do século xviii, enquanto apenas uma em sete tinha salas destinadas às refeições. A elite da sociedade parisiense começou a insistir numa variedade de quartos para uso privado, que iam desde os *boudoirs* (que vem do francês *bouder* para "amuar-se" — um quarto para expressar seu mau humor em privado) à toalete e aos quartos de banho. Ainda assim, o movimento em direção à privacidade individual não deve ser exagerado, ao menos na França. Os viajantes ingleses queixavam-se incessantemente da prática francesa de três ou quatro estranhos dormirem num mesmo quarto numa hospedaria (ainda que em camas separadas), do uso de lavatórios à vista de todos, do ato de urinar na lareira e do de jogar o conteúdo dos penicos na rua pelas janelas. As suas queixas atestam, entretanto, um processo em andamento em ambos os países. Na Inglaterra, um novo exemplo notável era o circuito de caminhada no jardim, desenvolvido nas grandes propriedades rurais entre as décadas de 1740 e 1760: o circuito fechado, com suas vistas e monumentos cuidadosamente escolhidos, destinava-se a intensificar a contemplação e a recordação privadas.[16]

Os corpos sempre tinham sido centrais para a pintura europeia, mas antes do século XVII eram com muita frequência os corpos da Sagrada Família, dos santos católicos ou dos governantes e seus cortesãos. No século XVII e especialmente no XVIII, mais pessoas comuns começaram a encomendar pinturas de si mesmas e de suas famílias. Depois de 1750, as exposições públicas regulares — elas próprias uma nova característica da vida social — apresentavam números crescentes de retratos de pessoas comuns em Londres e Paris, mesmo que a pintura histórica ainda ocupasse oficialmente a posição de *premier genre*.

Nas colônias britânicas na América do Norte, a arte do retrato dominava as artes visuais, em parte porque as tradições políticas e eclesiásticas europeias tinham menor peso. A importância dos retratos só fez crescer nas colônias no século XVIII: quatro vezes mais retratos foram pintados nas colônias entre 1750 e 1776 do que entre 1700 e 1750, e muitos desses retratos representavam cidadãos comuns e proprietários de terras (figura 6). Quando a pintura histórica ganhou nova proeminência na França sob a Revolução e o Império Napoleônico, os retratos ainda constituíam

FIGURA 6. *Retrato do capitão John Pigott feito por Joseph Blackburn*
Como muitos artistas ativos nas colônias americanas, Joseph Blackburn nasceu e foi muito provavelmente educado na Inglaterra antes de ir para Bermuda em 1752 e no ano seguinte para Newport, em Rhode Island. Depois de pintar muitos retratos em Newport, Boston e Portsmouth, em New Hampshire, ele retornou para a Inglaterra em 1764. Esta pintura a óleo do final da década de 1750 ou início dos anos 1760 (127] 101,6 cm) forma um par com o retrato da esposa de Pigott. Blackburn era conhecido por sua atenção minuciosa às rendas e a outros detalhes nas roupas.

uns 40% das pinturas apresentadas nos *Salons*. Os preços cobrados pelos pintores de retratos aumentaram nas últimas décadas do século XVIII, e as gravuras levaram os retratos a um público mais amplo do que os modelos originais e suas famílias. O mais famoso pintor inglês da era, sir Joshua Reynolds, fez a sua reputação como retratista e, segundo Horace Walpole, "resgatou a pintura de retratos da insipidez".[17]

Um espectador contemporâneo expressou o seu desdém depois de ver o número de retratos na exposição francesa de 1769:

> A multidão de retratos, senhor, que me impressiona por toda parte, força-me, a despeito de mim mesmo, a falar agora deste assunto e a tratar deste tema árido e monótono que tinha reservado para o final. Em vão o público há muito tempo reclama da multidão de burgueses que deve passar incessantemente em revista. [...] A facilidade do gênero, a sua utilidade e a vaidade de todas essas personagens mesquinhas estimulam nossos artistas principiantes. [...] Graças ao infeliz gosto do século, o *Salon* está se tornando uma mera galeria de retratos.

O "infeliz gosto" do século emanava da Inglaterra, segundo os franceses, e assinalava para muitos a iminente vitória do comércio sobre a verdadeira arte. No seu artigo "Retrato" para a *Encyclopédie* de muitos volumes de Diderot, o chevalier Louis de Jaucourt concluía que "o gênero de pintura mais seguido e procurado na Inglaterra é o do retrato". Mais tarde no mesmo século, o escritor Louis-Sébastien Mercier tentou tranquilizar os espíritos: "os ingleses sobressaem nos retratos, e nada supera os retratos de *Regnols* [sic], entre os quais os principais exemplos são os maiores, em tamanho natural, e no mesmo patamar das pinturas históricas" (figura 7). Do seu costumeiro modo astuto, Mercier tinha captado o elemento crítico — na Inglaterra, os retratos eram comparáveis ao

FIGURA 7. *Retrato de lady Charlotte Fitz-William*, mezzotinto *feito por James MacArdell de uma pintura realizada por sir Joshua Reynolds, 1754* Reynolds ganhou fama por pintar retratos de figuras importantes da sociedade britânica. Ele frequentemente pintava apenas as faces e as mãos de seus modelos, deixando ao cuidado de especialistas ou assistentes a roupagem e a indumentária. Charlotte tinha somente oito anos na época deste retrato, mas o seu penteado, os brincos e o broche de pérola lhe dão uma aparência mais velha. Reproduções como esta levaram a fama de Reynolds ainda mais longe. James MacArdell fez *mezzotintos* de muitos retratos pintados por Reynolds. A legenda diz: "J. Reynolds pinxt. J. McArdell fecit. Lady Charlotte Fitz-William. Publicado por J. Reynolds de acordo com a Lei do Parlamento 1754".

principal gênero da Academia de Belas-Artes francesa, as pinturas históricas. A pessoa comum podia então ser heroica meramente em virtude de sua individualidade. O corpo comum tinha agora distinção.[18]

É verdade que os retratos podiam transmitir algo completamente diferente da individualidade. À medida que a riqueza comercial crescia aos trancos e barrancos na Grã-Bretanha, na França e em suas colônias, encomendar retratos como uma marca de status e nobreza refletia um aumento mais geral do consumismo. A semelhança nem sempre tinha importância nessas encomendas. As pessoas comuns não queriam parecer comuns nos seus retratos, e alguns pintores de retratos ganharam reputação mais por sua capacidade de pintar rendas, sedas e cetins do que faces. Entretanto, embora os retratos às vezes focalizassem representações de tipos ou alegorias de virtudes ou riqueza, na segunda metade do século XVIII esses retratos diminuíram de importância quando os artistas e seus clientes começaram a preferir representações mais naturais da individualidade psicológica e fisionômica. Além disso, a própria proliferação de retratos individuais estimulou a visão de que cada pessoa era um indivíduo — isto é, singular, separado, distinto e original, e assim é que devia ser representado.[19]

As mulheres desempenharam um papel às vezes surpreendente nesse desenvolvimento. A voga de romances como *Clarissa*, que focalizavam mulheres comuns com uma rica vida interior, fazia com que as pinturas alegóricas de modelos femininos com faces semelhantes a máscaras parecessem irrelevantes ou simplesmente decorativas. No entanto, como os pintores procuravam cada vez mais franqueza e intimidade psicológica nos seus retratos, a relação entre o pintor e o modelo tornou-se mais carregada de uma visível tensão sexual, especialmente quando as mulheres pintavam os homens. Em 1775, James Boswell registrou as críticas de Samuel Johnson contra as retratistas: "Ele [Johnson] achava a pintura de retratos um emprego impróprio para as mulheres. 'A prática pública de qualquer arte, e o ato de perscrutar a face dos homens, é algo muito indelicado numa mulher'". Ainda assim, várias pintoras de retratos se tornaram verdadeiras celebridades na última metade do século XVIII. Denis Diderot encomendou o seu retrato a uma delas, a artista alemã Anna Therbusch. Na sua crítica do *Salon* de 1767, onde a pintura apareceu, Diderot sentiu que precisava se defender contra a sugestão de que tinha dormido com a artista, "uma mulher que não é bonita". Mas ele também teve de admitir que sua filha ficou tão impressionada com a semelhança do retrato feito por Therbusch que precisava se controlar para não o beijar cem vezes, na ausência de seu pai, por medo de arruinar a pintura.[20]

Assim, embora alguns críticos talvez julgassem a semelhança nos retratos secundária para o valor estético, a parecença era obviamente muito valorizada por muitos clientes e por um crescente número de críticos. No seu autorrevelador *Journal to Eliza*, escrito em 1767, Laurence Sterne se refere repetidamente à "sua doce Imagem sentimental" — o retrato de Eliza, provavelmente feito por Richard Cosway, tudo o que ele tem de sua amada ausente. "A sua Imagem é Você Mesma — toda Sentimento, Suavidade e Verdade. [...] Original muito querida! Como se parece com você — e se parecerá — até que você a faça desaparecer pela sua presença." Assim como aconteceu no romance epistolar, também na pintura de retratos as mulheres desempenharam um papel fundamental no processo da empatia. Ainda que a maioria dos homens, em teoria, quisesse que as mulheres conservassem os papéis de modéstia e virtude, na prática as mulheres inevitavelmente representavam e assim evocavam o sentimentalismo, uma atitude que sempre ameaçava ir além das suas próprias fronteiras.[21]

Tão valorizada era a semelhança, por fim, que em 1786 o músico e gravurista francês Gilles-Louis Chrétien inventou uma

FIGURA 8. *Fisionotraço de Jefferson*
A legenda diz: *Quenedy del. ad vivum et sculpt.* (Traçado a partir do modelo vivo e gravado por Quenedey.)

máquina chamada fisionotraço, que produzia mecanicamente retratos de perfil (ver figura 8). O perfil original em tamanho natural era depois reduzido e gravado sobre uma placa de cobre. Entre as centenas de perfis produzidos por Chrétien, primeiro em colaboração com Edmé Quenedey, um miniaturista, e depois rivalizando com ele, encontrava-se um de Thomas Jefferson produzido em abril de 1789. Um emigrado francês introduziu o processo nos Estados Unidos, e Jefferson mandou fazer outro perfil em 1804. Agora uma curiosidade histórica há muito obscurecida pelo surgimento da fotografia, o fisionotraço é ainda outro sinal do interesse em representar pessoas comuns — Jefferson à parte — e em captar as menores diferenças entre cada pessoa. Além disso, como sugerem os comentários de Sterne, o retrato, especialmente a miniatura, servia frequentemente como um desencadeador de lembranças e uma oportunidade para reencontrar uma emoção amorosa.[22]

O ESPETÁCULO PÚBLICO DA DOR

Caminhar pelo jardim, escutar música em silêncio, usar um lenço e ver retratos são todas ações que parecem acompanhar a imagem do leitor empático, e que parecem completamente incongruentes com a tortura e execução de Jean Calas. Mas os próprios juízes e legisladores que sustentavam o sistema legal tradicional e defendiam até a sua dureza sem dúvida escutavam música em silêncio, encomendavam retratos e possuíam casas com quartos de dormir, embora talvez não tivessem lido os romances por causa da sua associação com a sedução e a devassidão. Os magistrados endossavam o sistema tradicional de crime e castigo porque acreditavam que os culpados do crime só podiam ser controlados por uma força externa. Na visão tradicional, as pessoas comuns não sabiam regular suas próprias paixões. Tinham de ser lideradas, estimuladas para fazer o bem e dissuadidas de seguir seus instintos mais baixos. Essa tendência para o mal na humanidade resultava do pecado original, a doutrina cristã de que todos são inatamente predispostos para o pecado desde que Adão e Eva foram privados da graça de Deus no jardim do Éden.

Os escritos de Pierre-François Muyart de Vouglans nos dão uma compreensão rara da posição tradicionalista, pois ele foi um dos poucos juristas que aceitaram o desafio de Beccaria e publicaram defesas dos métodos antigos. Além de suas muitas obras sobre a lei criminal, Muyart também escreveu ao menos dois panfletos defendendo o cristianismo e atacando seus críticos modernos, especialmente Voltaire. Em 1767, publicou uma refutação, ponto por ponto, das ideias de Beccaria. Opôs-se nos termos mais fortes à tentativa de Beccaria de fundamentar o seu sistema sobre "os sentimentos inefáveis do coração". "Eu me orgulho de ter tanta sensibilidade quanto qualquer pessoa", insistia, "mas sem dúvida não tenho uma organização de fibras [terminações nervosas] tão frouxa quanto a de nossos modernos criminalistas, pois não senti esse estremecimento suave de que falam." Em vez disso, Muyart sentiu surpresa, para não dizer choque, quando viu que Beccaria construiu seu sistema sobre as ruínas de todo o senso comum.[23]

Muyart zombou da abordagem racionalista de Beccaria. "Sentado no seu gabinete, [o autor] começa a redigir as leis de todas as nações e nos leva a compreender que até agora nunca tivemos um pensamento exato ou sólido sobre esse assunto crucial." A razão de ser tão difícil reformar a lei criminal, segundo Muyart, era que ela estava baseada sobre a lei positiva e dependia menos do raciocínio que da experiência e da prática. O que a experiência ensinava era a necessidade de controlar os indisciplinados, e não afagar as suas sensibilidades: "Quem, de fato, não sabe que, como os homens são modelados pelas suas paixões, o seu temperamento domina muito frequentemente os seus sentimentos?". Os homens devem ser julgados como são, não como deveriam ser, ele insistia, e só o poder de uma justiça vingadora que inspira um temor reverente podia refrear esses temperamentos.[24]

A ostentação da dor no cadafalso era destinada a insuflar o terror nos espectadores e dessa forma servia como um instrumento de dissuasão. Os que a presenciavam — e as multidões eram frequentemente imensas — eram levados a se identificar com a dor da pessoa condenada e, por meio dessa experiência, a sentir a majestade esmagadora da lei, do Estado e, em última instância, de Deus. Muyart, portanto, achava revoltante que Beccaria tentasse justificar os seus argumentos por referência à "sensibilidade em relação à dor do culpado". Essa sensibilidade fazia o sistema tradicional funcionar. "Precisamente porque cada homem se identificava com o que acontecia ao outro e porque ele tinha um horror natural à dor, era necessário preferir, na escolha dos castigos, aquele que fosse mais cruel para o corpo do culpado."[25]

Pela compreensão tradicional, as dores do corpo não pertenciam inteiramente à pessoa condenada individual. Essas dores tinham os propósitos religiosos e políticos mais elevados da redenção e reparação da comunidade. Os corpos podiam ser mutilados com o objetivo de impor a autoridade, e quebrados ou queimados com o objetivo de restaurar a ordem moral, política e religiosa. Em outras palavras, o ofensor servia como uma espécie de vítima sacrifical, cujo sofrimento restauraria a integridade da comunidade e a ordem do Estado. A natureza sacrifical do rito na França era sublinhada pela inclusão de um ato formal de penitência (a *amende honorable*) em muitas sentenças francesas, quando o criminoso condenado carregava uma tocha de fogo e parava na frente de uma igreja para pedir perdão a caminho do cadafalso.[26]

Como a punição era um rito sacrifical, a festividade inevitavelmente acompanhava e às vezes eclipsava o medo. As execuções públicas reuniam milhares de pessoas para celebrar a recuperação

FIGURA 9. *Procissão para Tyburn, por William Hogarth, 1747*
O aprendiz ocioso executado em Tyburn é a ilustração 11 da série de Hogarth *Industry and Idleness* [Atividade e ociosidade], que compara o destino de dois aprendizes. Esta representa o triste fim de Thomas Idle, o aprendiz ocioso [em inglês, *the idle apprentice*]. A forca pode ser vista no fundo à direita, perto da tribuna para a multidão. Um pregador metodista discursa enfadonhamente para o prisioneiro, que está provavelmente lendo a sua Bíblia enquanto é transportado de carroça ao lado de seu caixão. Um homem vende bolos no primeiro plano à direita. O seu cesto está rodeado por quatro velas porque ele está ali desde o amanhecer, servindo as pessoas que chegaram cedo para conseguir bons lugares. Um garoto está roubando a sua carteira. Atrás da mulher apregoando a confissão de Thomas Idle está outra, vendendo gim guardado no cesto preso à sua cintura. À sua frente uma mulher dá um soco num homem, enquanto outro homem ali perto se prepara para atirar um cachorro no pregador. Hogarth capta toda a desordem da multidão da execução. A legenda diz: "Desenhado & Gravado por Wm Hogarth Publicado segundo a Lei do Parlamento 30 de setembro de 1747".

comunitária do dano do crime. As execuções em Paris ocorriam na mesma praça — a Place de Grève — em que os fogos de artifício celebravam os nascimentos e os casamentos da família real. Como os observadores frequentemente relatavam, entretanto, essa festividade tinha em si uma qualidade imprevisível. As classes inglesas educadas expressavam cada vez mais a sua desaprovação das "cenas espantosas de embriaguez e devassidão" que acompanhavam toda execução em Tyburn (figura 9). Em cartas, os observadores deploravam que a multidão ridicularizasse os clérigos enviados para prestar assistência aos prisioneiros, que os aprendizes de cirurgiões e os amigos dos executados brigassem pelos cadáveres, e de modo geral que houvesse a expressão de uma "espécie de Alegria, como se o Espetáculo que tinham presenciado lhes proporcionasse Prazer em vez de Dor". Relatando um enforcamento no inverno de 1776, o *Morning Post* de Londres reclamava que a "multidão impiedosa se comportava com uma indecência extremamente desumana — gritando, rindo, atirando bolas de neve uns nos outros, principalmente naqueles poucos que manifestavam uma compaixão apropriada pelas desgraças de seus semelhantes".[27]

Mesmo quando a multidão era mais moderada, só o seu tamanho já podia ser perturbador. Um visitante britânico em Paris relatou uma execução pelo suplício da roda em 1787: "O barulho da multidão era como o murmúrio rouco causado pelas ondas do mar quebrando ao longo de uma costa rochosa: por um momento amainava; e num silêncio terrível a multidão contemplava o carrasco pegar uma barra de ferro e dar início à tragédia, golpeando o antebraço da vítima". Muito perturbador para este e muitos outros observadores era o grande número de espectadoras: "É espantoso que a parte mais delicada da criação, cujos sentimentos são tão requintadamente ternos e refinados, venha em grandes números para ver um espetáculo tão sangrento; mas, sem dúvida, é a piedade, a compaixão bondosa que sentem o que as torna tão ansiosas sobre as torturas infligidas a nossos semelhantes". Desnecessário dizer, não é "sem dúvida" que essa fosse a emoção predominante das mulheres. A multidão já não sentia as emoções que o espetáculo se destinava a provocar.[28]

A dor, o castigo e o espetáculo público do sofrimento perderam todos as suas amarras religiosas na segunda metade do século XVIII, mas o processo não aconteceu de repente e não era muito bem compreendido à época. Mesmo Beccaria deixou de ver todas as consequências do novo pensamento que ele tanto contribuiu para cristalizar. Queria pôr a lei numa base rousseauniana em vez de religiosa: as leis "devem ser convenções entre os homens num estado de liberdade", sustentava. Mas embora argumentasse em favor de uma moderação do castigo — que deveria ser "o menor possível no caso dado" e "proporcional ao crime" —, Beccaria ainda insistia que ele deveria ser público. Para ele, a exposição pública garantia a transparência da lei.[29]

Na visão individualista e secular que nascia, as dores pertenciam apenas ao sofredor, aqui e agora. A atitude em relação à dor não mudou por causa do aperfeiçoamento médico no tratamento da dor. Os que exerciam a medicina tentavam certamente aliviar a dor à época, mas os verdadeiros passos pioneiros em anestesia só aconteceram em meados do século XIX, com o uso do éter e do clorofórmio. Em vez disso, a mudança de atitude surgiu como uma consequência da reavaliação do corpo individual e de suas dores. Como a dor e o próprio corpo agora pertenciam somente ao indivíduo, e não à comunidade, o indivíduo já não podia ser sacrificado para o bem da comunidade ou para um propósito religioso mais elevado. Como o reformador inglês Henry Dagge insistia, "o bem da sociedade é promovido com mais sucesso pelo respeito aos indivíduos". Em vez da expiação de um pecado, o castigo devia ser visto como o pagamento de uma "dívida" com a sociedade, e claramente nenhum pagamento podia ser esperado de um corpo mutilado. Se a dor tinha servido como o símbolo da reparação no antigo regime, agora a dor parecia um obstáculo a qualquer quitação significativa. Num exemplo dessa mudança de visão, muitos juízes nas colônias britânicas na América do Norte começaram a impor multas por delitos contra a propriedade em vez de chibatadas.[30]

Na nova visão, consequentemente, o castigo cruel executado num cenário público constituía um ataque à sociedade, em vez de sua reafirmação. A dor brutalizava o indivíduo — e por identificação os espectadores — em vez de abrir a porta para a salvação por meio do arrependimento. Assim, o advogado inglês William Eden denunciou a exposição dos cadáveres: "deixamo-nos apodrecer como espantalhos nas sebes, e nossas forcas estão amontoadas de carcaças humanas. Alguma dúvida de que uma familiaridade forçada com esses objetos possa ter qualquer outro efeito que não seja o de embotar os sentimentos e destruir os preconceitos benevolentes das pessoas?". Em 1787, Benjamin Rush podia afastar até as últimas dúvidas. "A reforma de um criminoso jamais pode ser levada a efeito por um castigo público", afirmava sem rodeios. O castigo público destrói qualquer sensação de vergonha, não produz mudanças de atitude e, em vez de funcionar como um instrumento de dissuasão, tem o efeito oposto nos espectadores. Embora concordasse com Beccaria na sua oposição à pena de morte, o dr. Rush o abandonava ao argumentar que o castigo devia ser privado, ministrado por trás das paredes de uma prisão e orientado para a reabilitação, isto é, a readaptação do criminoso à sociedade e à sua liberdade pessoal, "tão cara a todos os homens".[31]

OS ESTERTORES DA TORTURA

A conversão das elites às novas visões da dor e da punição ocorreu em estágios entre o início da década de 1760 e o final da década de 1780. Muitos advogados, por exemplo, publicaram petições na década de 1760 denunciando a injustiça da condenação de Calas, mas, como Voltaire, nenhum deles se opunha ao emprego da tortura judicial ou ao suplício da roda. Eles também focalizavam o fanatismo religioso, que estavam convencidos de haver incitado tanto as pessoas comuns como os juízes em Toulouse. As petições se alongavam sobre o momento da tortura e morte de Jean Calas, mas sem questionar a sua legitimidade como instrumentos penais.

Na verdade, as petições em favor de Calas essencialmente sustentavam as pressuposições que estão por trás da tortura e do castigo cruel. Os defensores de Calas pressupunham que o corpo com a dor diria a verdade: Calas provou a sua inocência quando continuou sustentando-a mesmo com a dor e o sofrimento (figura 10). Em linguagem típica do lado pró-Calas, Alexandre-Jerôme Loyseau de Mauléon insistia que "Calas suportou a questão [a tortura] com uma resignação heroica que só pertence à inocência". Enquanto seus ossos estavam sendo esmagados um a um, Calas pronunciou "estas palavras comoventes": "Morro inocente; Jesus Cristo, a própria inocência, desejou fervorosamente morrer com um sofrimento ainda mais cruel. Deus pune em mim o pecado daquele infeliz [o filho de Calas] que se matou. [...] Deus é justo, e adoro os seus castigos". Loyseau argumentava, além do mais, que a "perseverança majestosa" do velho Calas provocou uma inversão dos sentimentos da população. Vendo-o afirmar repetidamente a sua inocência durante os seus tormentos, o povo de Toulouse começou a sentir compaixão e a se arrepender da suspeita irracional que antes sentia em relação ao calvinista. Cada golpe da vara de ferro "soava no fundo das almas" daqueles que presenciavam a execução, e "torrentes de lágrimas se derramavam, tarde demais, de todos os olhos presentes". As "torrentes de lágrimas" seriam sempre "demasiado tardias" enquanto as pressuposições por trás da tortura e do castigo cruel continuassem sem questionamento.[32]

FIGURA 10. *Sentimentalizando o caso Calas*
A reprodução do caso Calas que teve circulação mais ampla foi esta, em tamanho grande (originalmente 34] 45 cm), realizada pelo artista e gravurista alemão Daniel Chodowiecki, que fez a gravura a partir de sua própria pintura a óleo da cena. A água-forte estabeleceu a sua reputação e manteve viva a afronta sentida por toda parte devido ao castigo de Calas. Chodowiecki tinha se casado com uma mulher pertencente a uma família de refugiados protestantes franceses em Berlim apenas três anos antes de produzir esta gravura.

A principal dessas pressuposições era a de que a tortura podia incitar o corpo a falar a verdade, mesmo quando a mente individual resistisse. Uma longa tradição fisionômica na Europa tinha sustentado que o caráter podia ser desvendado a partir das marcas ou sinais do corpo. No final do século XVI e no XVII foram publicadas várias obras sobre "metoposcopia", prometendo ensinar os leitores a interpretar o caráter ou a sorte de uma pessoa a partir das linhas, rugas ou manchas na face. Um dos títulos típicos era o de Richard Saunders: *Physiognomie, and Chiromancie, Metoposcopie, The Symmetrical Proportions and Signal Moles of the Body, Fully and Accurately Explained, with their Natural-Predictive Significations Both to Men and Women* [*Fisionomia e quiromancia, metoposcopia, as proporções simétricas e os sinais do corpo plenamente e acuradamente explicados, com suas significações naturais previsíveis tanto para os homens como para as mulheres*], publicado em 1653. Sem ter de endossar as variantes mais extremas dessa tradição, muitos europeus acreditavam que os corpos podiam revelar a pessoa interior de uma forma involuntária. Embora remanescentes desse pensamento ainda pudessem ser encontrados no final do século XVIII e início do XIX, na forma, por exemplo, da frenologia, a maioria dos cientistas e médicos se virou contra ele depois de 1750. Argumentavam que a aparência exterior do corpo não tinha nenhuma relação com a alma ou caráter interior. Assim, o criminoso podia dissimular, e o inocente podia muito bem confessar um crime que não cometera. Como Beccaria insistia ao argumentar contra a tortura, "o robusto escapará e o fraco será condenado". A dor, na análise de Beccaria, não podia ser "o teste da verdade, como se a verdade residisse nos músculos e fibras de um desgraçado sob tortura". A dor era meramente uma sensação sem conexão com o sentimento moral.[33]

Os relatos dos advogados diziam relativamente pouco sobre a reação de Calas à tortura, porque "a questão" ocorria em privado, longe dos olhos dos observadores. A aplicação privada da tortura tornava-a especialmente repulsiva aos olhos de Beccaria. Significava que o acusado perdia a sua "proteção pública" mesmo antes de ser considerado culpado, e que qualquer valor impeditivo da punição também se perdia. Os juízes franceses também começavam claramente a sentir algumas dúvidas, sobretudo a respeito da tortura para conseguir confissões de culpa. Depois de 1750, os *parlements* franceses (tribunais regionais de apelação) começaram a intervir para impedir o uso da tortura antes do julgamento do caso ("tortura preparatória"), como o *Parlement* de Toulouse fez no caso Calas. Eles também decretavam com menos frequência a pena de morte, e ordenavam mais amiúde que o condenado fosse estrangulado antes de ser queimado na fogueira ou colocado sobre a roda.[34]

Mas os juízes não renunciaram totalmente à tortura, e não teriam concordado com o desprezo de Beccaria pela estrutura religiosa da tortura. O reformador italiano denunciava sumariamente "outro motivo ridículo para a tortura, a saber, *limpar um homem da infâmia*". Esse "absurdo" só podia ser explicado como "fruto da religião". Como a própria tortura era uma causa de infâmia para a vítima, não podia lavar a mancha. Muyart de Vouglans defendia a tortura contra os argumentos de Beccaria. O exemplo de um inocente falsamente condenado empalidecia em comparação aos "milhões de outros" que eram culpados, mas que jamais poderiam ter sido condenados sem o emprego da tortura. A tortura judicial não só era, portanto, útil, como também podia ser justificada pela antiguidade e universalidade de seu emprego. As exceções frequentemente citadas só provavam a regra, insistia Muyart, que devia ser procurada na história da própria França e no Sacro Império Romano. Segundo Muyart, o sistema de Beccaria contradizia a lei canônica, a lei civil, a lei internacional e a "experiência de todos os séculos".[35]

O próprio Beccaria não enfatizava a conexão entre as suas visões sobre a tortura e a nascente linguagem dos direitos. Mas outros estavam prontos a fazê-lo em seu nome. O seu tradutor francês, o abade André Morellet, modificou a ordem da apresentação de Beccaria para chamar a atenção para a ligação com os "direitos do homem". Morellet tirou a única referência de Beccaria a seu objetivo de apoiar os "direitos do homem" (*i diritti degli uomini*) do final do capítulo 11 na edição italiana original de 1764, passando-a para a introdução da tradução francesa de 1766. Defender os direitos do homem agora parecia ser o principal objetivo de Beccaria, e esses direitos eram afirmados como o baluarte essencial contra o sofrimento individual. O rearranjo de Morellet foi adotado em muitas traduções subsequentes e até em edições italianas posteriores.[36]

Apesar dos esforços de Muyart, a maré se virou contra a tortura na década de 1760. Embora tivessem sido publicados anteriormente ataques à tortura, o fio d'água das publicações se tornou uma torrente. Liderando as acusações estavam as muitas traduções, reimpressões e reedições de Beccaria. Umas 28 edições italianas, muitas com falsos cólofons, e nove francesas foram publicadas antes de 1800, apesar de o livro ter aparecido no índex papal dos livros proibidos em 1766. Uma tradução inglesa foi publicada em Londres em 1767, e a ela se seguiram edições em Glasgow, Dublin, Edimburgo, Charleston e Philadelphia. Traduções alemãs, holandesas, polonesas e espanholas apareceram pouco depois. O tradutor londrino de Beccaria captou o espírito mutável dos tempos: "as leis penais [...] ainda são tão imperfeitas, e se fazem acompanhar por tantas circunstâncias desnecessárias de crueldade em todas as nações, que uma tentativa de reduzi-las ao padrão da razão deve interessar a toda a humanidade".[37]

A crescente influência de Beccaria era tão dramática que os opositores do Iluminismo acusavam a existência de uma conspiração. Uma coincidência que ao caso Calas tivesse sucedido o tratado definidor sobre a reforma penal? Redigido, além do mais, por um italiano anteriormente ignoto, com conhecimento apenas superficial da lei? Em 1779, o sempre incendiário jornalista Simon-Nicolas-Henri Linguet noticiou que uma testemunha havia lhe exposto tudo:

> Pouco depois do caso Calas, os enciclopedistas, armados com os tormentos da vítima e aproveitando circunstâncias propícias, embora sem se comprometer diretamente, como é o seu costume, escreveram ao reverendo padre Barnabite em Milão, que é seu banqueiro italiano e um famoso matemático. Contaram-lhe que era o momento de desencadear uma catilinária contra o rigor dos castigos e contra a intolerância; que a filosofia italiana devia fornecer a artilharia, e eles fariam uso dela secretamente em Paris.

Linguet reclamava que o tratado de Beccaria era amplamente visto como uma petição indireta em favor de Calas e outras recentes vítimas de injustiça.[38]

A influência de Beccaria ajudou a galvanizar a campanha contra a tortura, mas no início o processo foi lento. Dois artigos sobre a tortura na *Encyclopédie* de Diderot, ambos publicados em 1765, captam a ambiguidade. No primeiro, sobre a jurisprudência da tortura, Antoine-Gaspard Boucher d'Argis se refere prosaicamente aos "tormentos violentos" a que o acusado é submetido, mas sem nenhum julgamento sobre o seu mérito. No artigo seguinte, entretanto, que considerava a tortura parte do procedimento criminal, o chevalier de Jaucourt martela contra o seu emprego, desdobrando todos os argumentos existentes desde a "voz da humanidade" às deficiências da tortura em fornecer uma evidência segura da culpa ou da inocência. Durante a segunda metade da década de 1760, cinco novos livros apareceram advogando a reforma da lei criminal. Na década de 1780, em contraste, 39 livros desse tipo foram publicados.[39]

Durante as décadas de 1770 e 1780, a campanha pela abolição da tortura e pela moderação do castigo ganhou impulso quando sociedades eruditas nos estados italianos, nos cantões suíços e na França ofereceram prêmios para os melhores ensaios sobre a reforma penal. O governo francês achou a intensidade crescente da crítica tão preocupante que ordenou que a academia de Châlons-sur-Marne parasse de imprimir cópias do ensaio vencedor de 1780, de Jacques-Pierre Brissot de Warville. Mais do que qualquer nova proposta, a retórica injuriosa de Brissot disparou os alarmes:

> Esses direitos sagrados que o homem recebeu da natureza, que a sociedade viola tão frequentemente com o seu aparato judicial, ainda requerem a supressão de muitos de nossos castigos mutiladores e a suavização daqueles que devemos preservar. É inconcebível que uma nação gentil [*douce*], vivendo num clima temperado sob um governo moderado, possa combinar um caráter amável e costumes pacíficos com a atrocidade de canibais. Pois os nossos castigos judiciais exalam apenas sangue e morte, e só tendem a inspirar fúria e desespero no coração do acusado.

O governo francês não gostou de se ver comparado a canibais, mas na década de 1780 a barbárie da tortura judicial e o castigo cruel tinham se tornado um mantra da reforma. Em 1781, Joseph-Michel-Antoine Servan, um antigo defensor da reforma penal, aplaudiu a recente decisão de Luís XVI de abolir a tortura para obter uma confissão de culpa, "essa infame tortura que por tantos séculos usurpou o templo da própria justiça e o transformou numa escola de sofrimento, onde os carrascos professavam o refinamento da dor". A tortura judicial era para ele "uma espécie de esfinge [...] um monstro absurdo indigno de encontrar asilo entre os povos selvagens".[40]

Encorajado por outros reformadores apesar de sua juventude

e falta de experiência, Brissot se dedicou em seguida a publicar uma obra de dez volumes, *Bibliothèque philosophique du Législateur, du Politique et du Juriconsulte* (1782-5), que teve de ser impressa na Suíça e contrabandeada para a França e reunia o texto de Brissot e outros escritos sobre a reforma. Embora apenas um sintetizador, Brissot claramente ligava a tortura aos direitos humanos: "Alguém é jovem demais, quando se trata de defender os direitos ultrajados da humanidade?". O termo "humanidade" ("o espetáculo da humanidade sofredora", por exemplo) aparecia repetidas vezes nas suas páginas. Em 1788, Brissot fundou a Sociedade dos Amigos dos Negros, a primeira sociedade francesa pela abolição da escravatura. Assim, a campanha pela reforma penal tornou-se cada vez mais intimamente associada com a defesa geral dos direitos humanos.[41]

Brissot empregou as mesmas estratégias retóricas dos advogados que escreviam petições das várias *causes célèbres* francesas da década de 1780: eles não só defendiam seus clientes erroneamente acusados, mas também atacavam cada vez mais o sistema legal como um todo. Aqueles que escreviam petições adotavam em geral a voz em primeira pessoa de seus clientes, para desenvolver narrativas romanescas melodramáticas que provavam a sua tese. Essa estratégia retórica culminou em duas petições escritas por um dos correspondentes de Brissot, Charles-Marguerite Dupaty, um magistrado de Bordeaux residente em Paris que interveio em nome de três homens condenados ao suplício da roda por roubo agravado. A primeira petição de Dupaty, de 1786, com 251 páginas, não só denunciava cada deslize do processo judicial como incluía um relato detalhado de seu encontro com os três homens na prisão. Nesse relato, Dupaty passa inteligentemente de sua visão da cena na primeira pessoa para a dos prisioneiros: "E eu, Bradier [um dos condenados], então disse, metade do meu corpo ficou inchado por seis meses. E eu, disse Lardoise [outro dos condenados], graças a Deus fui capaz de resistir [a uma epidemia na prisão];

entretanto, a pressão de meus ferros (eu [isto é, Dupaty] posso muito bem acreditar, trinta meses nos ferros!) machucou tanto a minha perna que ela gangrenou; quase tiveram de amputá-la". A cena termina com Dupaty em lágrimas. Dessa forma o advogado explora ao máximo a sua solidariedade para com os prisioneiros.[42]

Dupaty então muda de novo a perspectiva, dessa vez dirigindo-se diretamente aos juízes: "Juízes de Chaumont, Magistrados, Criminalistas, vós o escutais? [...] Eis o grito da razão, da verdade, da justiça e da Lei". Por fim, Dupaty convoca diretamente a intervenção do rei. Implora que o monarca escute o sangue dos inocentes, de Calas a seus três ladrões acusados: "digne-se, da altura de seu trono, digne-se a dar uma olhada em todas as ciladas sangrentas de sua legislação criminal, onde perecemos, onde todos os dias inocentes perecem!". A petição então conclui com uma súplica de várias páginas para que Luís XVI reforme a legislação criminal de acordo com a razão e a humanidade.[43]

A petição de Dupaty incitou de tal forma a opinião pública em favor do acusado e contra o sistema legal que o *Parlement* de Paris votou que fosse publicamente queimada. O porta-voz do tribunal denunciou o estilo romanesco da petição: Dupaty "vê a seu lado a humanidade tremendo e estendendo-lhe as mãos, uma terra natal desgrenhada mostrando-lhe as suas feridas, a nação inteira assumindo a voz de Dupaty e ordenando que fale em seu nome". Mas o tribunal se mostrou impotente para conter a maré crescente da opinião. Jean Caritat, marquês de Condorcet, em breve o defensor dos direitos humanos mais coerente e de maior projeção da Revolução Francesa, publicou dois panfletos em favor de Dupaty no final de 1786. Embora não fosse ele próprio um advogado, Condorcet atacou o "desprezo pelo homem" demonstrado pelo tribunal e a contínua "violação manifesta da lei natural" que se tornara patente no caso Calas e em outros julgamentos injustos realizados desde então.[44]

Em 1788, a própria Coroa francesa já tinha se associado a muitas das novas atitudes. No decreto que abolia provisoriamente a tortura antes da execução para obter nomes de cúmplices, o governo de Luís xvi falava de "reafirmar a inocência [...] remover do castigo qualquer excesso de severidade [... e] punir os malfeitores com toda a moderação que a humanidade exige". No seu tratado de 1780 sobre a lei criminal francesa, Muyart reconhecia que, ao defender a validade de confissões obtidas por meio de tortura, "não ignoro absolutamente o fato de que devo combater um sistema que mais do que nunca ganhou crédito em tempos recentes". Mas ele se recusava a entrar no debate, insistindo que seus opositores eram simplesmente polemistas e que ele tinha a força do passado por trás de sua posição. A campanha pela reforma penal na França foi tão bem-sucedida que em 1789 a correção dos abusos no código criminal constituía uma das questões mais frequentemente citadas nas listas de queixas preparadas para os futuros Estados Gerais.[45]

AS PAIXÕES E A PESSOA

Ao longo desse debate cada vez mais unilateral, os novos significados atribuídos ao corpo tinham se tornado mais plenamente evidentes. O corpo quebrado de Calas ou até a perna gangrenada de Lardoise, o ladrão acusado de Dupaty, ganharam uma nova dignidade. Nas idas e vindas sobre a tortura e o castigo cruel, essa dignidade apareceu primeiro nas reações negativas aos ataques judiciais que sofreu. Mas com o tempo tornou-se o motivo, como era evidente nas petições de Dupaty, de sentimentos positivos de empatia. Só mais para o fim do século xviii é que as pressuposições do novo modelo se tornaram explícitas. No seu curto mas iluminador panfleto de dezoito páginas de 1787, o dr. Benjamin Rush ligou os defeitos do castigo público à nova noção do indivíduo autônomo mas solidário. Como médico, Rush admitia algum emprego de dor corporal no castigo, embora ele claramente preferisse "trabalho, vigilância, solidão e silêncio", um reconhecimento da individualidade e potencial utilidade do criminoso. O castigo público se mostrava muito objetável, aos seus olhos, pela sua tendência a destruir a simpatia, "a vice-regente da benevolência divina em nosso mundo". Essas são as palavras-chave: a simpatia — ou o que agora chamamos empatia — propiciava os fundamentos da moralidade, a centelha do divino na vida humana, "em nosso mundo".

"A sensibilidade é a sentinela da faculdade moral", afirmava Rush. Ele equiparava essa sensibilidade a "um senso repentino de justiça", uma espécie de reflexo condicionado para o bem moral. O castigo público dava um curto-circuito na simpatia: "quando a desgraça que os criminosos sofrem é o efeito de uma lei do Estado, a que não se pode resistir, a simpatia do espectador é abortada e retorna vazia ao seio em que foi despertada". Assim, o castigo público solapava os sentimentos sociais, tornando os espectadores cada vez mais insensíveis: os espectadores perdiam os seus sentimentos de "amor universal" e a sensação de que os criminosos tinham corpos e almas semelhantes aos seus.[46]

Embora Rush certamente se considerasse um bom cristão, o seu modelo de pessoa diferia em quase todos os aspectos daquele proposto por Muyart de Vouglans na sua defesa da tortura e dos castigos corporais tradicionais. Para Muyart, o pecado original explicava a incapacidade dos humanos de controlar as suas paixões. Era verdade que as paixões forneciam a força motivadora da vida, mas a sua turbulência, ou mesmo rebeldia, inerente tinha de ser controlada pela razão, pelas pressões da comunidade, pela igreja e, na falta dela, no caso do crime, pelo Estado. Na visão de Muyart, as fontes do crime (vício) eram as paixões desejo e medo, "o desejo de se adquirir coisas que não se têm e o medo de se perder aquelas que se têm". Essas paixões sufocavam os sentimentos de honra e justiça gravados pela lei natural no coração humano. A Divina Providência dava aos reis a suprema autoridade sobre a vida dos homens, que eles delegavam aos juízes, reservando para si mesmos o direito do perdão. O objetivo principal da lei criminal era, portanto, a prevenção do triunfo do vício sobre a virtude. Conter o mal inerente da humanidade era o lema da visão de justiça de Muyart.[47]

Os reformadores em última análise invertiam as pressuposições filosóficas e políticas desse modelo e defendiam em seu lugar o cultivo, por meio da educação e da experiência, de qualidades humanas inerentemente boas. Em meados do século XVIII, alguns filósofos do Iluminismo tinham adotado uma posição sobre as paixões que não diferia daquela proposta recentemente pelo neurologista António Damásio, que insiste em que as emoções são cruciais para o raciocínio e a consciência, e não hostis a eles. Embora Damásio ligue suas raízes intelectuais a Espinosa, filósofo holandês do século XVII, as elites europeias só passaram a aceitar de modo abrangente uma avaliação mais positiva das emoções — das paixões, como eles as chamavam — no século XVIII. O "espinosismo" tinha má reputação por levar ao materialismo (a alma é apenas matéria, por isso não há alma) e ao ateísmo (Deus é a natureza, portanto não há Deus). Em meados do século XVIII, alguns dos pertencentes às profissões cultas tinham aceitado, ainda assim, uma espécie de materialismo implícito ou mitigado, que não fazia afirmações teológicas sobre a alma, mas argumentava que a matéria podia pensar e sentir. Essa versão do materialismo conduzia logicamente à posição igualitária de que todos os humanos têm a mesma organização física e mental e, portanto, de que a experiência e a educação, e não o nascimento, explicam as diferenças entre eles.[48]

Subscrevendo uma filosofia explicitamente materialista ou não — e a maioria das pessoas não a subscrevia —, vários membros das elites cultas passaram a sustentar uma visão das paixões muito diferente daquela defendida por Muyart. A emoção e a razão passaram a ser vistas como parceiras. As paixões eram "o único Motor do Ser Sensível e dos Seres Inteligentes", segundo o fisiologista suíço Charles Bonnet. As paixões eram boas e podiam ser mobilizadas pela educação para o aperfeiçoamento da humanidade, que agora era vista como aperfeiçoável em vez de inerentemente má. Por essa visão, os criminosos tinham cometido erros, mas podiam ser reeducados. Além disso, as paixões, baseadas na biologia, nutriam a sensibilidade moral. O sentimento era a reação emocional a uma sensação física, e a moralidade era a educação desse sentimento para trazer à luz o seu componente social (a sensibilidade). Laurence Sterne, o romancista favorito de Thomas Jefferson, colocou o novo credo da era na boca de Yorick, o personagem central de seu romance reveladoramente intitulado *Uma viagem sentimental*:

> Cara sensibilidade! [...] eterna fonte de nossos sentimentos! — é aqui que te descubro — e esta é a tua divindade que se agita dentro de mim [...] que sinto algumas alegrias generosas e afetos generosos além de mim mesmo — tudo vem de ti, grande — grande SENSÓRIO do mundo! que vibra mesmo quando um único fio de cabelo cai sobre o chão, no deserto mais remoto da tua criação.

Sterne encontrava essa sensibilidade até no "camponês mais rude".[49]

Talvez pareça um tanto exagerado estabelecer uma ligação entre assoar o nariz com um lenço, escutar música, ler um romance ou encomendar um retrato e a abolição da tortura e a moderação do castigo cruel. Mas a tortura legalmente sancionada não terminou apenas porque os juízes desistiram desse expediente, ou porque os escritores do Iluminismo finalmente se opuseram a ela. A tortura terminou porque a estrutura tradicional da dor e da pessoa se desmantelou e foi substituída pouco a pouco por uma nova estrutura, na qual os indivíduos eram donos de seus corpos, tinham direitos relativos à individualidade e à inviolabilidade desses corpos, e reconheciam em outras pessoas as mesmas paixões, sentimentos e simpatias que viam em si mesmos. "Os homens e às vezes mulheres", para voltar ao bom dr. Rush pela última vez, "cujas pessoas detestamos [criminosos condenados] possuem almas e corpos compostos dos mesmos materiais que os de nossos amigos e conhecidos." Se contemplamos as suas misérias "sem emoção ou simpatia", então o próprio "princípio da simpatia cessará completamente de atuar; e [...] logo perderá o seu lugar no coração humano".[50]

3. "Eles deram um grande exemplo"

Declarando os direitos

DECLARAÇÃO: A ação de afirmar, dizer, apresentar ou anunciar aberta, explícita ou formalmente; afirmação ou asserção positiva; uma asserção, anúncio ou proclamação em termos enfáticos, solenes ou legais. [...] Uma proclamação ou afirmação pública incorporada num documento, instrumento ou ato público. — *Oxford English Dictionary*, 2ª ed. eletrônica.

Por que os direitos devem ser apresentados numa declaração? Por que os países e os cidadãos sentem a necessidade dessa afirmação formal? As campanhas para abolir a tortura e o castigo cruel apontam para uma resposta: uma afirmação formal e pública confirma as mudanças que ocorreram nas atitudes subjacentes. Mas as declarações de direitos em 1776 e 1789 foram ainda mais longe. Mais do que assinalar transformações nas atitudes e expectativas gerais, elas ajudaram a tornar efetiva uma transferência de soberania, de Jorge III e o Parlamento britânico para uma nova república no caso americano e de uma monarquia que reivindicava uma autoridade suprema para uma nação e seus representantes no caso francês. Em 1776 e 1789, as declarações abriram panoramas políticos inteiramente novos. As campanhas contra a tortura e o castigo cruel seriam fundidas, a partir de então, com toda uma legião de outras causas de direitos humanos, cuja relevância só se tornou clara depois que as declarações foram feitas.

A história da palavra "declaração" fornece uma primeira indicação da mudança na soberania. A palavra inglesa *declaration* vem da francesa *déclaration*. Em francês, a palavra se referia originalmente a um catálogo de terras a serem dadas em troca do juramento de vassalagem a um senhor feudal. Ao longo do século XVII, passou cada vez mais a se referir às afirmações públicas do rei. Em outras palavras, o ato de declarar estava ligado à soberania. Quando a autoridade se deslocou dos senhores feudais para o rei francês, o poder de fazer declarações também mudou de mãos. Na Inglaterra, o inverso também é válido: quando os súditos queriam de seus reis a reafirmação de seus direitos, eles redigiam as suas próprias declarações. Assim, a Magna Carta (*"Great Charter"*) de 1215 formalizou os direitos dos barões ingleses em relação ao rei inglês; a Petição de Direitos de 1628 confirmou os "diversos Direitos e Liberdades dos Súditos"; e a *Bill of Rights* inglesa de 1689 validou "os verdadeiros, antigos e indubitáveis direitos e liberdades do povo deste reino".[1]

Em 1776 e 1789, as palavras "carta", "petição" e "*bill*" pareciam inadequadas para a tarefa de garantir os direitos (o mesmo seria verdade em 1948). "Petição" e "*bill*" implicavam um pedido ou apelo a um poder superior (um *bill* era originalmente "uma petição ao soberano"), e "carta" significava frequentemente um antigo documento ou escritura. "Declaração" tinha um ar menos mofado e submisso. Além disso, ao contrário de "petição", "*bill*" ou até "carta", "declaração" podia significar a intenção de se apoderar da soberania. Jefferson, portanto, começou a Declaração de Independência com a seguinte explicação da necessidade de declará-la:

"Quando, no Curso dos acontecimentos humanos, torna-se necessário que um povo dissolva os laços políticos que o ligam a outro e assuma entre as potências da terra a posição separada e igual a que lhe dão direito as Leis da Natureza e do Deus da Natureza, um respeito decente pelas opiniões da humanidade requer que ele *declare* [minha ênfase] as causas que o impelem à separação". Uma expressão de "respeito decente" não podia obscurecer o ponto principal: as colônias estavam se declarando um Estado separado e igual e se apoderando de sua própria soberania.*

Em contraste, em 1789 os deputados franceses ainda não estavam prontos para repudiar explicitamente a soberania de seu rei. Mas eles ainda assim quase realizaram esse repúdio, ao omitir deliberadamente qualquer menção ao rei na sua Declaração dos Direitos do Homem e do Cidadão: "Os representantes do povo francês, reunidos em Assembleia Nacional e considerando que a ignorância, a negligência ou o menosprezo dos direitos do homem são as únicas causas dos males públicos e da corrupção governamental, resolveram apresentar numa *declaração* [minha ênfase] solene os direitos naturais, inalienáveis e sagrados do homem". A Assembleia tinha de fazer algo mais além de proferir discursos ou rascunhar leis sobre questões específicas. Tinha de aspirar a escrever para a posteridade que os direitos não fluíam de um acordo entre o governante e os cidadãos, menos ainda de uma petição a ele ou de uma carta concedida por ele, mas antes da natureza dos próprios seres humanos.

Esses atos de declarar tinham ao mesmo tempo um ar retrógrado e avançado. Em cada caso, os declarantes afirmavam estar confirmando direitos que já existiam e eram inquestionáveis. Mas ao fazê-lo efetuavam uma revolução na soberania e criavam uma base inteiramente nova para o governo. A Declaração da Indepen-

* Ver no Apêndice o texto completo.

dência afirmava que o rei Jorge III tinha pisoteado os direitos preexistentes dos colonos e que suas ações justificavam o estabelecimento de um governo separado: "sempre que qualquer Forma de Governo se torne destrutiva desses fins [assegurar os direitos], é Direito do Povo alterá-la ou aboli-la, e instituir novo Governo". Da mesma forma, os deputados franceses declararam que esses direitos tinham sido simplesmente ignorados, negligenciados ou desprezados; não afirmaram que os tinham inventado. "A partir de agora", entretanto, a declaração propunha que esses direitos constituíssem o fundamento do governo, embora não o tivessem sido no passado. Mesmo afirmando que esses direitos já existiam e que eles os estavam meramente defendendo, os deputados criavam algo radicalmente novo: governos justificados pela sua garantia dos direitos universais.

DECLARANDO OS DIREITOS NOS ESTADOS UNIDOS

No começo, os americanos não tinham a intenção clara de se separar da Grã-Bretanha. Ninguém imaginava na década de 1760 que os direitos os levariam a entrar num território tão novo. O remodelamento da sensibilidade ajudou a tornar a ideia dos direitos mais tangível para as classes cultas, nos debates sobre a tortura e o castigo cruel, por exemplo; mas a noção dos direitos mudou também em reação às circunstâncias políticas. Havia duas versões da linguagem dos direitos no século XVIII: uma versão particularista (direitos específicos de um povo ou tradição nacional) e uma universalista (os direitos do homem em geral). Os americanos usavam uma ou outra linguagem, ou ambas em combinação, dependendo das circunstâncias. Durante a crise da Lei do Selo em meados da década de 1760, por exemplo, os panfletários americanos enfatizavam os seus direitos como colonos dentro do Império Britânico, enquanto a Declaração da Independência de 1776 invocava claramente os direitos universais de todos os homens. Depois os americanos montaram a sua própria tradição particularista com a Constituição de 1787 e a *Bill of Rights* de 1791. Em contraste, os franceses adotaram quase imediatamente a versão universalista, em parte porque ela solapava as reivindicações particularistas e históricas da monarquia. Nos debates sobre a Declaração francesa, o duque Mathieu de Montmorency exortou seus colegas deputados a "seguir o exemplo dos Estados Unidos: eles deram um grande exemplo no novo hemisfério; vamos dar um exemplo para o universo".[2]

Antes que os americanos e os franceses declarassem os direitos do homem, os principais proponentes do universalismo viviam às margens das grandes potências. Talvez essa própria marginalidade tenha capacitado um punhado de pensadores holandeses, alemães e suíços a tomar a iniciativa no argumento de que os direitos eram universais. Já em 1625, um jurista calvinista holandês, Hugo Grotius, propôs uma noção de direitos que se aplicava a toda a humanidade, não apenas a um país ou a uma tradição legal. Ele definia "direitos naturais" como algo autocontrolado e concebível separadamente da vontade de Deus. Sugeria também que as pessoas podiam usar os seus direitos — sem a ajuda da religião — para estabelecer os fundamentos contratuais da vida social. O seu seguidor alemão Samuel Pufendorf, o primeiro professor de direito natural em Heidelberg, delineou as realizações de Grotius na sua história geral dos ensinamentos do direito natural, publicada em 1678. Embora criticasse Grotius em certos pontos, Pufendorf ajudou a solidificar a reputação de Grotius como uma fonte primordial da corrente universalista do pensamento dos direitos.[3]

Os teóricos suíços do direito natural teorizaram sobre essas ideias no início do século XVIII. O mais influente deles, Jean-Jacques Burlamaqui, ensinava direito em Genebra. Ele sintetizou os vários escritos sobre direito natural do século xvii em *Principes du droit naturel* (1747). Como seus predecessores, Burlamaqui forneceu pouco conteúdo político ou legal específico para a noção dos direitos naturais universais: o seu principal objetivo era provar que eles existiam e derivavam da razão e da natureza humana. Ele atualizou o conceito ao ligá-lo àquilo que os filósofos escoceses contemporâneos chamavam de senso moral interior (antecipando, assim, o argumento dos meus primeiros capítulos). Traduzida imediatamente para o inglês e o holandês, a obra de Burlamaqui foi amplamente usada como uma espécie de livro-texto da lei natural e dos direitos naturais na última metade do século xviii. Rousseau, entre outros, adotou Burlamaqui como um ponto de partida.[4]

A obra de Burlamaqui estimulou uma renovação mais geral das teorias da lei natural e dos direitos naturais na Europa Ocidental e nas colônias norte-americanas. Jean Barbeyrac, outro protestante genebrino, publicou uma nova tradução francesa da obra-chave de Grotius em 1746; antes ele havia publicado uma tradução francesa de uma das obras de Pufendorf sobre direito natural. Uma biografia adulatória de Grotius, escrita pelo francês Jean Lévesque de Burigny, saiu em 1752 e foi traduzida para o inglês em 1754. Em 1754, Thomas Rutherforth publicou as suas conferências sobre Grotius e direito natural proferidas na Universidade de Cambridge. Grotius, Pufendorf e Burlamaqui eram todos bem conhecidos dos revolucionários americanos, como Jefferson e Madison, que eram versados em direito.[5]

Os ingleses tinham produzido dois pensadores universalistas capitais no século xvii: Thomas Hobbes e John Locke. As suas obras eram bem conhecidas nas colônias britânicas da América do Norte, e Locke em particular ajudou a formar o pensamento político americano, talvez ainda mais do que influenciou as visões inglesas. Hobbes teve menos impacto do que Locke, porque ele acreditava que os direitos naturais tinham de se render a uma autoridade absoluta a fim de impedir a "guerra de todos contra todos" que do contrário sucederia. Enquanto Grotius havia igualado os direitos naturais à vida, ao corpo, à liberdade e à honra (uma lista que parecia questionar, em particular, a escravidão), Locke definia os direitos naturais como "Vida, Liberdade e Propriedade". Como enfatizava a posse — Propriedade —, Locke não questionava a escravidão. Justificava a escravidão de cativos capturados numa guerra justa. Locke até propunha uma legislação para assegurar que "todo homem livre de Carolina tenha poder e autoridade absolutos sobre seus escravos negros".[6]

Entretanto, apesar da influência de Hobbes e Locke, uma grande porção, se não a maior parte da discussão inglesa, e portanto americana, sobre os direitos naturais na primeira metade do século XVIII manteve o foco sobre os direitos particulares historicamente fundamentados do inglês nascido livre, e não sobre direitos universalmente aplicáveis. Escrevendo na década de 1750, William Blackstone explicava por que os seus conterrâneos punham o foco sobre seus direitos particulares em vez de atentar para os universais: "Estas [liberdades naturais] eram outrora, quer por herança, quer por aquisição, os direitos de toda a humanidade; mas, estando agora na maioria dos outros países do mundo mais ou menos degradados e destruídos, pode-se dizer que no presente eles continuam a ser, de um modo peculiar e enfático, os direitos do povo da Inglaterra". Mesmo que os direitos tivessem sido outrora universais, afirmava o proeminente jurista, apenas os ingleses, em sua superioridade, tinham conseguido mantê-los.[7]

Da década de 1760 em diante, entretanto, o fio universalista dos direitos começou a se entrelaçar com o particularista nas colônias britânicas da América do Norte. Em *The Rights of the British Colonies Asserted and Proved* (1764), por exemplo, o advogado James Otis, de Boston, confirmava tanto os direitos naturais dos colonos ("A natureza colocou todos eles num estado de igualdade e liberdade perfeita") como seus direitos civis e políticos como cidadãos britânicos: "Todo súdito britânico nascido no continente da América, ou em qualquer outro dos domínios britânicos, está autorizado pela lei de Deus e da natureza, pela lei comum e pela lei do Parlamento [...] a usufruir de todos os direitos naturais, essenciais, inerentes e inseparáveis de nossos colegas súditos na Grã--Bretanha". Ainda assim, dos "direitos de nossos colegas súditos" em 1764 até os "direitos inalienáveis" de "todos os homens" de Jefferson em 1776 foi mister dar outro passo gigantesco.[8]

O fio universalista dos direitos engrossou na década de 1760 e especialmente na de 1770, quando se alargou a brecha entre as colônias norte-americanas e a Grã-Bretanha. Se os colonos queriam estabelecer um novo país separado, não podiam contar meramente com os direitos dos ingleses nascidos livres. Caso contrário, estavam querendo uma reforma, e não a independência. Os direitos universais proporcionavam um fundamento lógico melhor, e assim os discursos das eleições americanas nas décadas de 1760 e 1770 começaram a citar diretamente Burlamaqui em defesa dos "direitos da humanidade". Grotius, Pufendorf e especialmente Locke apareciam entre os autores mais frequentemente citados nos escritos políticos, e Burlamaqui podia ser encontrado em números cada vez maiores de bibliotecas públicas e particulares. Quando a autoridade britânica começou a entrar em colapso, em 1774, os colonos passaram a se considerar em algo semelhante ao estado de natureza a respeito do qual tinham lido. Burlamaqui tinha afirmado: "A ideia do *Direito*, e ainda mais a da *lei natural*, estão manifestamente relacionadas com a natureza do homem. É portanto dessa própria *natureza* do homem, da sua *constituição* e da sua *condição* que devemos deduzir os princípios desta ciência". Burlamaqui falava apenas da natureza do homem em geral, não sobre a condição dos colonos americanos ou a constituição da Grã-Bretanha, mas sobre a constituição e a condição da humanidade universal. Esse pensamento universalista tornava os colonos capazes de imaginar um rompimento com a tradição e a soberania britânica.[9]

Mesmo antes de o Congresso declarar a independência, os colonos convocaram convenções estaduais para substituir o governo britânico, enviaram instruções com os seus delegados para exigir independência e começaram a rascunhar Constituições estaduais que frequentemente incluíam declarações de direitos. A Declaração de Direitos da Virginia, de 12 de junho de 1776, proclamava que "todos os homens são por natureza igualmente livres e independentes e têm certos direitos inerentes", que eram definidos como "a fruição da vida e da liberdade, com os meios de adquirir e possuir propriedades e de buscar e obter felicidade e segurança". Ainda mais importante, a Declaração da Virginia passava a oferecer uma lista de direitos específicos, como a liberdade de imprensa e a liberdade de opinião religiosa: ela ajudou a estabelecer o modelo não só para a Declaração da Independência, mas também para a definitiva *Bill of Rights* da Constituição dos Estados Unidos. Na primavera de 1776, declarar a independência — e declarar os direitos universais em vez de britânicos — tinha adquirido *momentum* nos círculos políticos.[10]

Assim, os acontecimentos de 1774-6 fundiram temporariamente os pensamentos particularista e universalista sobre os direitos nas colônias insurgentes. Em reação à Grã-Bretanha, os colonos podiam citar os seus direitos já existentes como súditos britânicos e, ao mesmo tempo, reivindicar o direito universal a um governo que assegurasse os seus direitos inalienáveis como homens iguais. Entretanto, como os últimos de fato anulavam os primeiros, à medida que se moviam mais decisivamente para a independência os americanos sentiam a necessidade de declarar os seus direitos como parte da transição de um estado de natureza de volta a um governo civil — ou de um estado de sujeição a Jorge III em direção a uma nova política republicana. Os direitos universalistas nunca teriam sido declarados nas colônias americanas sem o momento revolucionário criado pela resistência à autoridade britânica. Embora nem todos concordassem sobre a importância de declarar os direitos ou sobre o conteúdo dos direitos a serem declarados, a independência abriu a porta para a declaração dos direitos.[11]

Mesmo na Grã-Bretanha, uma noção mais universalista dos direitos começou a se introduzir sorrateiramente no discurso na década de 1760. Os debates sobre os direitos tinham se aquietado com a restauração da estabilidade depois da revolução de 1688, que havia resultado na *Bill of Rights*. O número de títulos de livros que incluíam alguma menção aos "direitos" declinou constantemente na Grã-Bretanha do início dos anos 1700 aos anos 1750. Quando se intensificou a discussão internacional da lei natural e dos direitos naturais, os números começaram a se elevar de novo na década de 1760 e continuaram a crescer a partir de então. Num longo panfleto de 1768 que denunciava o patrocínio aristocrático de posições clericais na Igreja da Escócia, o autor invocava tanto "os direitos naturais da humanidade" como "os direitos naturais e civis dos BRETÕES LIVRES". Da mesma forma, o pregador anglicano William Dodd argumentava que o papismo era "incoerente com os Direitos Naturais dos HOMENS em geral e dos INGLESES em particular". Ainda assim, o político da oposição John Wilkes sempre empregava a linguagem de "vosso direito hereditário como INGLESES" ao apresentar seus argumentos na década de 1760. *The Letters of Junius*, cartas anônimas publicadas contra o governo britânico no final da década de 1760 e início da de 1770, também usava a linguagem dos "direitos do povo" para se referir aos direitos sob a tradição e a lei inglesas.[12]

A guerra entre os colonos e a Coroa britânica tornou a tendência universalista mais plenamente manifesta na própria Grã-Bretanha. Um folheto de 1776 assinado "M. D." cita Blackstone no sentido de que os colonos "carregam consigo apenas aquela parte das leis inglesas que é aplicável à sua situação": portanto, se "inovações" ministeriais violam "seus direitos naturais como homens [ingleses] livres", a cadeia de governo é "quebrada", podendo-se esperar que os colonos exerçam seus "direitos naturais". Richard Price tornou o apelo ao universalismo muito explícito em seu panfleto imensamente influente de 1776, *Observations on the Nature of Civil Liberty, the Principles of Government, and the Justice and Policy of the War with America*. O seu texto passou por não menos de quinze edições em Londres em 1776, e foi reimpresso no mesmo ano em Dublin, Edimburgo, Charleston, Nova York e Filadélfia. Price baseou o seu apoio aos colonos nos "princípios gerais da Liberdade Civil", isto é, no "que a razão, a equidade e os direitos da humanidade propiciam", e não no precedente, no estatuto ou nas cartas (a prática da liberdade inglesa no passado). O panfleto de Price foi traduzido para o francês, o alemão e o holandês. O seu tradutor holandês, Joan Derk van der Capellen tot den Poll, escreveu a Price em dezembro de 1777 e relatou o seu próprio apoio, num discurso mais tarde impresso e de ampla circulação, à causa americana: "Considero os americanos homens valentes que defendem de um modo moderado, piedoso e corajoso os direitos que recebem, sendo homens, não do Poder Legislativo da Inglaterra, mas do próprio *Deus*".[13]

O panfleto de Price provocou uma feroz controvérsia na Grã-Bretanha. Uns trinta panfletos apareceram quase imediatamente em resposta, acusando Price de falso patriotismo, partidarismo, parricídio, anarquia, sedição e até traição. O panfleto de Price inseriu "os direitos naturais da humanidade", "os direitos da natureza humana" e especialmente "os direitos inalienáveis da natureza humana" na agenda da Europa. Como um autor claramente reconhecia, a questão crucial era a seguinte: saber "se existem direitos inerentes à Natureza Humana, tão ligados à vontade que tais direitos não podem ser alienados". Era apenas um sofisma, afirmava esse opositor, argumentar que "há certos direitos da Natureza Humana que são inalienáveis". A esses os homens tinham de renunciar — um homem tinha de "desistir do governo de seu ser pela sua própria vontade" — a fim de entrar no estado civil. As polêmicas mostram que o significado de direitos naturais, liberdade civil e democracia era objeto de atenção e debate de muitas das melhores inteligências políticas da Grã-Bretanha.[14]

A distinção entre as liberdades natural e civil proposta pelos opositores de Price serve para lembrar que a articulação dos direitos naturais engendrava a sua própria tradição contrária, que continua até os dias atuais. Como os direitos naturais, que cresceram em oposição a governos vistos como despóticos, a tradição contrária era também reativa, argumentando que os direitos naturais constituíam uma invenção ou que nunca poderiam ser inalienáveis (e portanto eram irrelevantes). Hobbes já tinha argumentado, na metade do século XVII, que os homens deveriam renunciar aos direitos naturais (que portanto não eram inalienáveis) para estabelecer uma sociedade civil ordeira. Robert Filmer, o inglês proponente da autoridade patriarcal, refutou Grotius explicitamente em 1679 e declarou ser um "absurdo" a doutrina da "liberdade natural". Em *Patriarcha* (1680), ele novamente contradisse a noção da igualdade e liberdade natural da humanidade, argumentando que todas as pessoas nascem sujeitas aos pais; o único direito natural, na visão de Filmer, é inerente ao poder régio, que deriva do modelo original do poder patriarcal e está confirmado nos Dez Mandamentos.[15]

Mais influente no longo prazo foi a visão de Jeremy Bentham, que argumentava que só importava a lei positiva (real em vez de ideal ou natural). Em 1775, muito antes de se tornar famoso como o pai do Utilitarismo, Bentham escreveu uma crítica sobre *Commentaries on the Laws of England*, de Blackstone, expondo a sua rejeição do conceito de lei natural: "Não há isso que chamam de '*preceitos*', nada que '*ordene*' o homem a praticar qualquer um dos atos que se alega serem impostos pela pretensa lei da Natureza. Se algum homem conhece algum desses preceitos, que ele os produza. Se são produzíveis, não deveríamos nos dar ao trabalho de 'descobri-los', como nosso autor [Blackstone] pouco depois nos diz que devemos fazer, com a ajuda da razão".

Bentham se opunha à ideia de que a lei natural era inata à pessoa e podia ser descoberta pela razão. Assim, rejeitava basicamente toda a tradição da lei natural e com ela os direitos naturais. O princípio da utilidade (a maior felicidade do maior número de pessoas, uma ideia que ele tomou emprestada de Beccaria), ele argumentaria mais tarde, servia como a melhor medida do certo e do errado. Só cálculos baseados em fatos, em vez de julgamentos baseados na razão, podiam fornecer a base para a lei. Dada essa posição, a sua rejeição posterior da Declaração dos Direitos do Homem e do Cidadão é menos surpreendente. Num panfleto em que critica a Declaração francesa artigo por artigo, ele negou categoricamente a existência de direitos naturais. "Os direitos naturais são um mero absurdo: os direitos naturais e imprescritíveis, um absurdo retórico, um absurdo bombástico."[16]

Apesar de seus críticos, o discurso dos direitos estava ganhando impulso desde a década de 1760. Os "direitos naturais", então suplementados pelos "direitos do gênero humano", "direitos da humanidade" e "direitos do homem", tornaram-se expressões corriqueiras. Com o seu potencial político imensamente intensificado pelos conflitos americanos das décadas de 1760 e 1770, o discurso dos direitos universais cruzou de volta o Atlântico para a Grã-Bretanha, a República Holandesa e a França. Em 1768, por exemplo, o economista francês de mente reformista Pierre-Samuel du Pont de Nemours ofereceu a sua própria definição dos "direitos de cada homem". A sua lista incluía a liberdade de escolher uma ocupação, o livre comércio, a educação pública e a tributação proporcional. Em 1776, Du Pont se apresentou como voluntário para ir às colônias americanas e relatar os acontecimentos ao governo francês (uma oferta que não foi aproveitada). Mais tarde Du Pont se tornou amigo íntimo de Jefferson, e em 1789 foi eleito deputado pelo Terceiro Estado.[17]

Embora a Declaração da Independência talvez não tenha sido "praticamente esquecida", como Pauline Maier recentemente proclamou, a linguagem universalista dos direitos retornou essencialmente ao seu lar na Europa depois de 1776. Os novos governos estaduais dos Estados Unidos começaram a adotar declarações individuais dos direitos já em 1776, mas os Artigos da Confederação de 1777 não incluíam nenhuma declaração de direitos, e a Constituição de 1787 foi aprovada sem nenhuma declaração desse tipo. A *Bill of Rights* americana só passou a existir com a ratificação das primeiras dez emendas da Constituição, em 1791, e era um documento profundamente particularista que protegia os cidadãos americanos contra abusos cometidos pelo seu governo federal. Em comparação, a Declaração da Independência e a Declaração de Direitos da Virginia de 1776 tinham feito afirmações muito mais universalistas. Na década de 1780, os direitos na América tinham assumido uma posição menos importante do que o interesse em construir uma nova estrutura institucional nacional. Como consequência, a Declaração dos Direitos do Homem e do Cidadão de 1789 de fato precedeu a *Bill of Rights* americana, e logo atraiu a atenção internacional.[18]

DECLARANDO OS DIREITOS NA FRANÇA

Apesar do afastamento americano do universalismo na década de 1780, os "direitos do homem" receberam um grande empurrão do exemplo americano. Sem ele, na verdade, os direitos humanos poderiam ter definhado por falta de interesse. Depois de insuflar um interesse difundido pelos "direitos do homem" no início da década de 1760, o próprio Rousseau se desiludiu. Numa longa carta escrita em janeiro de 1769 sobre as suas convicções religiosas, Rousseau atacou o uso excessivo desta "bela palavra 'humanidade'". Os sofisticados mundanos, "as menos humanas das pessoas", invocavam-na com tanta frequência que ela estava se "tornando insípida, até ridícula". A humanidade tinha de ser gravada nos corações, insistia Rousseau, e não apenas impressa nas páginas dos livros. O inventor da expressão "direitos do homem" não viveu para ver o impacto pleno da independência americana: ele morreu em 1778, o ano em que a França se juntou ao lado americano contra a Grã-Bretanha. Embora Rousseau soubesse de Benjamin Franklin, uma verdadeira celebridade na França desde sua chegada como ministro dos colonos rebeldes em 1776, e numa ocasião tivesse defendido o direito dos americanos de proteger suas liberdades mesmo que fossem "obscuros ou desconhecidos", ele expressava pouco interesse pelos assuntos americanos.[19]

As repetidas referências à humanidade e aos direitos do homem continuaram apesar do escárnio de Rousseau, mas poderiam ter sido ineficazes se os acontecimentos na América não tivessem lhes dado mais poder de fogo. Entre 1776 e 1783, nove diferentes traduções francesas da Declaração da Independência e ao menos cinco traduções francesas de várias constituições e declarações de direitos estaduais propiciaram aplicações específicas de doutrinas de direitos e ajudaram a cristalizar o senso de que o governo francês também poderia ser estabelecido sobre novos fundamentos. Embora alguns reformadores franceses preferissem uma monarquia constitucional no estilo inglês, e Condorcet por sua parte expressasse desapontamento com o "espírito aristocrático" da nova Constituição dos Estados Unidos, muitos se entusiasmavam com a capacidade americana de escapar ao peso morto do passado e estabelecer o autogoverno.[20]

Os precedentes americanos tornaram-se ainda mais convincentes quando os franceses entraram num estado de emergência constitucional. Em 1788, enfrentando uma bancarrota causada em grande medida pela participação francesa na Guerra da Independência americana, Luís XVI concordou em convocar os Estados Gerais, que tinham se reunido pela última vez em 1614. Quando começaram as eleições dos delegados, ruídos surdos de declarações já podiam ser ouvidos. Em janeiro de 1789, um amigo de Jefferson, Lafayette, preparou um rascunho de declaração, e nas semanas seguintes Condorcet silenciosamente formulou o seu. O rei tinha pedido que o clero (o Primeiro Estado), os nobres (o Segundo Estado) e o povo comum (o Terceiro Estado) não só elegessem delegados, mas também fizessem listas de suas queixas. Várias listas redigidas em fevereiro, março e abril de 1789 se referiam aos "direitos inalienáveis do homem", aos "direitos imprescritíveis dos homens livres", aos "direitos e dignidade do homem e do cidadão" ou aos "direitos dos homens livres e esclarecidos", mas predominavam os "direitos do homem". A linguagem dos direitos estava agora se difundindo rapidamente na atmosfera da crescente crise.[21]

Algumas listas de queixas — as dos nobres mais frequentemente que as do clero ou do Terceiro Estado — exigiam de forma explícita uma declaração de direitos (em geral as que também pediam uma nova Constituição). Por exemplo, a nobreza da região Béziers, no sul, requeria que "a assembleia geral adotasse como sua verdadeira tarefa preliminar o exame, rascunho e declaração dos direitos do homem e do cidadão". A lista de queixas do Terceiro Estado da grande Paris intitulou a sua segunda seção "Declaração de direitos" e apresentou uma lista desses direitos. Quase todas as listas pediam direitos específicos de uma ou outra forma: liberdade de imprensa, liberdade de religião em alguns casos, tributação igual, igualdade de tratamento perante a lei, proteção contra a prisão arbitrária e que tais.[22]

Os delegados vieram com as suas listas de queixas para a abertura oficial dos Estados Gerais em 5 de maio de 1789. Depois de semanas de debates fúteis sobre o procedimento, os deputados do Terceiro Estado se declararam unilateralmente membros de uma Assembleia Nacional em 17 de junho; eles afirmavam representar toda a nação, e não apenas o seu "estado". Muitos deputados clericais logo se juntaram a eles, e em pouco tempo os nobres não tiveram outra escolha senão abandonar os trabalhos ou também aderir. Em 19 de junho, bem no meio dessas lutas, um deputado pediu que a nova Assembleia começasse imediatamente a "grande tarefa de uma declaração de direitos", que ele insistia ter sido exigida pelos eleitores; embora estivesse longe de ser universalmente reclamada, a ideia estava com toda a certeza no ar. Um Comitê sobre a Constituição foi montado em 6 de julho, e em 9 de julho o comitê anunciou à Assembleia Nacional que começaria com uma "declaração dos direitos naturais e imprescritíveis do homem", denominada na recapitulação da sessão "a declaração dos direitos do homem".[23]

Thomas Jefferson, então em Paris, escreveu a Thomas Paine na Inglaterra em 11 de julho, dando um relato esbaforido dos acontecimentos que se desenrolavam. Paine era o autor de *Common Sense* (1776), o panfleto mais influente do movimento da independência americana. Segundo Jefferson, os deputados da Assembleia Nacional "lançaram por terra o velho governo, e estão agora começando a construir outro da estaca zero". Relatava que eles consideravam que a primeira tarefa devia ser o rascunho de "uma Declaração dos direitos naturais e imprescritíveis do homem" — os mesmos termos usados pelo Comitê sobre a Constituição. Jefferson trocou muitas ideias com Lafayette, que naquele mesmo dia leu o seu próprio rascunho de uma proposta de declaração para a Assembleia. Vários outros deputados proeminentes correram então a imprimir as suas propostas. A terminologia variava: "os direitos do homem na sociedade", "os direitos do cidadão francês" ou simplesmente "direitos", mas "os direitos do homem" predominava nos títulos.[24]

Em 14 de julho, três dias depois que Jefferson escreveu a Paine, as multidões em Paris se armaram e atacaram a prisão da Bastilha e outros símbolos da autoridade real. O rei havia ordenado que milhares de tropas entrassem em Paris, levando muitos deputados a temer um golpe contrarrevolucionário. O rei retirou os seus soldados, mas a questão de uma declaração ainda não fora solucionada. No final de julho e início de agosto, os deputados ainda estavam debatendo se precisavam de uma declaração, se ela deveria aparecer no topo da Constituição e se deveria ser acompanhada por uma declaração dos deveres do cidadão. A divisão sobre a necessidade de uma declaração refletia os desacordos fundamentais sobre o curso dos acontecimentos. Se a autoridade monárquica precisasse simplesmente de alguns reparos, uma declaração dos "direitos do homem" não era necessária. Para aqueles, em contraste, que concordavam com o diagnóstico de Jefferson de que o governo tinha de ser reconstruído do nada, uma declaração de direitos era essencial.

Por fim, em 4 de agosto, a assembleia votou por redigir uma declaração de direitos sem os deveres. Ninguém então ou desde então explicou adequadamente como a opinião acabou mudando em favor de rascunhar essa declaração, em grande parte porque os deputados estavam tão ocupados confrontando as questões cotidianas que não compreendiam as grandes consequências de cada uma de suas decisões. Como resultado, as suas cartas e até memórias posteriores mostraram-se torturantemente vagas sobre as mudanças de maré da opinião. Sabemos que a maioria tinha passado a acreditar ser necessário um fundamento inteiramente novo. Os direitos do homem forneciam os princípios para uma visão alternativa de governo. Como os americanos haviam feito antes, os franceses declararam os direitos como parte de uma crescente ruptura com a autoridade estabelecida. O deputado Rabaut Saint-Étienne comentou esse paralelo em 18 de agosto: "como os americanos, queremos nos regenerar, e assim a declaração de direitos é essencialmente necessária".[25]

O debate se animou em meados de agosto, apesar de alguns deputados zombarem abertamente da "discussão metafísica". Confrontada com uma série desnorteante de alternativas, a Assembleia Nacional decidiu considerar um documento de compromisso redigido por um subcomitê de quarenta membros, na sua maior parte anônimos. No meio da contínua incerteza e ansiedade sobre o futuro, os deputados dedicaram seis dias a um debate tumultuado (20-24 de agosto, 26 de agosto). Concordaram a respeito de dezessete artigos emendados entre os 24 propostos (nos Estados Unidos, os estados individuais ratificaram apenas dez das doze primeiras emendas propostas para a Constituição). Exaurida pela discussão dos artigos e emendas, em 27 de agosto a Assembleia votou por adiar qualquer outra discussão para depois da redação de uma nova Constituição. A questão nunca foi reaberta. Dessa maneira um tanto ambígua, a Declaração dos Direitos do Homem e do Cidadão adquiriu a sua forma definitiva.*

Os deputados franceses declaravam que todos os homens, e não só os franceses, "nascem e permanecem livres e iguais em direitos" (artigo 1º). Entre os "direitos naturais, inalienáveis e sagrados do homem" estavam a liberdade, a propriedade, a segurança e a resistência à opressão (artigo 2º). Concretamente, isso significava que quaisquer limites aos direitos tinham de ser estabelecidos na lei (artigo 4º). "Todos os cidadãos" tinham o direito de participar

---

* Ver no Apêndice o texto completo.

na formação da lei, que deveria ser a mesma para todos (artigo 6º), e consentir na tributação (artigo 14), que deveria ser dividida igualmente segundo a capacidade de pagar (artigo 13). Além disso, a declaração proibia "ordens arbitrárias" (artigo 7º), punições desnecessárias (artigo 8º) e qualquer presunção legal de culpa (artigo 9º) ou apropriação governamental desnecessária da propriedade (artigo 17). Em termos um tanto vagos, insistia que "[n]inguém deve ser molestado por suas opiniões, mesmo as religiosas" (artigo 10), enquanto afirmava com mais vigor a liberdade de imprensa (artigo 11).

Num único documento, portanto, os deputados franceses tentaram condensar tanto as proteções legais dos direitos individuais como um novo fundamento para a legitimidade do governo. A soberania se baseava exclusivamente na nação (artigo 3º), e a "sociedade" tinha o direito de considerar que todo agente público devia prestar contas de seus atos (artigo 15). Não era feita nenhuma menção ao rei, tradição, história ou costumes franceses, nem à Igreja Católica. Os direitos eram declarados "na presença e sob os auspícios do Ser Supremo", mas por mais "sagrados" que fossem não lhes era atribuída uma origem sobrenatural. Jefferson tinha sentido a necessidade de afirmar que todos os homens eram "dotados pelo seu Criador" com direitos, mas os franceses deduziam os direitos de origens inteiramente seculares: a natureza, a razão e a sociedade. Durante os debates, Mathieu de Montmorency havia afirmado que "os direitos do homem na sociedade são eternos" e "não é necessária nenhuma sanção para reconhecê-los". O desafio à antiga ordem na Europa não poderia ter sido mais direto.[26]

Nenhum dos artigos da declaração especificava os direitos de grupos particulares. "Os homens", "o homem", "cada homem", "todos os cidadãos", "cada cidadão", "a sociedade", "qualquer sociedade" eram contrastados com "ninguém", "nenhum indivíduo", "nenhum homem". Era literalmente tudo ou nada. As classes, as religiões e os sexos não apareciam na declaração. Embora a ausência de especificidade logo criasse problemas, a generalidade das afirmações não era uma grande surpresa. O Comitê sobre a Constituição tinha se comprometido originalmente em preparar até quatro documentos diferentes sobre os direitos: (1) uma declaração dos direitos do homem; (2) dos direitos da nação; (3) dos direitos do rei; e (4) dos direitos dos cidadãos sob o governo francês. O documento adotado combinava o primeiro, o segundo e o quarto, mas sem definir as qualificações para a cidadania. Antes de passar aos aspectos específicos (os direitos do rei ou as qualificações para a cidadania), os deputados se empenharam primeiro em estabelecer princípios gerais para todo o governo. A esse respeito, o artigo 2º é típico: "O objetivo de toda associação política é a preservação dos direitos naturais e imprescritíveis do homem". Os deputados queriam propor a base de toda associação política — não da monarquia, não do governo francês, mas de toda associação política. Eles teriam de se voltar em breve para o governo francês.[27]

O ato de declarar não resolvia todas as questões. De fato, emprestava maior urgência a algumas dessas questões — os direitos daqueles que não tinham propriedade ou das minorias religiosas, por exemplo — e abria novas questões sobre grupos, como os escravos ou as mulheres, que nunca haviam detido uma posição política (a serem examinadas no próximo capítulo). Talvez aqueles que se opunham a uma declaração tivessem percebido que o próprio ato de declarar teria um efeito galvanizador. Declarar era mais do que esclarecer artigos de doutrina: ao fazer a declaração, os deputados se apoderavam efetivamente da soberania. Como resultado, o ato de declarar abriu um espaço antes inimaginável para o debate político: se a nação era soberana, qual era o papel do rei, e quem representava melhor a nação? Se os direitos serviam como o fundamento da legitimidade, o que justificava a sua limitação a pessoas de certas idades, sexos, raças, religiões ou riqueza?

A linguagem dos direitos humanos tinha germinado por algum tempo nas novas práticas culturais da autonomia individual e integridade corporal, mas depois irrompeu repentinamente em tempos de rebelião e revolução. Quem devia, queria ou podia controlar os seus efeitos?

Declarar os direitos também teve consequências fora da França. A Declaração dos Direitos do Homem e do Cidadão transformou a linguagem de todo mundo quase da noite para o dia. A mudança pode ser encontrada de forma especialmente clara nos escritos e discursos de Richard Price, o pregador britânico dissidente que havia inflamado a controvérsia com seu discurso dos "direitos da humanidade" em apoio aos colonos americanos em 1776. O seu panfleto de 1784, *Observations on the Importance of the American Revolution*, continuava na mesma veia: comparava o movimento de independência americano à introdução do cristianismo e predizia que ele "produziria uma difusão geral dos princípios da humanidade" (apesar da escravidão, que ele condenava categoricamente). Num sermão de novembro de 1789, Price endossava a nova terminologia francesa: "Vivi para ver os direitos dos homens mais bem compreendidos do que nunca, e nações ansiando por liberdade que pareciam ter perdido a ideia do que isso fosse. [...] Depois de partilhar os benefícios de uma Revolução [1688], fui poupado para ser testemunha de duas outras Revoluções [a americana e a francesa], ambas gloriosas".[28]

O panfleto escrito em 1790 por Edmund Burke contra Price, *Reflexões sobre a revolução na França*, desencadeou por sua vez um frenesi de discussão em várias linguagens sobre os direitos do homem. Burke argumentava que o "novo império conquistador de luz e razão" não podia propiciar um fundamento adequado para um governo bem-sucedido, que tinha de estar arraigado nas tradições duradouras de uma nação. Na sua acusação aos novos princípios franceses, Burke escolheu a Declaração para uma condenação especialmente dura. A sua linguagem enfureceu Thomas Paine, que se agarrou a essa passagem notória na sua réplica de 1791, *Os direitos do homem: uma resposta ao ataque do sr. Burke à Revolução Francesa.*

"O sr. Burke, com sua costumeira violência", escreveu Paine, "insultou a Declaração dos Direitos do Homem. [...] A essa chamou de 'pedaços miseráveis de papel borrado sobre os direitos do homem'. O sr. Burke pretende negar que o homem tenha direitos? Nesse caso, deve querer dizer que não existem esses tais direitos em nenhum lugar, e que ele próprio não tem nenhum: pois quem existe no mundo senão o homem?" Embora a resposta de Mary Wollstonecraft, *Vindication of the Rights of Men, in a Letter to the Right Honourable Edmund Burke; Occasioned by his Reflections on the Revolution in France,* tivesse sido publicada antes, em 1790, *Os direitos do homem* causou um impacto ainda mais direto e estupendo, em parte porque Paine aproveitou a ocasião para argumentar contra todas as formas de monarquia hereditária, inclusive a inglesa. A sua obra teve várias edições inglesas ainda no primeiro ano de sua publicação.[29]

Como consequência, o emprego da linguagem dos direitos aumentou dramaticamente depois de 1789. As evidências dessa onda podem ser prontamente encontradas no número de títulos em inglês que usam a palavra "direitos": ele quadruplicou na década de 1790 (418) em comparação com a de 1780 (95) ou com qualquer década anterior durante o século xviii. Algo semelhante aconteceu em holandês: *rechten van des mensch* apareceu pela primeira vez em 1791 com a tradução de Paine, sendo depois seguido por muitos usos na década de 1790. *Rechten des menschen* apareceu logo depois nas terras em que se falava o alemão. Um tanto ironicamente, portanto, a polêmica entre os escritores de língua inglesa levou os "direitos do homem" francês a um público internacional. O impacto foi maior do que tinha sido depois de 1776, porque os franceses tinham uma monarquia como as da maioria das outras nações europeias, e eles nunca abandonaram a linguagem do universalismo. Os escritos inspirados pela Revolução Francesa também elevaram o nível da discussão americana dos direitos: os seguidores de Jefferson invocavam constantemente os "direitos do homem", mas os federalistas tratavam com desprezo uma linguagem associada com "excesso democrático" ou ameaças à autoridade estabelecida. Essas disputas ajudaram a disseminar a linguagem dos direitos humanos por todo o mundo ocidental.[30]

ABOLINDO A TORTURA E A PUNIÇÃO CRUEL

Seis semanas depois de aprovarem a Declaração dos Direitos do Homem e do Cidadão, e mesmo antes que tivessem sido determinadas as ressalvas a votar, os deputados franceses aboliram todos os usos da tortura judicial como parte de uma reforma provisória do procedimento criminal. Em 10 de setembro de 1789, o conselho da cidade de Paris enviou uma petição formal à Assembleia Nacional em nome da "razão e humanidade", demandando reformas judiciais imediatas que não só "resgatariam a inocência" como "estabeleceriam melhor as provas do crime e tornariam a condenação mais certa". Os membros do conselho da cidade fizeram a petição porque muitas pessoas tinham sido presas pela nova Guarda Nacional, comandada em Paris por Lafayette, nas semanas de sublevação depois de 14 de julho. Poderia o sigilo habitual dos procedimentos judiciais fomentar a manipulação e a chicana dos inimigos da Revolução? Em resposta, a Assembleia Nacional nomeou um Comitê dos Sete para redigir as reformas mais prementes, não apenas para Paris mas para toda a nação. Em 5 de outubro, sob a pressão de uma marcha impressionante a Versalhes, Luís XVI deu finalmente a sua aprovação formal à Declaração dos Direitos do

Homem e do Cidadão. Os participantes da marcha forçaram o rei e sua família a se mudar de Versalhes para Paris em 6 de outubro. No meio dessa renovada agitação, em 8-9 de outubro, a Assembleia aprovou o decreto proposto pelo seu comitê. Ao mesmo tempo, os deputados votaram por se juntar ao rei em Paris.[31]

A Declaração dos Direitos do Homem e do Cidadão tinha traçado apenas princípios gerais de justiça: a lei devia ser a mesma para todos, não devia permitir a prisão arbitrária ou castigos além daqueles "estrita e obviamente necessários", e o acusado devia ser considerado inocente até ser julgado culpado. O decreto de 8-9 de outubro de 1789 começava com uma invocação da declaração: "A Assembleia Nacional, considerando que um dos principais direitos do homem, por ela reconhecido, é o de usufruir, quando acusado de um delito criminal, de toda a liberdade e segurança para a defesa que possa ser conciliada com o interesse da sociedade que pede a punição dos crimes [...]". Passava então a especificar os procedimentos, a maioria dos quais se destinava a assegurar a transparência para o público. Num lance inspirado pela desconfiança no Judiciário então em vigor, o decreto requeria a eleição de comissários especiais em cada distrito para ajudar em todos os casos criminais, inclusive na supervisão da coleta de evidências e testemunhos. Garantia o acesso da defesa a todas as informações reunidas e a natureza pública de todos os procedimentos criminais, pondo em prática um dos princípios mais acalentados por Beccaria.

O mais curto dos 28 artigos no decreto, o artigo 24, é o mais interessante para nossos propósitos. Ele abolia todas as formas de tortura e também o uso de um banco baixo e humilhante (a *sellette*) para o interrogatório final do acusado perante os seus juízes. Luís XVI havia suprimido anteriormente a "questão preparatória", o emprego da tortura para obter confissões de culpa, mas tinha proibido apenas provisoriamente o uso da "questão preliminar", a tortura para obter os nomes de cúmplices. O governo do rei tinha eliminado a *sellette* em maio de 1788, mas como a ação era muito recente os deputados consideraram necessário tornar a sua própria posição bem clara. A *sellette* era um instrumento de humilhação e representava o tipo de ataque à dignidade do indivíduo que os deputados agora consideravam inaceitável. O deputado que apresentou o decreto para o comitê reservou a discussão dessas medidas para o fim, com o intuito de sublinhar a sua importância simbólica. Tinha insistido com os seus colegas desde o início que "vocês não podem deixar no Código corrente manchas que revoltam a humanidade; vocês certamente querem que elas desapareçam sem demora". Depois se tornou quase lacrimoso quando chegou ao tema da tortura:

> Acreditamos que devemos à humanidade apresentar-lhes uma observação final. O rei já [...] baniu da França a prática absurdamente cruel de arrancar do acusado, por meio de tortura, a confissão de crimes [...] mas ele lhes deixou a glória de completar esse grande ato de razão e justiça. Permanece ainda em nosso código a tortura preliminar[...] os refinamentos mais execráveis de crueldade] ainda são empregados para obter a revelação dos cúmplices. Fixem seus olhos nesse resquício de barbárie, por favor, senhores, e logrem proscrever de seus corações essa prática. Seria um espetáculo belo e comovente para o universo: ver um rei e uma nação, unidos pelos laços indissolúveis de um amor recíproco, rivalizando entre si no zelo pela perfeição das leis, um tentando superar o outro na construção de monumentos à justiça, à liberdade e à humanidade.

Na esteira da declaração de direitos, a tortura foi por fim completamente abolida. A abolição da tortura não estava na agenda do governo da cidade de Paris em 10 de setembro, mas os deputados não resistiram à oportunidade apresentada de torná-la o clímax de sua primeira revisão do código criminal.[32]

Quando chegou a hora de completar a revisão do código penal após mais de dezoito meses, o deputado encarregado de apresentar a reforma invocou todas as noções que tinham se tornado familiares durante as campanhas contra a tortura e a punição cruel. Louis-Michel Lepeletier de Saint-Fargeau, outrora juiz no *Parlement* de Paris, subiu à tribuna em 23 de maio de 1791 para apresentar os princípios do Comitê sobre a Lei Criminal (uma continuação do Comitê dos Sete nomeado em setembro de 1789). Denunciou as "torturas atrozes imaginadas em séculos bárbaros e ainda assim conservadas em séculos esclarecidos", a falta de proporção entre os crimes e as punições (uma das principais queixas de Beccaria) e a "ferocidade geralmente absurda" das leis anteriores. "Os princípios de humanidade" agora modelariam o código penal, que no futuro se basearia antes na reabilitação por meio do trabalho que na punição sacrifical por meio da dor.[33]

Tão bem-sucedidas tinham sido as campanhas contra a tortura e a punição cruel que o comitê colocou a seção sobre as punições antes da seção que definia os crimes no novo código penal. Todas as sociedades experimentam o crime, mas a punição reflete a própria natureza de uma política pública. O comitê propôs uma revisão completa do sistema penal para dar corpo aos novos valores cívicos: em nome da igualdade, todos seriam julgados nos mesmos tribunais sob a mesma lei e seriam suscetíveis às mesmas punições. A privação da liberdade seria a punição exemplar, o que significava que ser enviado para as galés no mar e para o exílio seria substituído pelo aprisionamento e por trabalhos forçados. Os concidadãos do criminoso nada saberiam sobre a significância da punição se o criminoso fosse simplesmente enviado para outro lugar, fora do alcance da visão pública. O comitê até defendia eliminar a pena de morte à exceção dos casos de rebelião contra o Estado, mas sabia que enfrentaria resistência quanto a esse ponto. Os deputados votaram por reinstalar a pena de morte para alguns crimes, embora excluíssem todos os crimes religiosos como a heresia, o sacrilégio ou a prática da magia. (A sodomia, antes punível com a morte, não era mais considerada crime.) A pena de morte só seria executada pela decapitação, antes reservada aos nobres. A guilhotina, inventada para tornar a decapitação o menos dolorosa possível, começou a ser praticada em abril de 1792. O suplício da roda, a queima na fogueira, "essas torturas que acompanhavam a pena de morte" desapareceriam; "todos esses horrores legais são detestados pela humanidade e pela opinião pública", insistia Lepeletier. "Esses espetáculos cruéis degradam a moral pública e são indignos de um século humano e esclarecido."[34]

Como a reabilitação e o reingresso do criminoso na sociedade eram as metas principais, a mutilação corporal e as marcas de ferro em brasa se tornaram intoleráveis. Ainda assim, Lepeletier se estendeu bastante sobre a questão das marcas feitas com ferro em brasa: como a sociedade se protegeria contra criminosos condenados sem nenhum tipo de sinal permanente de seu status? Concluiu que na nova ordem seria impossível que vagabundos ou criminosos passassem despercebidos, porque as municipalidades manteriam registros exatos com os nomes de cada habitante. Marcar os seus corpos de forma permanente impediria que se reintegrassem na sociedade. Nisso como na questão mais geral da dor, os deputados tinham de seguir um caminho sem muita margem de erro: a punição devia ter, simultaneamente, efeitos de dissuasão e readaptação. A punição não podia ser tão degradante a ponto de impedir que os condenados se reintegrassem na sociedade. Como consequência, embora prescrevesse a exposição pública dos condenados, às vezes acorrentados, o código penal limitava cuidadosamente a exposição (no máximo três dias) dependendo da gravidade do delito.

Os deputados também queriam acabar com o colorido religioso da punição. Eliminaram o ato formal da penitência (*amende honorable*) em que o condenado, vestindo apenas uma camisa, com uma corda ao redor do pescoço e uma tocha na mão, ia até a porta de uma igreja e implorava o perdão de Deus, do rei e da justiça. Em lugar disso, o comitê propunha uma punição baseada nos direitos chamada de "degradação cívica", que poderia ser a única punição ou ser acrescentada a um período de encarceramento. Os procedimentos eram descritos em detalhes por Lepeletier. O condenado era conduzido a um lugar público especificado, onde o escrivão do tribunal criminal lia em voz alta estas palavras: "O seu país o considerou culpado de uma ação desonrosa. A lei e o tribunal lhe tiram a posição de cidadão francês". O condenado era então preso num colarinho de ferro e ali permanecia exposto ao público por duas horas. O seu nome, o seu crime e o seu julgamento seriam escritos num cartaz colocado abaixo da sua cabeça. As mulheres, os estrangeiros e os recidivistas criavam um problema, entretanto: como podiam perder os seus direitos de votar ou o direito de ocupar um cargo público, quando não tinham esses direitos? O artigo 32 tratava especificamente desse ponto: no caso de uma sentença de "degradação cívica" contra mulheres, estrangeiros ou recidivistas, eles eram condenados ao colarinho de ferro por duas horas e usavam um cartaz semelhante ao prescrito para os homens, mas o escrivão não lia a frase a respeito da perda da posição cívica.[35]

A "degradação cívica" pode parecer formulística, mas ela apontava para a reorientação não só do código penal mas do sistema político em geral. O condenado agora era um cidadão, não um súdito: portanto, ele ou ela (as mulheres eram cidadãs "passivas") não podiam ser obrigados a suportar a tortura, castigos desnecessariamente cruéis ou penalidades excessivamente desonrosas. Quando apresentou a reforma do código penal, Lepeletier distinguiu entre dois tipos de punição: castigos corporais (prisão, morte) e castigos desonrosos. Embora todas as punições tivessem uma dimensão de vergonha ou desonra, como o próprio Lepeletier afirmava, os deputados queriam circunscrever o uso de castigos desonrosos. Eles mantiveram a exposição pública e o colarinho de ferro, mas suprimiram o ato de penitência, o uso do tronco e do pelourinho, o ato de arrastar o corpo numa espécie de armação depois da morte, a reprimenda judicial e o ato de declarar indefinidamente em aberto um caso contra o acusado (sugerindo portanto a culpa). "Propomos", dizia Lepeletier, "que vocês adotem o princípio [do castigo desonroso], mas multipliquem menos as variações, que ao dividi-lo enfraquecem este pensamento terrível e salutar: a sociedade e as leis proferem um anátema contra alguém que se corrompeu pelo crime." Podia-se desonrar um criminoso em nome da sociedade e das leis, mas não em nome da religião ou do rei.[36]

Num outro passo que significou um realinhamento fundamental, os deputados decidiram que os novos castigos desonrosos se destinavam apenas ao indivíduo criminoso, não à sua família. Com os tipos tradicionais de castigo desonroso, os membros das famílias dos condenados sofriam diretamente as consequências. Nenhum deles podia comprar cargos ou ocupar posições públicas, a sua propriedade ficava, em alguns casos, sujeita a confisco, e eles eram considerados igualmente desonrados pela comunidade. Em 1784, o jovem advogado Pierre-Louis Lacretelle ganhou um prêmio da Academia Metz por um ensaio em que defendia que a vergonha do castigo desonroso não devia ser estendida aos membros da família. O segundo prêmio foi para um jovem advogado de Arras com um extraordinário futuro, Maximilien Robespierre, que adotou a mesma posição.

Essa atenção ao castigo desonroso reflete uma mudança sutil mas importante no conceito de honra: com o desenvolvimento de uma noção dos direitos humanos, a compreensão tradicional de honra começava a ser atacada. A honra tinha sido a qualidade pessoal mais importante sob a monarquia; de fato, Montesquieu argumentou em seu *O espírito das leis* (1748) que a honra era o princípio inspirador da monarquia como forma de governo. Muitos consideravam a honra a província especial da aristocracia. No seu ensaio sobre castigos desonrosos, Robespierre tinha atribuído a prática de desonrar famílias inteiras aos defeitos da própria noção de honra:

> Se consideramos a natureza dessa honra, fértil em caprichos, sempre inclinada a uma excessiva sutileza, frequentemente apreciando as coisas pelo seu glamour e não pelo seu valor intrínseco e os homens pelos seus acessórios, títulos que lhes são alheios, e não pelas suas qualidades pessoais, podemos facilmente compreender como ela [a honra] podia entregar ao desprezo aqueles que têm como ente querido um vilão punido pela sociedade.

Entretanto, Robespierre também denunciou o ato de reservar a decapitação (considerada mais honrada) apenas para os nobres. Ele queria que todas as pessoas fossem igualmente honradas ou que renunciassem ao próprio conceito de honra?[37]

Mesmo antes da década de 1780, entretanto, a honra estava passando por mudanças. "Honra", segundo a edição de 1762 do dicionário da Académie Française, significa "virtude, probidade". "Ao falar das mulheres", entretanto, "a honra significa castidade, modéstia." Na segunda metade do século XVIII, observa-se cada vez mais que as distinções de honra separavam mais os homens das mulheres que os aristocratas dos comuns. Para os homens, a honra estava se tornando ligada à virtude, a qualidade que Montesquieu associava com repúblicas: todos os cidadãos eram honrados se fossem virtuosos. Sob o novo regime, a honra tinha a ver com as ações, não com o nascimento. A distinção entre os homens e as mulheres passou da honra para as questões de cidadania, bem como para as formas de punição. A honra (e a virtude) das mulheres era privada e doméstica, a dos homens era pública. Tanto os homens como as mulheres podiam ser desonrados na punição, mas apenas os homens tinham direitos políticos a perder. Tanto na punição como nos direitos, os aristocratas e os comuns agora eram iguais; os homens e as mulheres, não.[38]

A diluição da honra não passou despercebida. Em 1794, o escritor Sébastien-Roch Nicolas Chamfort, um dos membros da elitista Académie Française, satirizou a mudança:

> É uma verdade reconhecida que o nosso século tem posto as palavras no seu lugar: ao banir sutilezas escolásticas, dialéticas e metafísicas, ele retornou ao simples e verdadeiro na física, na moral e na política. Falando apenas da moral, percebe-se o quanto esta palavra, honra, incorpora ideias complexas e metafísicas. O nosso século sentiu os inconvenientes dessas ideias e para trazer tudo de volta ao simples, para impedir todo abuso de palavras, estabeleceu que a honra permanece integral para todo homem que nunca foi um ex--condenado. No passado essa palavra foi uma fonte de equívocos e contestações; no presente, nada poderia ser mais claro. O homem foi colocado no colarinho de ferro ou não? Essa é a pergunta a ser feita. É uma simples pergunta factual que pode ser facilmente respondida pelos registros do escrivão do tribunal. Um homem que não foi colocado no colarinho de ferro é um homem de honra que pode reivindicar qualquer coisa, cargos no ministério etc. Tem ingresso garantido nas corporações profissionais, nas academias, nas cortes do soberano. Percebe-se como a clareza e a precisão nos poupam de brigas e discussões, e como o comércio da vida se torna conveniente e fácil.

Chamfort tinha as suas próprias razões para levar a honra a sério. Uma criança abandonada de pais desconhecidos, Chamfort construiu uma reputação literária e se tornou o secretário pessoal da irmã de Luís XVI. Matou-se no auge do Terror, pouco depois de escrever essas palavras. Durante a Revolução, ele primeiro atacou a prestigiada Académie Française, que o tinha elegido em 1781, e depois se arrependeu de suas ações e a defendeu. Chegar à Académie era a maior honra que podia ser conferida a um escritor sob a monarquia. A Académie foi abolida em 1793 e revivida sob Napoleão. Chamfort compreendeu não só a magnitude da mudança na honra — a dificuldade de manter as distinções sociais num mundo impacientemente equalizador —, mas também a conexão do novo código penal com tal modificação. O colarinho de ferro tinha se tornado o mínimo denominador comum da perda de honra.[39]

O novo código penal foi apenas uma das muitas consequências que derivaram da Declaração dos Direitos do Homem e do Cidadão. Os deputados tinham reagido à recomendação insistente do duque de Montmorency — "dar um grande exemplo" redigindo uma declaração de direitos — e em algumas semanas começaram a descobrir como podiam ser imprevisíveis os efeitos desse exemplo. "A ação de afirmar, dizer, apresentar ou anunciar aberta, explícita ou formalmente", implícita no ato de declarar, tinha uma lógica própria. Uma vez anunciados abertamente, os direitos propunham novas questões — questões antes não cogitadas e não cogitáveis. O ato de declarar os direitos revelou-se apenas o primeiro passo num processo extremamente tenso que continua até os nossos dias.

4. "Isso não terminará nunca"

As consequências das declarações

Pouco antes do Natal de 1789, os deputados da Assembleia Nacional francesa se viram no meio de um debate peculiar. Começou em 21 de dezembro, quando um deputado propôs a questão dos direitos de voto dos não-católicos. "Vocês declararam que todos os homens nascem e permanecem livres e iguais em direitos", ele lembrou a seus colegas deputados. "Declararam que ninguém pode ser perturbado por suas opiniões religiosas." Há muitos deputados protestantes entre nós, ele observou, e assim a Assembleia devia decretar imediatamente que os não-católicos possam ser eleitos pelo voto, ocupar cargos e aspirar a qualquer posto civil ou militar, "como os outros cidadãos".

Os "não-católicos" consistiam uma categoria estranha. Quando Pierre Brunet de Latuque a usou na sua proposta de decreto, ele claramente queria dizer protestantes. Mas não incluía também os judeus? A França era o lar de uns 40 mil judeus em 1789, além de ter de 100 mil a 200 mil protestantes (os católicos formavam os outros 99% da população). Dois dias depois da intervenção inicial de Brunet de Latuque, o conde Stanislas de Clermont-Tonnerre decidiu entrar no emaranhado da questão. "Não há meio-termo", insistiu. Ou vocês estabelecem uma religião oficial do Estado, ou admitem que os membros de qualquer religião podem votar e ocupar cargos públicos. Clermont-Tonnerre insistia que a crença religiosa não devia ser motivo para a exclusão dos direitos políticos e que, portanto, os judeus também deviam ter direitos iguais. Mas não era tudo. A profissão também não devia ser motivo de exclusão, ele argumentou. Os carrascos e os atores, a quem eram negados direitos políticos no passado, agora deviam ter acesso a eles. (Os carrascos costumavam ser considerados desonrados porque ganhavam a vida matando pessoas, e os atores porque fingiam ser outra pessoa.) Clermont-Tonnerre acreditava em coerência: "devemos ou proibir completamente as peças teatrais, ou eliminar a desonra associada ao ato de representar".[1]

As questões dos direitos revelavam, portanto, uma tendência a se suceder em cascata. Assim que os deputados consideraram o status dos protestantes como uma minoria religiosa sem direitos civis, os judeus estavam fadados a vir à baila; quando as exclusões religiosas entraram na agenda, as profissionais não demoraram a segui-las. Já em 1776 John Adams temera uma progressão ainda mais radical em Massachusetts. A James Sullivan ele escreveu:

> Pode acreditar, senhor, é perigoso abrir uma Fonte de Controvérsia e altercação tão fértil como a que seria aberta pela tentativa de alterar as Qualificações dos Votantes. Isso não terminará nunca. Surgirão novas reivindicações. As mulheres exigirão o voto. Os garotos de 12 a 21 anos pensarão que seus Direitos não são suficientemente considerados, e todo Homem sem um tostão exigirá uma Voz igual a qualquer outra em todas as Leis do Estado.

Adams não pensava realmente que as mulheres ou as crianças pediriam o direito de votar, mas temia as consequências de estender o sufrágio aos homens sem propriedade. Era muito mais fácil argumentar contra "todo Homem sem um tostão" apontando pedidos ainda mais absurdos que poderiam vir daqueles em patamares ainda mais inferiores na escala social.[2]

Tanto nos novos Estados Unidos como na França, as declarações de direitos se referiam a "homens", "cidadãos", "povo" e "sociedade" sem cuidar das diferenças na posição política. Mesmo antes que a Declaração francesa fosse rascunhada, um astuto teórico constitucional, o abade Sieyès, tinha argumentado a favor de uma distinção entre os direitos naturais e civis dos cidadãos, de um lado, e os direitos políticos, de outro. As mulheres, as crianças, os estrangeiros e aqueles que não pagavam tributos deviam ser somente cidadãos "passivos". "Apenas aqueles que contribuem para a ordem pública são como os verdadeiros acionistas da grande empresa social. Somente eles são os verdadeiros cidadãos ativos."[3]

Os mesmos princípios já estavam em vigor há muito tempo do outro lado do Atlântico. As treze colônias negavam o voto às mulheres, aos negros, aos índios e aos sem propriedade. Em Delaware, por exemplo, o sufrágio era limitado aos homens brancos adultos que possuíssem cinquenta acres de terra, que tivessem residido em Delaware por dois anos, que fossem naturais da região ou naturalizados, que negassem a autoridade da Igreja Católica Romana e que reconhecessem que o Antigo e o Novo Testamentos eram obra da inspiração divina. Depois da independência, alguns estados decretaram condições mais liberais. A Pensilvânia, por exemplo, estendeu o direito de votar a todos os homens adultos livres que pagassem tributos de qualquer importância, e Nova Jersey permitiu por um curto período que as mulheres que tivessem alguma propriedade votassem; mas a maioria dos estados reteve as suas qualificações referentes à propriedade, e muitos conservaram os testes religiosos, ao menos por algum tempo. John Adams captou a visão dominante: "tal é a Fragilidade do Coração humano que poucos Homens que não possuem Propriedade têm um julgamento próprio".[4]

A cronologia básica da extensão dos direitos é mais fácil de seguir na França, porque os direitos políticos eram definidos pela legislatura nacional, enquanto nos novos Estados Unidos tais direitos eram regulados pelos estados individuais. Na semana de 20-27 de outubro de 1789, os deputados aprovaram uma série de decretos estabelecendo as condições de elegibilidade para votar: (1) ser francês ou ter se tornado francês por meio de naturalização; (2) ter atingido a maioridade, estabelecida então em 25 anos; (3) ter residido na zona eleitoral ao menos por um ano; (4) pagar impostos diretos num cômputo igual ao valor local de três dias de trabalho (um cômputo mais elevado era exigido no caso da elegibilidade para ocupar cargos); (5) não ser criado doméstico. Os deputados nada diziam sobre religião, raça ou sexo ao estabelecer esses requisitos, embora fosse claramente pressuposto que as mulheres e os escravos estavam excluídos.

Durante os meses e anos seguintes, grupo após grupo foi alvo de discussões específicas, e por fim a maioria deles conseguiu direitos políticos iguais. Os homens protestantes ganharam seus direitos em 24 de dezembro de 1789, assim como todas as profissões. Os homens judeus obtiveram finalmente o mesmo avanço em 27 de setembro de 1791. Alguns mas nem todos os homens negros livres conquistaram direitos políticos em 15 de maio de 1791, mas os perderam em 24 de setembro e depois os viram restabelecidos e aplicados de modo mais geral em 4 de abril de 1792. Em 10 de agosto de 1792, os direitos de votar foram estendidos a todos os homens (na França metropolitana) à exceção dos criados e desempregados. Em 4 de fevereiro de 1794, a escravidão foi abolida e direitos iguais concedidos, ao menos em princípio, aos escravos. Apesar dessa quase inimaginável extensão dos direitos políticos a grupos antes não emancipados, a linha foi traçada nas mulheres: as mulheres nunca ganharam direitos políticos iguais durante a Revolução. Elas ganharam, entretanto, direitos iguais de herança e o direito ao divórcio.

A LÓGICA DOS DIREITOS: MINORIAS RELIGIOSAS

A Revolução Francesa, mais do que qualquer outro acontecimento, revelou que os direitos humanos têm uma lógica interna. Quando enfrentaram a necessidade de transformar seus nobres ideais em leis específicas, os deputados desenvolveram uma espécie de escala de conceptibilidade ou discutibilidade. Ninguém sabia de antemão que grupos iam aparecer na discussão, quando surgiriam ou qual seria a decisão sobre o seu status. Porém, mais cedo ou mais tarde tornou-se claro que conceder direitos a alguns grupos (aos protestantes, por exemplo) era mais facilmente imaginável do que concedê-los a outros (as mulheres). A lógica do processo determinava que, logo que surgia um grupo cuja discussão fosse muito concebível (homens com propriedades, protestantes), aqueles na mesma espécie de categoria mas localizados mais abaixo na escala de conceptibilidade (homens sem propriedade, judeus) apareciam na agenda. A lógica do processo não movia os acontecimentos necessariamente adiante, mas em longo prazo era essa a tendência. Os opositores dos direitos dos judeus, por exemplo, usavam o caso dos protestantes (ao contrário dos judeus, eles eram ao menos cristãos) para convencer os deputados a adiar a questão dos direitos judaicos. Entretanto, em menos de dois anos os judeus ainda assim conseguiram direitos iguais, em parte porque a discussão explícita de seus direitos tinha tornado a concessão de direitos iguais aos judeus mais imaginável.

Nos mecanismos dessa lógica, a natureza supostamente metafísica da Declaração dos Direitos do Homem e do Cidadão revelou-se um bem muito positivo. Exatamente por ter deixado de lado qualquer questão específica, a discussão dos princípios gerais, em julho-agosto de 1789, ajudou a pôr em ação modos de pensar que acabaram promovendo interpretações mais radicais das especificidades necessárias. A declaração se destinava a articular os direitos universais da humanidade e os direitos políticos gerais da nação francesa e dos seus cidadãos. Não oferecia qualificações específicas para a participação ativa. A instituição de um governo requeria o movimento do geral para o específico: assim que as eleições foram estabelecidas, a definição das qualificações para votar e ocupar cargos tornou-se urgente. A virtude de começar com o geral tornou-se visível assim que as questões específicas passaram a ser consideradas.

Os protestantes foram o primeiro grupo de identidade definida a se apresentar para consideração, e a discussão a seu respeito estabeleceu uma característica duradoura das disputas subsequentes: um grupo não podia ser considerado em separado. Os protestantes não podiam se apresentar sem levantar a questão dos judeus. Da mesma forma, os direitos dos atores não podiam ser questionados sem invocar o espectro dos carrascos, ou os direitos dos negros livres sem chamar atenção para os escravos. Quando escreviam sobre os direitos das mulheres, os panfletistas os comparavam inevitavelmente aos dos homens sem propriedade e aos dos escravos. Mesmo as discussões sobre a maioridade (que foi diminuída de 25 para 21 anos em 1792) dependiam da sua comparação com a infância. O status e os direitos de protestantes, judeus, negros livres ou mulheres eram determinados, em grande medida, pelo seu lugar na grande rede de grupos que constituíam a comunidade organizada.

Os protestantes e os judeus já tinham aparecido juntos nos debates sobre o rascunho de uma declaração. Um jovem deputado nobre, o conde de Castellane, tinha argumentado que os protestantes e os judeus deviam possuir o "mais sagrado de todos os direitos, o da liberdade de religião". No entanto, mesmo ele insistia que nenhuma religião específica devia ser citada na declaração. Rabaut Saint-Étienne, ele próprio um pastor calvinista de Languedoc, onde viviam muitos calvinistas, mencionava a demanda de liberdade de religião para os não-católicos na sua lista de queixas local. Rabaut incluía explicitamente os judeus entre os não-católicos, mas o seu argumento, como o de todos os demais no debate, dizia respeito à liberdade de religião, e não aos direitos políticos das minorias. Depois de horas de um debate tumultuado, os deputados adotaram em agosto um artigo de compromisso que não fazia menção aos direitos políticos (artigo 10 da declaração): "Ninguém deve ser molestado por suas opiniões, mesmo as religiosas, desde que sua manifestação não perturbe a ordem pública estabelecida pela lei". A formulação era deliberadamente ambígua e até interpretada por alguns como uma vitória dos conservadores, que se opunham com ferocidade à liberdade de religião. O culto público dos protestantes não perturbaria "a ordem pública"?[5]

Em dezembro, menos de seis meses mais tarde, entretanto, a maioria dos deputados tomava a liberdade de religião como algo natural. Mas a liberdade de religião também implicava direitos políticos iguais para as minorias religiosas? Brunet de Latuque propôs a questão dos direitos políticos dos protestantes apenas uma semana depois da redação dos regulamentos para as eleições municipais em 14 de dezembro de 1789. Informou a seus colegas que os não-católicos estavam sendo excluídos das listas dos votantes sob o pretexto de que não tinham sido explicitamente incluídos nos regulamentos. "Os senhores certamente não quiseram", disse esperançosamente, "deixar que as opiniões religiosas fossem uma razão oficial para excluir alguns cidadãos e admitir outros." A linguagem de Brunet era reveladora: os deputados estavam tendo de interpretar as suas ações anteriores à luz do presente. Os opositores dos protestantes quiseram alegar que os protestantes não podiam participar porque a Assembleia não tinha votado um decreto nesse sentido: afinal, os protestantes tinham sido excluídos dos cargos políticos pela lei desde a revogação do Edito de Nantes, em 1685, e nenhuma lei subsequente havia revisado formalmente o seu status político. Brunet e seus partidários argumentaram que os princípios gerais proclamados na Declaração dos Direitos do Homem e do Cidadão não admitiam exceções, que todos aqueles que satisfaziam as condições etárias e econômicas de elegibilidade tinham de ser automaticamente elegíveis e que, portanto, as restrições anteriores contra os protestantes já não eram válidas.[6]

Em outras palavras, o universalismo abstrato da declaração estava impondo as suas consequências. Nem Brunet nem qualquer outra pessoa propôs a questão dos direitos das mulheres nesse momento: a elegibilidade automática aparentemente não abarcava a diferença sexual. Mas no minuto em que se discutiu o status dos protestantes dessa maneira, os diques cederam. Alguns deputados reagiram com alarme. A proposição de Clermont-Tonnerre de estender os direitos dos protestantes para todas as religiões e profissões deu origem a um intenso debate. Embora a questão dos direitos dos protestantes tivesse começado a discussão, quase todo mundo agora admitia que eles deviam ter os mesmos direitos dos católicos. Estender os direitos para os carrascos e atores suscitou apenas objeções isoladas, em grande parte frívolas, mas a sugestão de conceder direitos políticos aos judeus provocou uma resistência furiosa. Até um deputado aberto a uma eventual emancipação dos judeus argumentou que a "sua ociosidade, a sua falta de tato, um resultado necessário das leis e condições humilhantes a que estão sujeitos em muitos lugares, tudo contribui para torná-los odiosos". Dar-lhes direitos, na sua visão, apenas desencadearia uma reação popular violenta contra eles (e, de fato, tumultos contra os judeus já tinham ocorrido no leste da França). Em 24 de dezembro de 1789 — véspera de Natal — a Assembleia votou por estender direitos políticos iguais aos "não-católicos" e a todas as profissões, ao mesmo tempo que adiavam a questão dos direitos políticos dos judeus. O voto em favor dos direitos políticos dos protestantes foi evidentemente maciço, segundo os participantes, e um deputado escreveu no seu diário sobre "a alegria que se manifestou no momento em que o decreto foi aprovado".[7]

A reviravolta na opinião sobre os protestantes foi espantosa. Antes do Edito de Tolerância de 1787, os protestantes não tinham sido capazes de praticar legalmente a sua religião, casar ou transmitir sua propriedade. Depois de 1787, eles podiam praticar a sua religião, casar perante os oficiais locais e registrar os nascimentos de seus filhos. Ganharam apenas direitos civis, entretanto, não direitos iguais de participação política, e ainda não possuíam o direito de praticar a sua religião em público. Isso era reservado unicamente aos católicos. Algumas das altas cortes tinham continuado a resistir à aplicação do edito ao longo de 1788 e 1789. Em agosto de 1789, portanto, estava longe de ser evidente que a maioria dos deputados apoiava a verdadeira liberdade de religião. Entretanto, no final de dezembro tinham concedido direitos políticos iguais aos protestantes.

O que explicava a mudança de opinião? Rabaut Saint-Étienne atribuía a transformação de atitudes à demonstração de responsabilidade cívica dos deputados protestantes. Vinte e quatro protestantes, inclusive ele próprio, tinham sido eleitos deputados em 1789. Mesmo antes disso os protestantes tinham ocupado cargos locais apesar das proscrições oficiais, e na incerteza dos primeiros meses de 1789 muitos protestantes tinham participado das eleições para os Estados Gerais. O principal historiador da Assembleia Nacional, Timothy Tackett, atribui a mudança de opinião sobre os protestantes a lutas políticas internas dentro da Assembleia: os moderados achavam o obstrucionismo da direita cada vez mais desagradável, e assim alinhavam-se com a esquerda, que apoiava a extensão dos direitos. Mas até o principal exemplo de obstrucionismo citado por Tackett, o ruidoso deputado clerical e abade Jean Maury, argumentava em favor dos direitos dos protestantes. A posição de Maury fornece um indício do processo, pois ele ligava o apoio dos direitos políticos dos protestantes ao ato de negar os dos judeus: "Os protestantes têm a mesma religião e as mesmas leis que nós [...] já possuem os mesmos direitos". Maury procurava estabelecer dessa maneira uma distinção entre os protestantes e os judeus. Entretanto, os judeus espanhóis e portugueses do sul da França começaram imediatamente a preparar uma petição à Assembleia Nacional com o argumento de que eles também já estavam exercendo os seus direitos políticos em nível local. A tentativa de opor uma minoria religiosa contra outra só alargava a fenda na porta.[8]

O status dos protestantes foi transformado tanto pela teoria como pela prática, isto é, pela discussão dos princípios gerais da liberdade de religião e pela participação real dos protestantes em assuntos locais e nacionais. Brunet de Latuque tinha invocado o princípio geral ao afirmar que os deputados não poderiam ter desejado que "as opiniões religiosas fossem uma razão oficial para excluir alguns cidadãos e admitir outros". Não querendo admitir o ponto geral, Maury tinha de conceder o prático: os protestantes já exerciam os mesmos direitos que os católicos. A discussão geral em agosto deixara intencionalmente essas questões não resolvidas, abrindo a porta para reinterpretações posteriores e, ainda mais importante, sem fechar a porta para a participação em assuntos locais. Os protestantes e até alguns judeus tinham se precipitado para aproveitar ao máximo as novas oportunidades apresentadas.

Ao contrário dos protestantes antes do Edito de Tolerância de 1787, os judeus franceses não sofriam penalidades por professar publicamente a sua religião, mas tinham poucos direitos civis e nenhum direito político. Na verdade, o caráter francês dos judeus era em alguma medida questionado. Os calvinistas eram franceses que tinham se desviado do caminho ao abraçar a heresia, enquanto os judeus eram originalmente estrangeiros que constituíam uma nação separada dentro da França. Assim, os judeus alsacianos eram conhecidos oficialmente como "a nação judaica da Alsácia". Mas "nação" tinha um significado menos nacionalista nessa época do que teria mais tarde nos séculos xix e xx. Como a maioria dos judeus na França, os judeus alsacianos constituíam uma nação uma vez que viviam dentro de uma comunidade judaica cujos direitos e obrigações tinham sido determinados pelo rei em cartas patentes especiais. Eles tinham o direito de governar alguns de seus assuntos e até decidir casos em suas próprias cortes de justiça, mas também sofriam uma legião de restrições aos tipos de comércio que podiam praticar, aos lugares onde podiam viver e às profissões a que podiam aspirar.[9]

Os escritores do Iluminismo tinham escrito frequentemente sobre os judeus, embora nem sempre de modo positivo, e depois da concessão de direitos civis aos protestantes em 1787 a atenção se deslocou para a tentativa de melhorar a situação dos judeus. Luís xvi criou uma comissão para estudar a questão em 1788, tarde demais para que fosse tomada qualquer medida antes da Revolução. Embora os direitos políticos dos judeus estivessem abaixo dos concedidos aos protestantes na escala de conceptibilidade, os judeus se beneficiaram da atenção atraída para o seu caso. Entretanto, a discussão explícita não se traduziu imediatamente em direitos. Trezentas e sete das listas de queixas redigidas na primavera de 1789 mencionavam explicitamente os judeus, mas a opinião estava claramente dividida. Dezessete por cento urgiam pela limitação do número de judeus permitidos na França e 9% advogavam a sua expulsão, enquanto apenas 9-10% insistiam na melhoria de suas condições. Entre as milhares de listas de queixas, apenas oito advogavam a concessão de direitos iguais aos judeus. Ainda assim, era um número maior que o daquelas que faziam a mesma reivindicação para as mulheres.[10]

Os direitos dos judeus parecem se ajustar à regra geral de que os primeiros esforços para propor a questão dos direitos saem frequentemente pela culatra. A posição em grande parte negativa das listas de queixas prenunciava a recusa dos deputados a conceder direitos políticos aos judeus em dezembro de 1789. Ao longo dos vinte meses seguintes, entretanto, a lógica dos direitos fez avançar a discussão. Apenas um mês depois do adiamento do debate dos direitos dos judeus, os judeus espanhóis e portugueses do sul da França apresentaram a sua petição à Assembleia, argumentando que, como os protestantes, eles já estavam participando da política em algumas cidades francesas no sul, como Bordeaux. Falando pelo Comitê sobre a Constituição, o bispo católico liberal Charles-Maurice de Talleyrand-Périgord essencialmente endossou essa posição. Os judeus não estavam pedindo novos direitos de cidadania, ele insistiu, estavam apenas pedindo para "continuar a gozar esses direitos", uma vez que eles, como os protestantes, já os estavam exercendo. Assim, a Assembleia podia conceder direitos a alguns judeus sem mudar o status dos judeus em geral. Dessa maneira, o argumento da prática podia se virar contra aqueles que queriam distinções categóricas.[11]

O discurso de Talleyrand provocou uma comoção, especialmente entre os deputados da Alsácia-Lorena, lar da maior população judaica. Os judeus do leste da França eram asquenazes que falavam iídiche. Os homens tinham barba, ao contrário dos sefarditas de Bordeaux, e os regulamentos franceses restringiam-nos em grande parte a ter como ocupação o empréstimo de dinheiro e a mascataria. As relações entre eles e seus devedores camponeses não eram exatamente amigáveis. Os deputados da região não perderam tempo em apontar a consequência inevitável de seguir a orientação de Talleyrand: "a exceção para os judeus de Bordeaux [majoritariamente sefarditas] logo resultará na mesma exceção para os outros judeus do reino". Enfrentando objeções vociferantes, os deputados ainda assim votaram por 374 a 224 no sentido de que "todos os judeus conhecidos como judeus portugueses, espanhóis e de Avignon continuarão a exercer os direitos que têm exercido até o presente", e portanto "exercerão os direitos dos cidadãos ativos, desde que satisfaçam os requisitos estabelecidos pelos decretos da Assembleia Nacional [para a cidadania ativa]".[12]

O voto a favor de direitos para alguns judeus de fato tornou mais difícil, no longo prazo, recusá-los para outros. Em 27 de setembro de 1791, a Assembleia revogou todas as suas reservas e exceções anteriores com respeito aos judeus, concedendo a todos os judeus direitos iguais. Exigiu também que os judeus prestassem um juramento cívico renunciando aos privilégios e isenções especiais negociados pela monarquia. Nas palavras de Clermont-Tonnerre: "Devemos recusar tudo aos judeus como uma nação e conceder tudo aos judeus como indivíduos". Em troca da renúncia a suas próprias cortes de justiça e leis, eles se tornariam cidadãos franceses individuais como todos os outros. Mais uma vez, a prática e a teoria operavam numa relação dinâmica mútua. Sem a teoria, isto é, os princípios enunciados na declaração, a referência a alguns judeus que já praticavam esses direitos teria causado pouco impacto. Sem a referência à prática, a teoria poderia ter permanecido uma letra morta (como aparentemente continuou a ser para as mulheres).[13]

No entanto, os direitos não eram apenas concedidos pelo corpo legislativo. Os debates sobre os direitos incitavam as comunidades de minorias a falar por si mesmas e a exigir reconhecimento igual. Os protestantes tinham maior acesso aos debates porque podiam falar por meio de seus deputados já eleitos para a Assembleia Nacional. Mas os judeus parisienses, que não passavam de algumas centenas e não tinham status corporativo, apresentaram a sua primeira petição à Assembleia Nacional ainda em agosto de 1789. Já pediam que os deputados "consagrem o nosso título e direitos de Cidadãos". Uma semana mais tarde, os representantes da muito mais numerosa comunidade dos judeus na Alsácia e na Lorena também publicaram uma carta aberta pedindo a cidadania. Quando os deputados reconheceram os direitos dos judeus do sul, em janeiro de 1790, os judeus de Paris, da Alsácia e da Lorena uniram-se para apresentar uma petição em conjunto. Como alguns deputados tinham questionado se os judeus realmente queriam a cidadania francesa, os peticionários tornaram a sua posição clara como água: "Eles pedem que as distinções degradantes que sofreram até o presente sejam abolidas e que eles sejam declarados CIDADÃOS". Os peticionários sabiam exatamente como apresentar seu caso. Depois de uma longa revisão de todos os preconceitos havia muito existentes contra os judeus, concluíam com uma invocação da inevitabilidade histórica: "Tudo está mudando; a sorte dos judeus deve mudar ao mesmo tempo; e as pessoas não ficarão mais surpresas com essa mudança particular do que com todas aquelas que veem ao seu redor todo dia. [...] Liguem o aperfeiçoamento da sorte dos judeus à revolução; amalgamem, por assim dizer, esta revolução parcial com a revolução geral". Dataram o seu panfleto com a mesma data em que a Assembleia votou por criar uma exceção para os judeus do sul.[14]

Em dois anos, portanto, as minorias religiosas tinham ganhado direitos iguais na França. Claro que o preconceito não havia desaparecido, especialmente com relação aos judeus. Ainda assim, uma percepção da enormidade de tal mudança em tão pouco tempo pode ser estabelecida por simples comparações. Na Grã-Bretanha, os católicos ganharam acesso às Forças Armadas, às universidades e ao Judiciário em 1793. Os judeus britânicos tiveram de esperar até 1845 para conseguir as mesmas concessões. Os católicos só puderam ser eleitos para o Parlamento britânico depois de 1829, os judeus depois de 1858. A história registrada nos novos Estados Unidos foi um pouco melhor. A pequena população judaica nas colônias britânicas na América do Norte, que contava apenas com cerca de 2.500 indivíduos, não tinha igualdade política. Depois da independência, a maior parte dos novos Estados Unidos continuou a restringir a ocupação de cargos públicos (e em alguns estados o ato de votar) aos protestantes. A primeira emenda da Constituição, redigida em setembro de 1789 e ratificada em 1791, garantia a liberdade de religião, e depois disso os estados retiraram gradativamente os seus testes religiosos. O processo prosseguiu em geral pelos mesmos dois estágios observados na Grã-Bretanha: primeiro os católicos, depois os judeus, ganharam direitos políticos plenos. Massachusetts, por exemplo, abriu em 1780 os cargos públicos para qualquer um "da religião cristã", embora esperasse até 1833 para fazer a mesma coisa com todas as religiões. Seguindo o exemplo de Jefferson, a Virginia agiu com mais rapidez, concedendo direitos iguais em 1785, e a Carolina do Sul e a Pensilvânia trilharam o mesmo caminho em 1790. Rhode Island só o faria em 1842.[15]

NEGROS LIVRES, ESCRAVIDÃO E RAÇA

A força intimidadora da lógica revolucionária dos direitos pode ser vista com ainda maior clareza nas decisões francesas sobre os negros livres e os escravos. Mais uma vez, a comparação é reveladora: a França concedeu direitos políticos iguais aos negros livres (1792) e emancipou os escravos (1794) muito antes de qualquer outra nação que possuía escravos. Apesar de conceder direitos às minorias religiosas bem antes dos seus primos britânicos, os novos Estados Unidos ficaram muito atrás no tocante à questão da escravidão. Depois de anos de campanhas de petições encabeçadas pela Sociedade para a Abolição do Tráfico de Escravos, de inspiração quaker, o Parlamento britânico votou pelo fim da participação no tráfico de escravos em 1807 e decidiu em 1833 abolir a escravidão nas colônias britânicas. A história nos Estados Unidos foi mais sombria porque a Convenção Constitucional de 1787 não concedeu ao governo federal o controle sobre a escravidão. Apesar de o Congresso ter também votado a proibição da importação de escravos em 1807, os Estados Unidos só aboliram oficialmente a escravidão em 1865, quando a 13ª emenda da Constituição foi ratificada. Além disso, o status dos negros livres na realidade declinou em muitos estados depois de 1776, atingindo o seu nadir no notório caso *Dred Scott*, de 1857, quando a Suprema Corte dos Estados Unidos declarou que nem os escravos nem os negros livres eram cidadãos. *Dred Scott* só foi derrubado em 1868, quando a 14ª emenda da Constituição dos estados Unidos foi ratificada, garantindo que "Todas as pessoas nascidas ou naturalizadas nos Estados Unidos e sujeitas à sua jurisdição são cidadãos dos Estados Unidos e do estado em que residem".[16]

Os abolicionistas na França seguiram a orientação inglesa, criando em 1788 uma sociedade irmã modelada segundo a britânica Sociedade para a Abolição do Tráfico de Escravos. Carecendo de amplo apoio, a francesa Sociedade dos Amigos dos Negros poderia ter naufragado não fossem os acontecimentos de 1789, que a colocaram em primeiro plano. As opiniões dos Amigos dos Negros não podiam ser ignoradas porque entre seus proeminentes membros estavam Brissot, Condorcet, Lafayette e o abade Baptiste-Henri Grégoire, todos participantes famosos de campanhas pelos direitos humanos em outras arenas. Grégoire, um clérigo católico da Lorena, tinha defendido mesmo antes de 1789 o relaxamento de restrições contra os judeus no leste da França e em 1789 publicou um panfleto advogando direitos iguais para os homens de cor livres. Chamava atenção para o racismo florescente dos colonos brancos. "Os brancos", sustentava, "tendo o poder do seu lado, decidiram injustamente que a pele escura exclui o indivíduo das vantagens da sociedade."[17]

Ainda assim, a concessão de direitos aos negros e mulatos livres e a abolição da escravatura não se deram por aclamação. O número de abolicionistas na nova Assembleia Nacional era muito menor que o daqueles que temiam mexer com o sistema de escravos e as imensas riquezas que ele trazia para a França. Em geral, os cultivadores brancos e os mercadores dos portos do Atlântico conseguiam retratar os Amigos dos Negros como fanáticos que pretendiam fomentar a insurreição dos escravos. Em 8 de março de 1790, os deputados votaram por excluir as colônias da Constituição e portanto da Declaração dos Direitos do Homem e do Cidadão. O porta-voz do comitê colonial, Antoine Barnave, explicou que "a aplicação rigorosa e universal dos princípios gerais não é conveniente para [as colônias... A] diferença em termos de lugares, costumes, clima e produtos nos parecia requerer uma diferença nas leis". O decreto também tornava crime a incitação de tumulto nas colônias.[18]

Apesar dessa recusa, o discurso dos direitos abriu o seu caminho inelutavelmente por toda a escala social nas colônias. Começou no topo com os cultivadores brancos da maior e mais rica colônia, Saint Domingue (hoje Haiti). Em meados de 1788, eles exigiram reformas no comércio e na representação das colônias nos vindouros Estados Gerais. Em pouco tempo, ameaçavam exigir a independência, como os norte-americanos, se o governo nacional tentasse interferir no sistema dos escravos. Os brancos das classes mais baixas, por outro lado, esperavam que a revolução na França lhes trouxesse compensação contra os brancos mais ricos, que não desejavam partilhar o poder político com meros artesãos e comerciantes.

As demandas crescentes dos negros e mulatos livres eram muito mais perigosas para a continuidade do *status quo*. Excluídos por decreto real de praticar a maioria das profissões ou até de adotar o nome de parentes brancos, as pessoas de cor livres ainda assim possuíam consideráveis propriedades: um terço das plantações e um quarto dos escravos em Saint Domingue, por exemplo. Queriam ser tratados da mesma forma que os brancos e ao mesmo tempo manter o sistema de escravos. Um de seus delegados em Paris em 1789, Vincent Ogé, tentou conquistar os cultivadores brancos enfatizando os seus interesses comuns como donos de plantações: "Veremos derramamento de sangue, nossas terras invadidas, os objetos de nosso trabalho destruídos, nossas casas queimadas [...] o escravo levará a revolta mais longe". A sua solução era conceder direitos iguais aos homens de cor livres como ele próprio, que então ajudariam a conter os escravos, ao menos por um tempo. Quando o seu apelo aos cultivadores brancos fracassou e o apoio dos Amigos dos Negros mostrou-se igualmente inútil, Ogé voltou a Saint Domingue e no outono de 1790 incitou uma revolta dos homens de cor livres. A revolta fracassou, e Ogé foi supliciado na roda.[19]

Mas o apoio aos direitos dos homens de cor livres não parou por aí. Em Paris, a agitação contínua dos Amigos dos Negros conquistou um decreto, em maio de 1791, que concedia direitos políticos a todos os homens de cor livres nascidos de mães e pais livres. Depois que os escravos de Saint Domingue se rebelaram, em agosto de 1791, os deputados rescindiram até esse decreto altamente restritivo, mas aprovaram um mais generoso em abril de 1792. Não surpreende que os deputados agissem de maneira confusa, pois a situação real nas colônias era desnorteante. A revolta dos escravos, que começou em meados de agosto de 1791, havia atraído até 10 mil insurgentes já no final do mês, um número que continuava a crescer rapidamente. Bandos armados de escravos massacravam os brancos e queimavam os campos de cana-de-açúcar e as casas das plantações. Os cultivadores imediatamente culparam os Amigos dos Negros e a difusão de "lugares-comuns sobre os Direitos do Homem".[20]

De que lado os homens de cor livres se posicionavam nessa luta? Eles tinham servido nas milícias acusadas de capturar escravos fugidos e às vezes eram eles próprios donos de escravos. Em 1789, os Amigos dos Negros os tinham retratado não só como um baluarte contra um potencial levante de escravos, mas também como mediadores em qualquer futura abolição da escravatura. Agora os escravos tinham se rebelado. Tendo inicialmente rejeitado a visão dos Amigos dos Negros, um número cada vez maior de deputados em Paris começou desesperadamente a endossá-la no início de 1792. Esperavam que os homens de cor livres pudessem se aliar às forças francesas e aos brancos de classe baixa contra tanto os cultivadores quanto os escravos. Entre os deputados, um antigo oficial naval, nobre e dono de plantações, expôs o argumento: "Essa classe [os brancos pobres] é reforçada pela dos homens de cor livres que possuem propriedade: esse é o partido da Assembleia Nacional nesta ilha. [...] Os receios de nossos colonos [cultivadores brancos] têm, portanto, fundamento, uma vez que eles têm tudo a temer da influência de nossa revolução sobre os seus escravos. Os direitos do homem derrubam o sistema em que se assentam as suas fortunas. [...] Somente mudando os seus princípios é que [os colonos] salvarão as suas vidas e as suas fortunas". O deputado Armand-Guy Kersaint passou a defender a própria abolição gradual da escravidão. Na verdade, os negros e mulatos livres desempenharam um papel ambíguo durante todo o levante dos escravos, ora se aliando aos brancos contra os escravos, ora se aliando aos escravos contra os brancos.[21]

Mais uma vez, a potente combinação de teoria (declaração dos direitos) e prática (nesse caso, franca revolta e rebelião) forçou a mão dos legisladores. Como mostrava o argumento de Kersaint, os direitos do homem eram inevitavelmente parte da discussão, mesmo na Assembleia que os tinha declarado inaplicáveis às colônias. Os acontecimentos levaram os deputados a reconhecer a sua aplicabilidade em lugares, e em relação a grupos, que eles tinham originalmente esperado excluir desses direitos. Aqueles que se opunham a conceder direitos aos homens de cor livres concordavam a respeito de um ponto central com aqueles que apoiavam a ideia de conferir esses direitos: os direitos dos homens de cor livres não podiam ser separados da reflexão sobre o próprio sistema escravagista. Assim, uma vez reconhecidos esses direitos o próximo passo se tornava ainda mais inevitável.

No verão de 1793, as colônias francesas estavam em total sublevação. Uma república havia sido declarada na França, e a guerra agora opunha a nova república à Grã-Bretanha e à Espanha no Caribe. Os cultivadores brancos procuraram fazer alianças com os britânicos. Alguns dos escravos rebeldes de Saint Domingue juntaram-se aos espanhóis, que controlavam a metade leste da ilha, Santo Domingo, em troca de promessas de liberdade para si mesmos. Mas a Espanha não tinha a menor intenção de abolir a escravidão. Em agosto de 1793, enfrentando um colapso total da autoridade francesa, dois comissários enviados da França começaram a oferecer a emancipação aos escravos que lutavam pela República Francesa, e depois também a suas famílias. Além disso, prometiam concessões de terra. No final do mês, estavam prometendo liberdade a províncias inteiras. O decreto emancipando os escravos do norte abria com o artigo 1º da Declaração dos Direitos do Homem e do Cidadão: "Os homens nascem e permanecem livres e iguais em direitos". Embora inicialmente temerosos de uma trama britânica para solapar o poder francês por meio da libertação de escravos, os deputados em Paris votaram por abolir a escravidão em todas as colônias em fevereiro de 1794. Agiram assim que escutaram relatos em primeira mão de três homens — um branco, um mulato e um escravo liberto — enviados de Saint Domingue para explicar a necessidade da emancipação. Além da "abolição da escravidão negra em todas as colônias", os deputados decretaram "que todos os homens, sem distinção de cor, residindo nas colônias, são cidadãos franceses e gozarão de todos os direitos assegurados pela Constituição".[22]

A abolição da escravatura foi um ato de puro altruísmo esclarecido? Dificilmente. A contínua revolta dos escravos em Saint Domingue e sua conjunção com a guerra em muitas frentes deixavam pouca escolha aos comissários, e portanto aos deputados em Paris, se quisessem conservar até mesmo uma pequena porção de sua ilha-colônia. Mas, como revelavam as ações dos britânicos e dos espanhóis, ainda havia muito espaço de manobra para manter a escravidão no seu lugar: eles podiam prometer a emancipação exclusivamente àqueles que passassem para o seu lado, sem oferecer a abolição geral da escravatura. Mas a propagação dos "direitos do homem" tornou a manutenção da escravidão muito mais difícil para os franceses. À medida que se espalhava na França, a discussão dos direitos boicotava a tentativa da legislatura de manter as colônias fora da Constituição, precisamente por ser inevitável que incitasse os homens de cor livres e os próprios escravos a fazer novas demandas e a lutar ferozmente por elas. Desde o começo os cultivadores e seus aliados perceberam a ameaça. Os deputados coloniais em Paris escreveram secretamente para as colônias a fim de instruir seus amigos a "vigiar as pessoas e os acontecimentos; prender os suspeitos; apoderar-se de quaisquer escritos em que a palavra 'liberdade' seja meramente pronunciada". Embora os escravos talvez não tivessem compreendido todas as sutilezas da doutrina dos direitos do homem, as próprias palavras passaram a ter um efeito inegavelmente talismânico. O ex-escravo Toussaint-Louverture, que se tornaria em breve o líder da revolta, proclamou em agosto de 1793 que "Eu quero que a Liberdade e a Igualdade reinem em Saint Domingue. Trabalho para que elas passem a existir. Uni-vos a nós, irmãos [companheiros insurgentes], e lutai conosco pela mesma causa". Sem a declaração inicial, a abolição da escravatura em 1794 teria permanecido inconcebível.[23]

Em 1802, Napoleão enviou uma imensa força expedicionária da França para capturar Toussaint-Louverture e restabelecer a escravidão nas colônias francesas. Transportado de volta para a França, Toussaint morreu numa prisão fria, louvado por William Wordsworth e celebrado pelos abolicionistas em toda parte. Wordsworth acolheu o zelo de Toussaint pela liberdade:

Though fallen thyself, never to rise again,
Live, and take comfort. Thou hast left behind
Powers that will work for thee; air, earth, and skies;
There's not a breathing of the common wind
That will forget thee; thou hast great allies;
Thy friends are exultations, agonies,
And love, and man's unconquerable mind.

[Embora tu próprio caído, para não mais te erguer,
Vive e consola-te. Deixaste para trás
Poderes que lutarão por ti: o ar, a terra e os céus;
Nem um único sopro do vento comum
Te esquecerá; tens grandes aliados;
Teus amigos são o júbilo, a agonia
E o amor, e a mente inconquistável do homem.]

A ação de Napoleão retardou a abolição definitiva da escravatura nas colônias francesas até 1848, quando uma segunda república chegou ao poder. Mas ele não conseguiu fazer o tempo andar completamente para trás. Os escravos de Saint Domingue recusaram-

-se a aceitar a sua sorte e resistiram com sucesso ao exército de Napoleão até a retirada francesa, que deixou para trás a primeira nação liderada por escravos libertos, o Estado independente do Haiti. Dos 60 mil soldados franceses, suíços, alemães e poloneses enviados à ilha, apenas uns poucos milhares retornaram ao outro lado do oceano. Os outros tinham tombado em combates ferozes ou pela febre amarela que dizimou milhares, inclusive o comandante-chefe das forças expedicionárias. Entretanto, mesmo nas colônias onde a escravidão foi restaurada com sucesso o gosto da liberdade não foi esquecido. Depois que a revolução de 1830 na França substituiu a monarquia ultraconservadora, um abolicionista visitou Guadalupe e relatou a reação dos escravos à sua bandeira tricolor, adotada pela república em 1794. "Signo glorioso de nossa emancipação, nós te saudamos!", gritaram quinze ou vinte escravos. "Olá, bandeira benévola, que vem do outro lado do oceano para anunciar o triunfo de nossos amigos e as horas de nossa libertação."[24]

DECLARANDO OS DIREITOS DAS MULHERES

Embora os deputados pudessem concordar — se pressionados — que a declaração de direitos se aplicava a "todos os homens, sem distinção de cor", apenas um punhado se dispunha a dizer que ela se aplicava também às mulheres. Ainda assim, os direitos das mulheres surgiram na discussão, e os deputados estenderam os direitos civis das mulheres em importantes novas direções. As moças ganharam o direito ao divórcio pelas mesmas razões de seus maridos. O divórcio não era permitido pela lei francesa antes de sua decretação em 1792. A monarquia restaurada revogou o divórcio em 1816, e o divórcio só foi reinstituído em 1884, e mesmo então com mais restrições do que as aplicadas em 1792. Dada a exclusão universal das mulheres dos direitos políticos no século XVIII e durante a maior parte da história humana — as mulheres não ganharam o direito de votar nas eleições nacionais em nenhum lugar do mundo antes do fim do século XIX —, é mais surpreendente que os direitos das mulheres não tenham sequer sido discutidos na arena pública do que o fato de as mulheres em última análise não os terem ganhado.

Os direitos das mulheres estavam claramente mais abaixo na escala de "conceptibilidade" do que os de outros grupos. A "questão da mulher" veio à tona periodicamente na Europa durante os séculos XVII e XVIII, sobretudo com respeito à educação das mulheres, ou à falta dessa educação, mas os direitos delas não tinham sido o foco de nenhuma discussão prolongada nos anos que levam à Revolução Francesa ou à Americana. Em contraste com os protestantes franceses, os judeus ou até os escravos, o status das mulheres não tinha sido objeto de guerras de panfletos, competições públicas de ensaios, comissões do governo ou organizações de defesa especialmente organizadas, como os Amigos dos Negros. Esse descaso talvez se devesse ao fato de que as mulheres não constituíam uma minoria perseguida. Eram oprimidas segundo os nossos padrões, e oprimidas por causa de seu sexo, mas não eram uma minoria, e certamente ninguém estava tentando forçá-las a mudar de identidade, como acontecia com os protestantes e os judeus. Se alguns comparavam a sua sorte à escravidão, poucos levavam a analogia além do reino da metáfora. As leis limitavam os direitos das mulheres, sem dúvida, mas elas realmente tinham alguns direitos, ao contrário dos escravos. Pensava-se que as mulheres eram moralmente, se não intelectualmente, dependentes de seus pais e maridos, mas não se imaginava que fossem desprovidas de autonomia; na verdade, a sua inclinação pela autonomia requeria uma vigilância constante de supostas autoridades de todos os tipos. Tampouco eram desprovidas de voz, mesmo em assuntos políticos: as demonstrações e tumultos a respeito do preço do pão revelaram repetidamente essa verdade, antes e durante a Revolução Francesa.[25]

As mulheres simplesmente não constituíam uma categoria *política* claramente separada e distinguível antes da Revolução. O exemplo de Condorcet, o mais aberto defensor masculino dos direitos políticos das mulheres durante a Revolução, é revelador. Já em 1781 ele publicou um panfleto exigindo a abolição da escravatura. Numa lista que incluía reformas propostas para os camponeses, os protestantes e o sistema de justiça criminal, bem como o estabelecimento do livre comércio e a vacinação contra a varíola, as mulheres não eram mencionadas. Elas apenas se tornaram uma questão para esse pioneiro dos direitos humanos um ano depois do início da revolução.[26]

Embora algumas tenham votado por procuração nas eleições para os Estados Gerais e um pequeno número de deputados achasse que as mulheres, ou ao menos as viúvas que possuíam propriedades, poderiam votar no futuro, as mulheres como tais, isto é, como uma potencial categoria de direitos, absolutamente não apareceram nas discussões da Assembleia Nacional entre 1789 e 1791. A lista alfabética dos enormes *Archives parlementaires* cita "mulheres" apenas duas vezes: num dos casos um grupo de bretãs que pedia para fazer um juramento cívico e no outro um grupo de mulheres parisienses que enviava um discurso. Em contraste, os judeus apareciam em discussões diretas dos deputados ao menos em dezessete ocasiões diferentes. No final de 1789, atores, carrascos, protestantes, judeus, negros livres e até homens pobres podiam ser imaginados como cidadãos, ao menos por um número substancial de deputados. Apesar dessa recalibração contínua da escala de conceptibilidade, os direitos iguais para a classe feminina permaneciam inimagináveis para quase todo mundo, tanto homens como mulheres.[27]

170

Porém, mesmo aqui a lógica dos direitos seguiu o seu caminho, ainda que de forma espasmódica. Em julho de 1790, Condorcet chocou os seus leitores com um surpreendente editorial jornalístico, "Sobre a admissão das mulheres aos direitos da cidadania", tornando explícito o fundamento lógico dos direitos humanos, que tinha se desenvolvido constantemente na segunda metade do século XVIII: "os direitos dos homens resultam apenas do fato de que eles são seres sensíveis, capazes de adquirir ideias morais e de raciocinar sobre essas ideias". As mulheres não têm as mesmas características? "Como as mulheres têm as mesmas qualidades", ele insistia, "elas têm necessariamente direitos iguais." Condorcet tirava a conclusão lógica que os seus colegas revolucionários tinham tanta dificuldade em deduzir por si mesmos: "Ou nenhum indivíduo na humanidade tem direitos verdadeiros, ou todos têm os mesmos; e quem vota contra o direito de outro, qualquer que seja a sua religião, cor ou sexo, abjurou a partir desse momento os seus próprios direitos".

Aí estava a filosofia moderna dos direitos humanos na sua forma pura, claramente articulada. As particularidades dos humanos (excluindo-se talvez a idade, as crianças ainda não sendo capazes de raciocinar por conta própria) não devem pesar na balança, nem mesmo dos direitos políticos. Condorcet também explicava por que tantas mulheres, bem como homens, tinham aceitado sem questionar a subordinação injustificável das mulheres: "O hábito pode familiarizar os homens com a violação de seus direitos naturais a ponto de, entre aqueles que os perderam, ninguém sonhar em reclamá-los, nem acreditar que sofreu uma injustiça". Ele desafiava os seus leitores a reconhecer que as mulheres sempre tiveram direitos, e que o costume social os cegara para essa verdade fundamental.[28]

Em setembro de 1791, a dramaturga antiescravagista Olympe de Gouges virou a Declaração dos Direitos do Homem e do Cidadão pelo avesso. A sua Declaração dos Direitos da Mulher insistia que "A mulher nasce livre e permanece igual ao homem em direitos" (artigo 1º). "Todas as cidadãs e cidadãos, sendo iguais aos seus [da lei] olhos, devem ser igualmente admissíveis a todas as dignidades, cargos e empregos públicos, segundo a sua capacidade e sem nenhuma outra distinção que não seja a de suas virtudes e talentos" (artigo 6º). A inversão da linguagem da declaração oficial de 1789 não nos parece chocante no presente, mas certamente chocou à época. Na Inglaterra, Mary Wollstonecraft não foi tão longe quanto as suas companheiras francesas, que exigiam direitos políticos absolutamente iguais para as mulheres, mas escreveu com mais detalhes e com uma paixão intensa sobre as maneiras como a educação e a tradição haviam tolhido a inteligência das mulheres. Em *Vindication of the Rights of Woman*, publicado em 1792, ela ligava a emancipação das mulheres à implosão de todas as formas de hierarquia na sociedade. Como De Gouges, Wollstonecraft foi vítima de difamação pública pela sua ousadia. O destino de De Gouges foi ainda pior, pois ela acabou na guilhotina, condenada como uma contrarrevolucionária "impudente" e um ser inatural (um "homem-mulher").[29]

Uma vez desencadeado o *momentum*, os direitos das mulheres não ficaram limitados às publicações de uns poucos indivíduos pioneiros. Entre 1791 e 1793, as mulheres estabeleceram clubes políticos em ao menos cinquenta cidades provincianas e de maior porte, bem como em Paris. Os direitos das mulheres começaram a ser debatidos nos clubes, em jornais e em panfletos. Em abril de 1793, durante a consideração da cidadania numa nova proposta de Constituição para a república, um deputado argumentou detalhadamente em favor de direitos políticos iguais para as mulheres. A sua intervenção mostrava que a ideia tinha ganhado alguns adeptos. "Há sem dúvida uma diferença", ele admitia, "a dos sexos [...] mas não compreendo como uma diferença sexual contribui para uma desigualdade nos direitos. [...]

Vamos antes nos desvencilhar do preconceito do sexo, assim como nos liberamos do preconceito contra a cor dos negros." Os deputados não seguiram a sua orientação.[30]

Em vez disso, em outubro de 1793, os deputados atacaram os clubes de mulheres. Reagindo a lutas nas ruas entre mulheres a respeito do uso de insígnias revolucionárias, a Convenção votou por suprimir todos os clubes políticos para mulheres sob o pretexto de que tais clubes só as desviavam de seus apropriados deveres domésticos. Segundo o deputado que apresentou o decreto, as mulheres não tinham o conhecimento, a aplicação, a dedicação ou a abnegação exigidos para governar. Deviam se ater às "funções privadas a que as mulheres são destinadas pela própria natureza". O fundamento lógico não era nenhuma novidade; o que era novo era a necessidade de vir a público e proibir as mulheres de formar e frequentar clubes políticos. As mulheres podem ter surgido por último nas discussões e como tema de menor importância, mas os seus direitos acabaram entrando na agenda, e o que foi dito a seu respeito na década de 1790 — especialmente em favor dos direitos — teve um impacto que durou até o presente.[31]

A lógica dos direitos tinha forçado até os direitos das mulheres a sair da névoa obscura do hábito, ao menos na França e na Inglaterra. Nos Estados Unidos, o descaso com os direitos das mulheres atraiu relativamente pouca discussão pública antes de 1792, e não apareceram escritos americanos na era revolucionária que possam ser comparados aos de Condorcet, Olympe de Gouges ou Mary Wollstonecraft. Na verdade, antes da publicação de *Vindication of the Rights of Woman*, de Wollstonecraft, em 1792, o conceito dos direitos das mulheres quase não recebeu atenção na Inglaterra nem na América. A própria Wollstonecraft havia desenvolvido as suas influentes noções sobre o assunto numa reação direta à Revolução Francesa. Na sua primeira obra sobre direitos, *Vindication of the Rights of Men* (1790), ela contestou as acusações de Burke contra os direitos do homem na França. Isso a levou a considerar, por sua vez, os direitos da mulher.[32]

Se olharmos além das proclamações oficiais e decretos dos políticos homens, a mudança de expectativa a respeito dos direitos das mulheres é mais impressionante. Surpreendentemente, por exemplo, *Vindication of the Rights of Woman* podia ser encontrado em mais bibliotecas particulares americanas no início da república do que *Os direitos do homem*, de Paine. Embora o próprio Paine não desse atenção aos direitos das mulheres, outros os consideravam. No início do século XIX, sociedades de debates, discursos de formatura e revistas populares nos Estados Unidos tratavam regularmente das pressuposições de gênero por trás do sufrágio masculino. Na França, as mulheres aproveitaram as novas oportunidades de publicação criadas pela liberdade de imprensa para escrever mais livros e panfletos do que nunca. O direito das mulheres à herança igual provocou incontáveis processos na justiça, porque as mulheres determinaram se agarrar ao que era agora legitimamente delas. Afinal, os direitos não eram uma proposição tudo-ou-nada. Os novos direitos, mesmo que não fossem direitos políticos, abriam o caminho de novas oportunidades para as mulheres, e elas logo as aproveitaram. Como as ações anteriores dos protestantes, judeus e homens de cor livres já tinham mostrado, a cidadania não é apenas algo a ser concedido pelas autoridades: é algo a ser conquistado por si mesmo. Uma medida da autonomia moral é essa capacidade de argumentar, insistir e, para alguns, lutar.[33]

Depois de 1793, as mulheres se viram mais reprimidas no mundo oficial da política francesa. Entretanto, a promessa de direitos não havia sido completamente esquecida. Num longo artigo publicado em 1800 sobre *De la condition des femmes dans les Républiques*, de Charles Théremin, a poeta e dramaturga Constance Pipelet (mais tarde conhecida como Constance de Salm) mostrou que as mulheres não tinham perdido de vista as metas enunciadas nos primeiros anos da revolução:

> É compreensível que [no Antigo Regime] não se acreditasse necessário assegurar a uma metade da humanidade metade dos direitos ligados aos seres humanos; mas seria mais difícil compreender que se tenha podido deixar inteiramente de reconhecer [os direitos] das mulheres durante os últimos dez anos, naqueles momentos em que as palavras igualdade e liberdade ressoavam por toda parte, naqueles momentos em que a filosofia, ajudada pela experiência, iluminava sem cessar o homem a respeito de seus verdadeiros direitos.

Ela atribuía esse descaso com os direitos das mulheres ao fato de que as massas masculinas acreditavam facilmente que limitar ou até aniquilar o poder das mulheres aumentaria o poder dos homens. No seu artigo, Pipelet citava a obra de Wollstonecraft sobre os direitos das mulheres, mas não reivindicava para as mulheres o direito de votar ou ocupar cargos públicos.[34]

Pipelet demonstrava uma compreensão sutil da tensão entre a lógica revolucionária dos direitos e as restrições continuadas dos costumes. "É especialmente durante a revolução [...] que as mulheres, seguindo o exemplo dos homens, raciocinam muito sobre a sua verdadeira essência e tomam atitudes em consequência desse seu pensar." Se continuava a obscuridade ou a ambiguidade sobre o tema dos direitos das mulheres (e Pipelet emprestou um tom de grande incerteza a muitas de suas passagens), era porque o Iluminismo não havia progredido o suficiente: as pessoas comuns, e especialmente as mulheres comuns, continuavam não educadas. À medida que as mulheres ganhavam educação, elas demonstravam inevitavelmente os seus talentos, pois o mérito não tem sexo, afirmava Pipelet. Ela concordava com Théremin que as mulheres deviam ser empregadas como mestres-escolas e ter a permissão para defender os seus "direitos naturais e inalienáveis" nos tribunais.

Se a própria Pipelet não chegou a advogar direitos políticos plenos para as mulheres foi porque ela estava reagindo ao que via como possível — imaginável, argumentável — nos seus dias. Mas, como muitos outros, ela via que a filosofia dos direitos naturais tinha uma lógica implacável, mesmo que ainda não tivesse sido elaborada no caso das mulheres essa outra metade da humanidade. A noção dos "direitos do homem", como a própria revolução, abriu um espaço imprevisível para discussão, conflito e mudança. A promessa daqueles direitos pode ser negada, suprimida ou simplesmente continuar não cumprida, mas não morre.

5. "A força maleável da humanidade"

Por que os direitos humanos fracassaram a princípio, mas tiveram sucesso no longo prazo

Os direitos humanos eram simplesmente "um absurdo retórico, um absurdo bombástico", como afirmava o filósofo Jeremy Bentham? A longa lacuna na história dos direitos humanos, de sua formulação inicial nas revoluções americana e francesa até a Declaração Universal das Nações Unidas em 1948, faz qualquer um parar para pensar. Os direitos não desapareceram nem no pensamento nem na ação, mas as discussões e os decretos agora ocorriam quase exclusivamente dentro de estruturas nacionais específicas. A noção de vários tipos de direitos garantidos pela Constituição — os direitos políticos dos trabalhadores, das minorias religiosas e das mulheres, por exemplo — continuou a ganhar terreno nos séculos xix e xx, mas os debates sobre direitos naturais universalmente aplicáveis diminuíram. Os trabalhadores, por exemplo, ganharam direitos como trabalhadores britânicos, franceses, alemães ou americanos. O nacionalista italiano do século xix Giuseppe Mazzini captou o novo foco sobre a nação quando fez a pergunta retórica: "O que é um País [...] senão o lugar em que os nossos direitos individuais estão mais seguros?". Foram necessárias duas guerras mundiais devastadoras para estilhaçar essa confiança na nação.[1]

DEFICIÊNCIAS DOS DIREITOS DO HOMEM

O nacionalismo só assumiu a posição de estrutura dominante para os direitos gradualmente, depois de 1815, com a queda de Napoleão e o fim da era revolucionária. Entre 1789 e 1815, duas concepções diferentes de autoridade guerrearam entre si: os direitos do homem de um lado e a sociedade hierárquica tradicional do outro. Cada lado invocava a nação, embora nenhum deles fizesse afirmações sobre a determinação da identidade pela etnicidade. Por definição, os direitos do "homem" repudiavam qualquer ideia de que os direitos dependiam da nacionalidade. Edmund Burke, por outro lado, havia tentado ligar a sociedade hierárquica a certa concepção de nação, argumentando que a liberdade só podia ser garantida por um governo arraigado na história de uma nação, com ênfase sobre a história. Os direitos só funcionavam, ele insistia, quando nasciam de tradições e práticas de longa data.

Aqueles que apoiavam os direitos do homem haviam negado a importância da tradição e da história. Precisamente porque se baseava em "abstrações metafísicas", a Declaração francesa, sustentava Burke, não tinha força emocional suficiente para impor a obediência. Como poderiam aqueles "pedaços miseráveis de papel borrado" ser comparados ao amor a Deus, ao amor reverente aos reis, ao dever com os magistrados, à reverência aos padres e à deferência para com os superiores? Os revolucionários teriam de usar a violência para se manter no poder, ele já tinha concluído em 1790. Quando os republicanos franceses executaram o rei e passaram ao Terror como um sistema reconhecido de governo, como fizeram em 1793 e 1794, o prognóstico de Burke parecia ter se concretizado. A Declaração dos Direitos do Homem e do Cidadão, arquivada junto com a Constituição de 1790, não havia impedido a supressão do dissenso e a execução de todos aqueles vistos como inimigos.

Apesar das críticas de Burke, muitos escritores e políticos na Europa e nos Estados Unidos haviam saudado entusiasticamente a Declaração dos Direitos em 1789. Quando a Revolução Francesa tornou-se mais radical, entretanto, a opinião pública começou a se dividir. Os governos monárquicos, em particular, reagiram fortemente contra a proclamação de uma república e a execução do rei. Em dezembro de 1792, Thomas Paine foi forçado a fugir para a França quando um tribunal britânico o julgou culpado de sedição por atacar a monarquia hereditária na segunda parte de *Os direitos do homem*. O governo britânico seguiu adiante com uma campanha sistemática de tormento e perseguição dos defensores das ideias francesas. Em 1798, somente 22 anos depois da declaração dos direitos iguais de todos os homens, o Congresso dos Estados Unidos aprovou as Leis dos Estrangeiros e da Sedição para limitar as críticas ao governo americano. O novo espírito dos tempos pode ser visto nos comentários feitos em 1797 por John Robinson, um professor de filosofia natural na Universidade de Edimburgo. Ele invectivava contra "essa máxima maldita, que agora ocupa toda mente, de pensar continuamente em nossos direitos e exigi-los ansiosamente de toda parte". Essa obsessão dos direitos era "o maior veneno da vida" segundo Robinson, que a via como a causa principal da sublevação política existente, mesmo na Escócia, e da guerra entre a França e seus vizinhos, que agora ameaçava tragar toda a Europa.[2]

A cautela de Robinson quanto aos direitos empalidecia em comparação com os mísseis de ataque lançados sobre o continente pelos monarquistas contrarrevolucionários. Segundo Louis de Bonald, um conservador sem papas na língua, "a revolução começou com a declaração dos direitos do homem e só terminará quando os direitos de Deus forem declarados". A declaração de direitos, afirmava, representava a má influência da filosofia do Iluminismo e, junto com ela, o ateísmo, o protestantismo e a maçonaria, que ele colocava todos no mesmo saco. A declaração encorajava as pessoas a negligenciar os seus deveres e a pensar apenas em seus desejos individuais. Já que não podia servir como um freio para essas paixões, ela consequentemente levou a França direto à anarquia, ao terror e à desintegração social. Apenas uma Igreja Católica revivida, protegida por uma monarquia restaurada e legítima, podia inculcar princípios morais verdadeiros. Sob o rei Bourbon reinstalado em 1815, Bonald assumiu a liderança para revogar as leis revolucionárias sobre o divórcio e restabelecer a censura rigorosa antes da publicação.[3]

Antes do retorno dos reis Bourbon, quando os republicanos franceses e mais tarde Napoleão espalharam a mensagem da Revolução Francesa por meio da conquista militar, os direitos do homem ficaram emaranhados com a agressão imperialista. Para seu crédito, a influência da França induziu os suíços e os holandeses a abolir a tortura em 1798; a Espanha os seguiu em 1808, quando o irmão de Napoleão governou como rei. Depois da queda de Napoleão, entretanto, os suíços reintroduziram a tortura e o rei espanhol restabeleceu a Inquisição, que usava a tortura para obter confissões. Os franceses também encorajaram a emancipação dos judeus em todos os lugares dominados pelos seus exércitos. Embora os governantes que retornavam ao poder eliminassem alguns desses direitos recentemente adquiridos nos estados italiano e alemão, a emancipação dos judeus mostrou-se permanente nos Países Baixos. Uma vez que a emancipação dos judeus era vista como francesa, os bandoleiros que atormentavam as forças francesas em alguns territórios recém-conquistados também atacavam frequentemente os judeus.[4]

As intervenções contraditórias de Napoleão mostravam que os direitos não precisavam ser vistos como um pacote único. Ele introduziu a tolerância religiosa e direitos políticos e civis iguais para as minorias religiosas em todos os lugares em que governou; mas em casa, na França, limitou severamente a liberdade de expressão de todos e basicamente eliminou a liberdade de imprensa. O imperador francês acreditava que "os homens não nascem para serem livres. [...] A liberdade é uma necessidade sentida por uma pequena classe de homens a quem a natureza dotou com mentes mais nobres do que a massa dos homens. Consequentemente, ela pode ser reprimida com impunidade. A igualdade, por outro lado, agrada às massas". Os franceses não desejavam a verdadeira liberdade, na sua opinião: eles simplesmente aspiravam a ascender ao topo da sociedade. Sacrificariam os seus direitos políticos para assegurar a sua igualdade legal.[5]

Sobre a questão da escravidão, Napoleão se revelou inteiramente coerente. Durante uma breve calmaria na luta na Europa em 1802, ele enviou expedições militares às colônias no Caribe. Embora deixasse as suas intenções deliberadamente vagas no início, para não provocar um levante geral dos escravos libertos, as instruções dadas ao seu cunhado, um dos generais comandantes, deixavam os seus objetivos bem claros. Assim que chegassem os soldados deviam ocupar pontos estratégicos e obter o controle da região. Em seguida deviam "perseguir os rebeldes sem piedade", desarmar todos os negros, prender os seus líderes e transportá-los de volta à França, abrindo o caminho para restaurar a escravidão. Napoleão tinha certeza de que "a perspectiva de uma república negra é igualmente perturbadora para os espanhóis, os ingleses e os americanos". O seu plano fracassou em Saint Domingue, que ganhou a sua independência como Haiti, mas teve sucesso em outras colônias francesas. Os mortos na luta em Saint Domingue chegaram a 150 mil; um décimo da população de Guadalupe foi morta ou deportada.[6]

Napoleão tentou criar um híbrido entre os direitos do homem e a sociedade hierárquica tradicional, mas no fim das contas ambos os lados rejeitaram a cria bastarda. Napoleão foi criticado pelos tradicionalistas devido à sua ênfase na tolerância religiosa, na abolição do feudalismo e na igualdade perante a lei, e pelo outro lado devido às restrições que impôs a um grande número de liberdades políticas. Conseguiu ficar em paz com a Igreja Católica, mas nunca se tornou um governante legítimo aos olhos dos tradicionalistas. Para os defensores dos direitos, a sua insistência na igualdade perante a lei não conseguiu contrabalançar a sua revivescência da nobreza e a criação de um império hereditário. Quando perdeu o poder, o imperador francês foi denunciado tanto pelos tradicionalistas como pelos defensores dos direitos como um tirano, um déspota e um usurpador. Um dos críticos mais persistentes de Napoleão, a escritora Germaine de Stäel, proclamou em 1817 que o seu único legado eram "mais alguns segredos na arte da tirania". De Stäel, como todos os outros comentaristas tanto da esquerda como da direita, só se referia ao líder deposto pelo seu sobrenome, Bonaparte, e nunca lhe dava o tratamento imperial do primeiro nome, Napoleão.[7]

O NACIONALISMO ENTRA EM CENA

A vitória das forças da ordem mostrou-se efêmera no longo prazo, em grande parte graças aos desenvolvimentos ativados pelo seu nêmesis, Napoleão. Ao longo do século XIX o nacionalismo surpreendeu ambos os lados dos debates revolucionários, transformando a discussão dos direitos e criando novos tipos de hierarquia que em última análise ameaçavam a ordem tradicional. As aventuras imperialistas do corso emergente catalisaram inadvertidamente as forças do nacionalismo, de Varsóvia a Lima. Por onde andou ele criou novas entidades (o ducado de Varsóvia, o reino da Itália, a confederação do Reno), produziu novas oportunidades ou provocou novas animosidades que alimentariam aspirações nacionais. O seu ducado de Varsóvia lembrou aos poloneses que existira outrora uma Polônia, antes de ela ser engolida por Prússia, Áustria e Rússia. Mesmo que os novos governos italiano e alemão tenham desaparecido depois da queda de Napoleão, eles haviam mostrado que a unificação nacional era concebível. Ao depor o rei da Espanha, o imperador francês abriu a porta para os movimentos de independência sul-americanos nas décadas de 1810 e 1820. Simón Bolívar, o libertador de Bolívia, Panamá, Colômbia, Equador, Peru e Venezuela, falava a mesma linguagem nascente do nacionalismo empregada por seus congêneres na Europa. "O nosso solo nativo", dizia com entusiasmo, "desperta sentimentos ternos e lembranças deliciosas. [...] Que alegações de amor e dedicação podiam ser maiores?" O sentimento nacional oferecia a força emocional que faltava àqueles "pedaços miseráveis de papel borrado" ridicularizados por Burke.[8]

Em reação ao imperialismo francês, alguns escritores alemães rejeitaram tudo o que era francês — inclusive os direitos do homem — e desenvolveram um novo sentido de nação, baseado explicitamente na etnicidade. Carecendo de uma estrutura única de nação-Estado, os nacionalistas alemães enfatizavam em seu lugar a mística do *Volk* ou povo, um caráter próprio alemão que o distinguia dos outros povos. Os primeiros sinais de problemas futuros já podiam ser percebidos nas visões expressas no início do século XIX pelo nacionalista alemão Friedrich Jahn. "Quanto mais puro um povo, melhor", ele escreveu. As leis da natureza, sustentava, operavam contra a mistura de raças e povos. Para Jahn os "direitos sagrados" eram os do povo alemão, e ele ficava tão exasperado com a influência francesa que exortava seus colegas alemães a parar completamente de falar francês. Como todos os nacionalistas subsequentes, Jahn recomendava insistentemente que se escrevesse e estudasse a história patriótica. Monumentos, funerais públicos e festivais populares deviam todos se concentrar em assuntos alemães, e não ideais universais. No mesmo momento em que os europeus travavam as maiores batalhas contra as ambições imperiais de Napoleão, Jahn propunha fronteiras surpreendentemente amplas para essa nova Alemanha. Ela devia incluir, ele afirmava, a Suíça, os Países Baixos, a Dinamarca, a Prússia e a Áustria, e uma nova capital devia ser construída com o nome de Teutona.[9]

Como Jahn, a maioria dos primeiros nacionalistas preferia uma forma democrática de governo, porque ela maximizaria o senso de pertencimento à nação. Em consequência, os tradicionalistas se opuseram inicialmente ao nacionalismo e à unificação alemã e italiana, tanto quanto tinham se oposto aos direitos do homem. Os primeiros nacionalistas falavam a linguagem revolucionária do universalismo messiânico, mas para eles a nação, em vez dos direitos, servia como um trampolim para o universalismo. Bolívar acreditava que a Colômbia iluminaria o caminho para a liberdade e a justiça universais; Mazzini, fundador da nacionalista Sociedade da Jovem Itália, proclamou que os italianos liderariam uma cruzada universal dos povos oprimidos pela liberdade; o poeta Adam Mickiewicz achava que os poloneses mostrariam o caminho para a libertação universal. Os direitos humanos agora dependiam da autodeterminação nacional, e a prioridade pertencia necessariamente à última.

Depois de 1848, os tradicionalistas começaram a aceitar as demandas nacionalistas, e o nacionalismo passou da esquerda para a direita no espectro político. O fracasso das revoluções nacionalista e constitucionalista em 1848 na Alemanha, na Itália e na Hungria abriu o caminho para essas mudanças. Os nacionalistas interessados em garantir os direitos dentro das nações recentemente propostas mostravam-se demasiado dispostos a rejeitar os direitos de outros grupos étnicos. Os alemães reunidos em Frankfurt redigiram uma nova Constituição nacional para a Alemanha, mas negaram qualquer autodeterminação aos dinamarqueses, poloneses ou tchecos dentro de suas fronteiras propostas. Os húngaros que pediam independência da Áustria ignoravam os interesses dos romenos, eslovacos, croatas e eslovenos, que constituíam mais da metade da população da Hungria. A competição interétnica condenou ao fracasso as revoluções de 1848, e com elas a ligação entre os direitos e a autodeterminação nacional. A unificação nacional da Alemanha e da Itália foi obtida nas décadas de 1850 e 1860 por guerras e diplomacia, e a garantia dos direitos individuais não desempenhou nenhum papel.

Antes entusiasticamente pronto para assegurar os direitos por meio da difusão da autodeterminação nacional, o nacionalismo se tornou cada vez mais fechado e defensivo. A mudança refletia a enormidade da tarefa de criar uma nação. A ideia de que a Europa podia ser caprichadamente dividida em nações-Estados de etnicidade e cultura relativamente homogêneas era desmentida pelo próprio mapa linguístico. Toda nação-Estado abrigava minorias linguísticas e culturais no século XIX, mesmo aquelas estabelecidas havia muito tempo, como a Grã-Bretanha e a França. Quando foi declarada a república na França, em 1870, metade dos cidadãos não sabia falar francês: os outros falavam dialetos ou línguas regionais como o bretão, o franco-provençal, o basco, o alsaciano, o catalão, o córsico, o occitano ou, nas colônias, o crioulo. Uma grande campanha de educação teve de ser empreendida para integrar todos na nação. As nações aspirantes enfrentavam pressões ainda maiores por causa da maior heterogeneidade étnica: o conde Camillo di Cavour, primeiro-ministro do novo Reino da Itália, tinha como primeira língua o dialeto piemontês, e menos de 3% de seus concidadãos falavam o italiano padrão. A situação era ainda mais caótica na Europa Oriental, onde muitos grupos étnicos diferentes vivam em grande intimidade. Uma Polônia revivida, por exemplo, incluiria não só uma comunidade substancial de judeus, mas também lituanos, ucranianos, alemães e bielo-russos, cada um com sua língua e tradições.

A dificuldade de criar ou manter a homogeneidade étnica contribuiu para a crescente preocupação com a imigração em todo o mundo. Poucos se opunham à imigração antes da década de 1860, mas ela passou a ser criticada nos países anfitriões nas décadas de 1880 e 1890. A Austrália tentou impedir o influxo de asiáticos para poder conservar o seu caráter inglês e irlandês. Os Estados Unidos proibiram a imigração da China em 1882 e de toda a Ásia em 1917, e depois, em 1924, estabeleceram cotas para todos os demais com base na composição étnica corrente da população norte-americana. O governo britânico aprovou uma Lei dos Estrangeiros em 1905 para impedir a imigração de "indesejáveis", que muitos interpretavam serem os judeus da Europa Oriental. Ao mesmo tempo que os trabalhadores e criados começaram a ganhar direitos políticos iguais nesses países, barreiras bloqueavam aqueles que não partilhavam as mesmas origens étnicas.

Nessa nova atmosfera protetora, o nacionalismo assumiu um caráter mais xenófobo e racista. Embora a xenofobia pudesse ter como alvo qualquer grupo estrangeiro (os chineses nos Estados Unidos, os italianos na França ou os poloneses na Alemanha), as últimas décadas do século XIX assistiram a um crescimento alarmante do antissemitismo. Os políticos de direita na Alemanha, na Áustria e na França usavam jornais, clubes políticos e, em alguns casos, novos partidos políticos para atiçar o ódio aos judeus como inimigos da verdadeira nação. Depois de duas décadas de propaganda antissemítica nos jornais de direita, o Partido Conservador Alemão fez do antissemitismo um artigo oficial da sua plataforma em 1892. Mais ou menos na mesma época, o caso Dreyfus fez estragos na política francesa, criando divisões duradouras entre os defensores e os opositores de Dreyfus. O caso começou em 1894, quando um oficial judeu do exército chamado Alfred Dreyfus foi erroneamente acusado de espionar para a Alemanha. Quando foi julgado culpado apesar do grande número de evidências provando a sua inocência, o famoso romancista Émile Zola publicou um artigo ousado na primeira página dos jornais acusando o exército e o governo francês de acobertar as tentativas de incriminar falsamente Dreyfus. Em resposta à crescente maré de opinião em favor de Dreyfus, uma recém-formada Liga Antissemítica francesa fomentou tumultos em muitas cidades e metrópoles, às vezes incluindo ataques de milhares de agitadores a propriedades judaicas. A Liga conseguia mobilizar tantas pessoas porque várias cidades tinham jornais que produziam em grande quantidade diatribes antissemíticas. O governo ofereceu a Dreyfus um perdão em 1899 e finalmente o exonerou em 1906, mas o antissemitismo tornou-se mais venenoso por toda parte. Em 1895, Karl Lueger conseguiu se eleger prefeito de Viena com um programa antissemítico. Ele se tornaria um dos heróis de Hitler.

EXPLICAÇÕES BIOLÓGICAS PARA A EXCLUSÃO

Quando se tornou mais intimamente entrelaçado com a etnicidade, o nacionalismo alimentou uma ênfase crescente nas explicações biológicas para a diferença. Os argumentos para os direitos do homem tinham se baseado na pressuposição da igualdade da natureza humana em todas as culturas e classes. Depois da Revolução Francesa, tornou-se cada vez mais difícil reafirmar as diferenças simplesmente com base na tradição, nos costumes ou na história. As diferenças tinham de ter um fundamento mais sólido se os homens quisessem manter a sua superioridade em relação às mulheres, os brancos em relação aos negros ou os cristãos em relação aos judeus. Em suma, se os direitos deviam ser menos que universais, iguais e naturais, era preciso explicar por quê. Em consequência, o século XIX presenciou uma explosão de explicações biológicas da diferença.

Ironicamente, portanto, a própria noção de direitos humanos abriu inadvertidamente a porta para formas mais virulentas de sexismo, racismo e antissemitismo. Com efeito, as afirmações de alcance geral sobre a igualdade natural de toda a humanidade suscitavam asserções igualmente globais sobre a diferença natural, produzindo um novo tipo de opositor aos direitos humanos, até mais poderoso e sinistro do que os tradicionalistas. As novas formas de racismo, antissemitismo e sexismo ofereciam explicações biológicas para o caráter natural da diferença humana. No novo racismo, os judeus não eram apenas os assassinos de Jesus: a sua inerente inferioridade racial ameaçava macular a pureza dos brancos por meio da miscigenação. Os negros já não eram inferiores por serem escravos: mesmo quando a abolição da escravatura avançou por todo o mundo, o racismo se tornou mais, e não menos, venenoso. As mulheres não eram simplesmente menos racionais que os homens por serem menos educadas: a sua biologia as destinava à vida privada e doméstica e as tornava inteiramente inadequadas para a política, os negócios ou as profissões. Nessas novas doutrinas biológicas, a educação ou as mudanças no meio ambiente jamais poderiam alterar as estruturas hierárquicas inerentes na natureza humana.

Entre as novas doutrinas biológicas, o sexismo era a menos organizada em termos políticos, a menos sistemática em termos intelectuais e a menos negativa em termos emocionais. Afinal, nenhuma nação podia se reproduzir sem as mães: portanto, embora fosse concebível argumentar que os escravos negros deviam ser enviados de volta para a África ou que os judeus deviam ser proibidos de residir em determinado local, não era possível excluir completamente as mulheres. Assim, podia-se admitir que elas possuíam qualidades positivas que talvez fossem importantes na esfera privada. Além disso, como as mulheres diferiam claramente dos homens em termos biológicos (embora o grau dessa diferença ainda permaneça tema de debate), poucos descartavam imediatamente os argumentos biológicos sobre a diferença entre os sexos, que tinha uma história muito mais longa que os argumentos biológicos sobre as raças. Mas a Revolução Francesa havia mostrado que até a diferença sexual, ou ao menos a sua importância política, podia ser questionada. Com o surgimento de argumentos explícitos para a igualdade política das mulheres, o argumento biológico para a inferioridade das mulheres mudou. Elas já não ocupavam um patamar mais baixo na mesma escala biológica dos homens, o que as tornava biologicamente semelhantes aos homens, ainda que inferiores. As mulheres agora eram cada vez mais moldadas como biologicamente diferentes: elas se tornaram o "sexo oposto".[10]

Não é fácil determinar a hora exata nem mesmo a natureza dessa mudança no pensamento sobre as mulheres, mas o período da Revolução Francesa parece ser crítico. Os revolucionários franceses tinham invocado argumentos em grande parte tradicionais para a diferença das mulheres em 1793, quando as proibiram de se reunir em clubes políticos. "Em geral, as mulheres não são capazes de pensamentos elevados e meditações sérias", proclamava o porta-voz do governo. Nos anos seguintes, entretanto, os médicos na França trabalharam muito para dar a essas ideias vagas uma base mais biológica. O principal fisiologista francês da década de 1790 e início dos anos 1800, Pierre Cabanis, argumentava que as mulheres tinham fibras musculares mais fracas e a massa cerebral mais delicada, o que as tornava incapazes para as carreiras públicas, mas a sua consequente sensibilidade volátil adequava-as para os papéis de esposa, mãe e ama. Esse pensamento ajudou a estabelecer uma nova tradição em que as mulheres pareciam predestinadas a se realizar dentro dos limites da domesticidade ou de uma esfera feminina separada.[11]

No seu influente tratado *A sujeição das mulheres* (1869), o filósofo inglês John Stuart Mill questionou a própria existência dessas diferenças biológicas. Insistia que não podemos saber como os homens e as mulheres diferem quanto à sua natureza, porque só os vemos nos seus papéis sociais correntes. "O que agora se chama a natureza das mulheres", argumentava, "é algo eminentemente artificial." Mill ligava a reforma do status das mulheres ao progresso social e econômico global. A subordinação legal das mulheres, afirmava, "é errada em si mesma" e "deve ser substituída por um princípio de perfeita igualdade, não admitindo nenhum poder ou privilégio num dos lados nem incapacidade no outro". Não foi necessário nenhum equivalente das ligas ou partidos antissemíticos, entretanto, para manter a força do argumento biológico. Em 1908, num caso legal perante a Suprema Corte dos Estados Unidos que criou jurisprudência, o juiz Louis Brandeis usou os mesmos velhos argumentos ao explicar por que o sexo podia ser uma base legal para classificação. A "organização física da mulher", as suas funções maternais, a criação dos filhos e a manutenção do lar a colocavam numa categoria diferente e separada. O "feminismo" se tornara um termo de uso comum na década de 1890, e a resistência às suas demandas era feroz. As mulheres só conseguiram o direito de votar na Austrália em 1902, nos Estados Unidos em 1920, na Grã-Bretanha em 1928 e na França em 1944.[12]

À semelhança do sexismo, o racismo e o antissemitismo assumiram novas formas depois da Revolução Francesa. Os propositores dos direitos do homem, embora ainda nutrissem muitos estereótipos negativos sobre os judeus e os negros, já não aceitavam a existência do preconceito como base suficiente para um argumento. O fato de que os direitos dos judeus na França sempre tinham sido restringidos provava apenas que o hábito e o costume exerciam grande poder, e não que tais restrições fossem autorizadas pela razão. Da mesma forma, para os abolicionistas a escravidão não demonstrava a inferioridade dos africanos negros: revelava meramente a ganância dos escravagistas e cultivadores brancos. Assim, aqueles que rejeitavam a ideia de direitos iguais para os judeus ou negros necessitavam de uma doutrina — um caso convincentemente arrazoado — para apoiar a sua posição, especialmente depois que os judeus tinham ganhado direitos e a escravidão fora abolida nas colônias britânicas e francesas, em 1833 e 1848, respectivamente. Ao longo do século XIX, os opositores dos direitos para os judeus e os negros recorreram cada vez mais à ciência, ou ao que passava por ciência, para encontrar essa doutrina.

Pode-se remontar a ciência da raça ao fim do século XVIII e aos esforços para classificar os povos do mundo. Dois fios tecidos no século XVIII entrelaçaram-se no XIX: primeiro, o argumento de que a história tinha visto um desenvolvimento sucessivo dos povos rumo à civilização e de que os brancos eram os mais avançados do grupo; e segundo, a ideia de que as características permanentes herdadas dividiam as pessoas de acordo com a raça. O racismo, como uma doutrina sistemática, dependia da conjunção dos dois. Os pensadores do século XVIII pressupunham que todos os povos acabariam por alcançar a civilização, enquanto os teóricos raciais do século XIX acreditavam que somente certas raças o fariam, por causa de suas inerentes qualidades biológicas. É possível encontrar elementos dessa conjunção em cientistas do início do século XIX, como o naturalista francês Georges Cuvier, que escreveu em 1817 que "certas causas intrínsecas" impediam o desenvolvimento das raças negra e mongólica. Somente depois da metade do século, entretanto, é que essas ideias aparecem na sua forma plenamente articulada.[13]

O epítome do gênero pode ser encontrado no *Essai sur l'iné-*

galité des races humaines (1853-5), de Arthur Gobineau. Usando uma miscelânea de argumentos derivados da arqueologia, da etnologia, da linguística e da história, o diplomata e homem de letras francês argumentava que uma hierarquia das raças fundamentada na biologia determinava a história da humanidade. Na parte inferior ficavam as raças de pele escura, animalistas, inintelectuais e intensamente sensuais; logo acima na escala vinham os amarelos, apáticos e medíocres mas práticos; e no topo estavam os povos brancos, perseverantes, intelectualmente enérgicos e aventurosos, que equilibravam "um extraordinário instinto para a ordem" com "um pronunciado gosto pela liberdade". Dentro da raça branca, o ramo ariano reinava supremo. "Tudo o que é grande, nobre e proveitoso nas obras do homem sobre esta terra, na ciência, na arte e na civilização" deriva dos arianos, concluía Gobineau. Migrando de seu lar inicial na Ásia Central, os arianos tinham propiciado a estirpe original para as civilizações indiana, egípcia, chinesa, romana, europeia e até, por meio da colonização, asteca e inca.[14]

A miscigenação explicava tanto a ascensão como a queda de civilizações, segundo Gobineau. "A questão étnica domina todos os outros problemas da história e detém a sua chave", escreveu. Ao contrário de alguns de seus futuros seguidores, entretanto, Gobineau achava que os arianos já tinham perdido a sua força por meio de casamentos entre grupos étnicos diferentes e que, ainda que isso o desgostasse, o igualitarismo e a democracia acabariam triunfando, o que assinalaria o fim da própria civilização. Embora as noções fantasiosas de Gobineau recebessem pouco impulso na França, o imperador Guilherme I da Alemanha (que governou de 1861 a 1888) considerou-as tão apropriadas que conferiu cidadania honorária ao francês. Elas também foram adotadas pelo compositor alemão Richard Wagner e depois pelo genro de Wagner, o escritor inglês e germanófilo Houston Stewart Chamberlain. Por meio da influência de Chamberlain, os arianos de Gobineau se tornaram um elemento central da ideologia racial de Hitler.[15]

Gobineau deu um molde secular e aparentemente sistemático a ideias já em circulação em grande parte do mundo ocidental. Em 1850, por exemplo, o anatomista escocês Robert Knox publicou *The Races of Men*, em que argumentava que "a raça, ou a descendência hereditária, é tudo: ela carimba o homem". No ano seguinte, o chefe do sindicato dos compositores tipográficos da Philadelphia, John Campbell, apresentou o seu *Negro Mania, Being an Examination of the Falsely Assumed Equality of the Races of Mankind*. O racismo não estava limitado ao sul dos Estados Unidos. Campbell citava Cuvier e Knox, entre outros, para insistir na selvageria e barbárie dos negros e para argumentar contra qualquer possibilidade de igualdade entre brancos e negros. Como o próprio Gobineau tinha criticado o tratamento dos escravos africanos nos Estados Unidos, os seus tradutores americanos tiveram de eliminar esses trechos para tornar a obra mais palatável aos sulistas pró-escravidão quando ela foi publicada em inglês, em 1856. Assim, a perspectiva da abolição da escravatura (que só se oficializou nos Estados Unidos em 1865) só intensificou o interesse pela ciência racial.[16]

Como demonstram os títulos das obras de Gobineau e Campbell, a característica comum em grande parte do pensamento racista era uma reação visceral contra a noção de igualdade. Gobineau confessou a Tocqueville o asco que lhe provocavam "os macacões sujos [trabalhadores]" que tinham participado da revolução de 1848 na França. De sua parte, Campbell sentia repugnância a partilhar uma plataforma política com homens de cor. O que antes havia definido uma rejeição aristocrática da sociedade moderna — ter de se misturar com as camadas inferiores — assumia agora um significado racial. O advento da política de massa na última metade do século XIX pode ter corroído aos poucos o senso de diferença de classe (ou criado a ilusão de que o desgastava), mas não eliminou completamente a diferença, que se deslocou do registro de classe para o de raça e sexo. O estabelecimento do sufrágio universal masculino combinava com a abolição da escravatura e o início da imigração em massa para tornar a igualdade muito mais concreta e ameaçadora.[17]

O imperialismo agravou ainda mais esses desenvolvimentos. Ao mesmo tempo em que aboliam a escravidão nas suas colônias de exploração, as potências europeias estendiam o seu domínio na África e na Ásia. Os franceses invadiram a Argélia em 1830 e terminaram por incorporá-la à França. Os britânicos anexaram Cingapura em 1819 e a Nova Zelândia em 1840, além de aumentar implacavelmente o seu controle sobre a Índia. Em 1914, a África tinha sido dividida entre a França, a Grã-Bretanha, a Alemanha, a Itália, a Bélgica, a Espanha e Portugal. Quase nenhum estado africano saiu ileso. Embora em alguns casos o governo estrangeiro tivesse na verdade tornado os países mais "atrasados", ao destruir as indústrias locais em favor das importações do centro imperial, os europeus em geral tiraram apenas uma lição de suas conquistas: eles tinham o direito — e o dever — de "civilizar" os lugares bárbaros e mais atrasados que governavam.

Nem todos os defensores dessas aventuras imperiais promoviam o racismo explícito. John Stuart Mill, que trabalhou por muitos anos para a Companhia Britânica das Índias Orientais, a administradora efetiva do governo britânico na Índia até 1858, rejeitava as explicações biológicas da diferença. Ainda assim, até ele acreditava que os estados principescos da Índia eram "selvagens", com "pouca ou nenhuma lei" e vivendo numa condição "muito pouco acima do mais elevado dos animais". Apesar de Mill, o imperialismo europeu e a ciência racial desenvolveram uma relação simbiótica: o imperialismo das "raças conquistadoras" tornava as afirmações raciais mais verossímeis, e a ciência racial ajudava a justificar o imperialismo. Em 1861, o explorador britânico Richard Burton adotou um discurso que logo se tornaria padrão. O africano, dizia, "possui em grande medida as piores características dos tipos orientais inferiores — estagnação da mente, indolência do corpo, deficiência moral, superstição e paixão infantil". Depois da década de 1870, essas atitudes descobriram um público de massa em novos jornais de produção barata, semanários ilustrados e exposições etnográficas. Mesmo na Argélia, considerada parte da França após 1848, os nativos só ganharam direitos depois de muito tempo. Em 1865 um decreto do governo declarou-os súditos, e não cidadãos, enquanto em 1870 o Estado francês tornou os judeus argelinos cidadãos naturalizados. Os homens muçulmanos só ganharam direitos políticos iguais em 1947. A "missão civilizadora" não era um projeto de curto prazo.[18]

Gobineau não havia considerado os judeus um caso especial na sua elaboração da ciência racial, mas os seus seguidores sim. Em seu *Foundations of the Nineteenth Century*, publicado na Alemanha em 1899, Houston Stewart Chamberlain combinava as ideias de Gobineau sobre raça e o misticismo alemão a respeito do *Volk* com um ataque acrimonioso contra os judeus, "esse povo estrangeiro" que escravizou "os nossos governos, a nossa lei, a nossa ciência, o nosso comércio, a nossa literatura, a nossa arte". Chamberlain apresentava apenas um novo argumento, mas ele teve uma influência direta sobre Hitler: entre todos os povos, apenas os arianos e os judeus tinham mantido a sua pureza racial, o que significava que agora eles deviam lutar um contra o outro até a morte. Em outros aspectos, Chamberlain amontoou uma variedade de ideias cada vez mais comuns.[19]

Embora o antissemitismo moderno se baseasse nos estereótipos cristãos negativos sobre os judeus que já circulavam havia séculos, a doutrina assumiu novas características depois da década de 1870. Ao contrário dos negros, os judeus já não representavam

Figura 11. *A Revolução Francesa: antes e hoje.* Caran d'Ache em *Psst...!*, 1898. Caran d'Ache era o pseudônimo de Emmanuel Poiré, um cartunista político francês que publicou caricaturas antissemitas durante o caso Dreyfus na França. Esta caricatura brinca com uma imagem comum da Revolução Francesa de 1789, mostrando o camponês oprimido por um nobre (porque os nobres eram isentos de alguns impostos). Nos tempos modernos, o camponês tem de carregar ainda mais fardos: sobre seus ombros estão um político republicano, um maçom e, no topo, um financista judeu. Caran d'Ache também publicou várias imagens ridicularizando Zola. De *Psst...!*, nº 37, 15 de outubro de 1898.

um estágio inferior do desenvolvimento histórico, como haviam representado, por exemplo, no século XVIII. Em vez disso, eles significavam as ameaças da própria modernidade: o materialismo excessivo, a emancipação e a participação política de grupos minoritários e o cosmopolitismo "degenerado" e "desarraigado" da vida urbana. As caricaturas nos jornais pintavam os judeus como gananciosos, fingidos e devassos; os jornalistas e os panfletistas escreviam sobre o controle judaico do capital mundial e sua manipulação conspiratória dos partidos parlamentares (figura 11). Uma caricatura americana de 1894, menos malévola do que muitas de suas congêneres europeias, mostra os continentes do mundo rodeados pelos tentáculos de um polvo colocado no lugar das ilhas britânicas. O polvo traz a etiqueta ROTSCHILD, em referência à rica e poderosa família judaica. Esses esforços modernos de difamação ganharam força com *Os protocolos dos sábios de Sião*, um documento fraudulento que tinha o propósito de revelar uma conspiração judaica para montar um supergoverno que controlaria o mundo inteiro. Publicado primeiramente na Rússia em 1903 e desmascarado como uma falsificação em 1921, *Os protocolos* foram mesmo assim repetidamente reimpressos pelos nazistas na Alemanha, sendo até os nossos dias ensinados como fato nas escolas de alguns países árabes. Assim, o novo antissemitismo combinava elementos tradicionais e modernos: os judeus deviam ser excluídos dos direitos e até expulsos da nação porque eram demasiado diferentes e demasiado poderosos.

SOCIALISMO E COMUNISMO

O nacionalismo não foi o único movimento de massas a surgir no século XIX. À semelhança do nacionalismo, o socialismo e o comunismo se formaram numa reação explícita a limitações visíveis dos direitos individuais constitucionalmente estruturados. Enquanto os primeiros nacionalistas queriam direitos para todos os povos, e não apenas para aqueles com estados já estabelecidos, os socialistas e os comunistas queriam assegurar que as classes baixas tivessem igualdade social e econômica, e não apenas direitos políticos iguais. Entretanto, mesmo quando chamavam atenção para direitos que tinham sido defraudados pelos propositores dos direitos do homem, as organizações socialistas e comunistas rebaixavam inevitavelmente a importância dos direitos como uma meta. A própria visão de Marx era bem delineada: a emancipação política podia ser alcançada por meio da igualdade legal dentro da sociedade burguesa, mas a verdadeira emancipação humana requeria a destruição da sociedade burguesa e suas proteções constitucionais da propriedade privada. Ainda assim, os socialistas e os comunistas propuseram duas questões duradouras sobre os direitos. Os direitos políticos eram suficientes? E o direito individual à proteção da propriedade privada podia coexistir com a necessidade de a sociedade fomentar o bem-estar de seus membros menos afortunados?

Assim como o nacionalismo tinha passado por duas fases no século xix, indo do entusiasmo inicial sobre a autodeterminação a um protecionismo mais defensivo sobre a identidade étnica, também o socialismo evoluiu com o tempo. Passou de uma primeira ênfase em reconstruir a sociedade por meios pacíficos, mas não políticos, a uma divisão entre aqueles a favor da política parlamentar e aqueles pela derrubada violenta dos governos. Durante a primeira metade do século xix, quando os sindicatos eram ilegais na maioria dos países e os trabalhadores não tinham direito ao voto, os socialistas se concentraram em revolucionar as novas relações sociais criadas pela industrialização. Não podiam esperar ganhar as eleições quando os trabalhadores não podiam votar, o que continuou a ser verdade até pelo menos a década de 1870. Em vez disso, os pioneiros socialistas montaram fábricas-modelo, cooperativas de produtores e de consumidores e comunidades experimentais para superar o conflito e a alienação entre os grupos sociais. Queriam capacitar os trabalhadores e os pobres a tirar proveito da nova ordem industrial, "socializar" a indústria e substituir a competição pela cooperação.

Muitos desses primeiros socialistas partilhavam uma desconfiança em relação aos "direitos do homem". O principal socialista francês das décadas de 1820 e 1830, Charles Fourier, argumentava que as constituições e o discurso dos direitos inalienáveis eram uma hipocrisia. O que poderiam significar os "direitos imprescritíveis do cidadão", quando o indigente "não tem nem a liberdade de trabalhar" nem a autoridade de exigir emprego? O direito de trabalhar suplantava todos os outros direitos, na sua opinião. Como Fourier, muitos dos primeiros socialistas citavam o ato de não conceder direitos às mulheres um sinal da bancarrota das doutrinas anteriores de direitos. As mulheres poderiam atingir a libertação sem a abolição da propriedade privada e dos códigos legais que sustentavam o patriarcado?[20]

Dois fatores alteraram a trajetória do socialismo na segunda metade do século XIX: o advento do sufrágio universal masculino e o surgimento do comunismo (o termo "comunista" apareceu pela primeira vez em 1840). Os socialistas e os comunistas então se dividiram entre os que visavam estabelecer um movimento político parlamentar, com partidos e campanhas para os cargos públicos, e aqueles, como os bolcheviques na Rússia, que insistiam que apenas a ditadura do proletariado e a revolução total transformariam as condições sociais. Os primeiros acreditavam que o estabelecimento gradual do voto para todos os homens abria a perspectiva de que os trabalhadores poderiam atingir os seus objetivos dentro da política parlamentar. O Partido Trabalhista britânico, por exemplo, foi formado em 1900 a partir de uma variedade de sindicatos, partidos e clubes preexistentes para promover os interesses e a eleição de trabalhadores. Por outro lado, a Revolução Russa de 1917 encorajou os comunistas em toda parte a acreditar que a transformação social e econômica total estava prestes a se realizar e que a participação na política parlamentar só desperdiçava energias necessárias para outros tipos de luta.

Como era de se esperar, os dois ramos também diferiam na sua visão dos direitos. Os socialistas e comunistas que adotavam o processo político também patrocinavam a causa dos direitos. Um dos fundadores do Partido Socialista francês, Jean Jaurès, argumentava que um Estado socialista "só retém a sua legitimidade enquanto assegura os direitos individuais". Ele apoiava Dreyfus, o sufrágio universal masculino e a separação da Igreja e do Estado, em suma, direitos políticos iguais para todos os homens, bem como a melhora da vida dos trabalhadores. Jaurès considerava a Declaração dos Direitos do Homem e do Cidadão um documento de importância universal. Os do outro lado seguiam Marx mais de perto ao argumentar, como fazia um socialista francês opositor de Jaurès, que o Estado burguês só podia ser "um instrumento de conservadorismo e opressão social".[21]

O próprio Karl Marx só havia discutido os direitos do homem com alguma minúcia na sua juventude. No seu ensaio "Sobre a questão judaica", publicado em 1843, cinco anos antes do *Manifesto comunista*, Marx condenava os próprios fundamentos da Declaração dos Direitos do Homem e do Cidadão. "Nenhum dos supostos direitos do homem", queixava-se, "vai além do homem egoísta." A assim chamada liberdade só dizia respeito ao homem como um ser isolado, não como parte de uma classe ou comunidade. O direito de propriedade só garantia o direito de buscar o interesse próprio sem considerar os outros. Os direitos do homem garantiam a liberdade de religião quando a necessidade dos homens era se livrar da religião; confirmavam o direito de possuir propriedade quando o necessário era se livrar da propriedade; incluíam o direito de negociar quando o necessário era se livrar dos negócios. Marx não gostava particularmente da ênfase política nos direitos do homem. Os direitos políticos diziam respeito aos meios, pensava ele, e não aos fins. "O homem político" era "abstrato, artificial", não "autêntico". O homem só podia recuperar a sua autenticidade reconhecendo que a emancipação humana não podia ser alcançada por meio da política: ela requeria uma revolução focalizada nas relações sociais e na abolição da propriedade privada.[22]

Essas visões e posteriores variações a seu respeito exerceram influência no movimento socialista e comunista por muitas gerações. Os bolcheviques proclamaram uma Declaração dos Direitos do Povo Trabalhador e Explorado em 1918, mas ela não incluía nem um único direito político ou legal. A sua meta era "abolir toda a exploração do homem pelo homem, eliminar completamente a divisão da sociedade em classes, esmagar implacavelmente a resistência dos exploradores [e] estabelecer uma organização socialista da sociedade". O próprio Lênin citava Marx ao argumentar contra qualquer ênfase nos direitos individuais. A noção de um direito igual, afirmava Lênin, é em si mesma uma violação da igualdade e uma injustiça, porque está baseada na "lei burguesa". Os assim chamados direitos iguais protegem a propriedade privada e portanto perpetuam a exploração dos trabalhadores. Joseph Stálin proclamou uma nova Constituição em 1936 que afirmava garantir a liberdade de expressão, de imprensa e de religião, mas o seu governo não hesitou em despachar centenas de milhares de inimigos da classe, dissidentes e até colegas membros do partido para campos de prisioneiros ou execução imediata.[23]

AS GUERRAS MUNDIAIS E A BUSCA DE NOVAS SOLUÇÕES

Ao mesmo tempo que os bolcheviques começavam a estabelecer a sua ditadura do proletariado na Rússia, as baixas astronômicas da Primeira Guerra Mundial incitavam os líderes dos Aliados, em breve vitoriosos, a encontrar um novo mecanismo para assegurar a paz. Quando os bolcheviques assinaram um tratado de paz com os alemães em março de 1918, a Rússia tinha perdido quase 2 milhões de homens. Quando a guerra terminou na frente ocidental em novembro de 1918, até 14 milhões de pessoas tinham morrido, a maioria delas soldados. Três quartos dos homens mobilizados para lutar na Rússia e na França acabaram feridos ou mortos. Em 1919, os diplomatas que redigiram os acordos de paz fundaram uma Liga das Nações para manter a paz, supervisionar o desarmamento, arbitrar as disputas entre as nações e garantir os direitos para as minorias nacionais, mulheres e crianças. A Liga fracassou, apesar de alguns esforços nobres. O Senado dos Estados Unidos se recusou a ratificar a participação americana; no início foi negado à Alemanha e à Rússia o ingresso no quadro dos associados; e, embora promovesse a autodeterminação na Europa, a Liga administrou as antigas colônias alemãs e territórios do agora defunto Império Otomano por meio de um sistema de "mandatos", justificados mais uma vez pelo maior progresso europeu em relação aos outros povos. Além disso, a Liga se mostrou impotente para deter o surgimento do fascismo na Itália e do nazismo na Alemanha e portanto não conseguiu impedir a deflagração da Segunda Guerra Mundial.

A Segunda Guerra Mundial estabeleceu uma nova referência para a barbárie com os seus quase incompreensíveis 60 milhões de mortos. Além do mais, a maioria dos mortos dessa vez era de civis, e 6 milhões eram judeus mortos apenas por serem judeus. A confusão e a destruição deixaram milhões de refugiados no final da guerra, muitos deles quase incapazes de imaginar um futuro e vivendo em campos para pessoas desalojadas. Ainda outros foram forçados a se reassentar por razões étnicas (2,5 milhões de alemães, por exemplo, foram expulsos da Tchecoslováquia em 1946). Todas as potências envolvidas na guerra atacaram civis num ou noutro momento; mas, quando a guerra terminou, as revelações sobre a escala dos horrores deliberadamente perpetrados pelos alemães chocaram o público. As fotografias tiradas na libertação dos campos de extermínio nazistas mostravam as consequências estarrecedoras do antissemitismo, que tinha sido justificado pelo discurso da supremacia racial ariana e da purificação nacional. Os julgamentos de Nuremberg de 1945-6 não só chamaram a atenção do grande público para essas atrocidades, mas também estabeleceram o precedente de que os governantes, os funcionários e o pessoal militar podiam ser punidos por crimes "contra a humanidade".

Mesmo antes do fim da guerra, os Aliados — em particular os Estados Unidos, a União Soviética e a Grã-Bretanha — determinaram aperfeiçoar a Liga das Nações. Uma conferência realizada em San Francisco na primavera de 1945 estabeleceu a estrutura básica para um novo corpo internacional, as Nações Unidas. Ele teria um Conselho de Segurança dominado pelas grandes potências, uma Assembleia Geral com delegados de todos os países-membros e um Secretariado chefiado por um secretário-geral à guisa de Poder Executivo. O encontro também providenciou uma Corte Internacional de Justiça em Haia, nos Países Baixos, para substituir uma corte semelhante estabelecida pela Liga das Nações em 1921. Cinquenta e um países assinaram a Carta das Nações Unidas como membros fundadores em 26 de junho de 1945.

Apesar do surgimento das evidências dos crimes nazistas contra os judeus, os ciganos, os eslavos e outros, os diplomatas que se reuniram em San Francisco tiveram de ser estimulados e incitados a pôr os direitos humanos na agenda. Em 1944, tanto a Grã--Bretanha como a União Soviética haviam rejeitado propostas de incluir os direitos humanos na Carta das Nações Unidas. A Grã--Bretanha temia o encorajamento que tal ação poderia dar aos movimentos de independência nas suas colônias, e a União Soviética não queria nenhuma interferência na sua esfera de influência, então em expansão. Além disso, os Estados Unidos tinham inicialmente se oposto à sugestão da China de que a carta deveria incluir uma afirmação sobre a igualdade de todas as raças.

A pressão vinha de duas direções diferentes. Muitos estados de tamanho pequeno e médio na América Latina e na Ásia pediam insistentemente mais atenção aos direitos humanos, em parte porque se ressentiam da dominação arrogante das grandes potências sobre os procedimentos. Além disso, uma multidão de organizações religiosas, trabalhistas, femininas e cívicas, a maioria baseada nos Estados Unidos, tentava influenciar diretamente os delegados da conferência. Apelos urgentes feitos face a face por representantes do Comitê Judaico Americano, do Comitê Conjunto pela Liberdade Religiosa, do Congresso das Organizações Industriais (CIO) e da Associação Nacional para o Progresso das Pessoas de Cor (NAACP) ajudaram a mudar a visão de funcionários do Departamento de Estado dos Estados Unidos, que concordaram em pôr os direitos humanos na Carta das Nações Unidas. A União Soviética e a Grã-Bretanha deram o seu consentimento porque a carta também garantia que as Nações Unidas nunca interviriam nos assuntos internos de um país.[24]

O compromisso com os direitos humanos ainda não estava nem um pouco assegurado. A Carta das Nações Unidas de 1945 enfatizava as questões de segurança internacional e dedicava apenas algumas linhas ao "respeito e cumprimento universal dos direitos humanos e das liberdades fundamentais para todos, sem distinção de raça, sexo, língua ou religião". Mas ela criava uma

Comissão dos Direitos Humanos, que decidiu que sua primeira tarefa devia ser o esboço de uma carta dos direitos humanos. Como presidente da comissão, Eleanor Roosevelt desempenhou um papel central ao conseguir que uma declaração fosse rascunhada e depois guiá-la pelo complexo processo de aprovação. John Humphrey, um professor de direito de quarenta anos da Universidade McGill, no Canadá, preparou um rascunho preliminar. Esse texto tinha de ser revisado por toda a comissão, posto a circular por todos os Estados-membros, depois revisto pelo Conselho Social e Econômico e, se aprovado, enviado para a Assembleia Geral, na qual devia ser primeiro considerado pelo Terceiro Comitê sobre Assuntos Sociais, Humanitários e Culturais. O Terceiro Comitê tinha delegados de todos os Estados-membros, e quando o rascunho foi discutido a União Soviética propôs emendas para quase todos os artigos. Oitenta e três reuniões (apenas do Terceiro Comitê) e quase 170 emendas mais tarde, um rascunho foi sancionado para ser votado. Por fim, em 10 de dezembro de 1948, a Assembleia Geral aprovou a Declaração Universal dos Direitos Humanos. Quarenta e oito países votaram a favor, oito países do bloco soviético abstiveram-se e nenhum votou contra.[25]

Como seus predecessores do século XVIII, a Declaração Universal explicava num preâmbulo por que esse pronunciamento formal tinha se tornado necessário. "O desrespeito e o desprezo pelos direitos humanos têm resultado em atos bárbaros que ofenderam a consciência da humanidade", afirmava. A variação em relação à linguagem da Declaração francesa original de 1789 é reveladora. Em 1789, os franceses tinham insistido que "a ignorância, a negligência ou o menosprezo dos direitos do homem são as únicas causas dos males públicos e da corrupção governamental". A "ignorância" e até a simples "negligência" já não eram possíveis. Em 1948 todos sabiam, presumivelmente, qual era o significado dos direitos humanos. Além disso, a expressão "males públicos" de

1789 não captava a magnitude dos acontecimentos recentemente experimentados. O desrespeito e o desprezo propositais pelos direitos humanos tinham produzido atos de uma brutalidade quase inimaginável.

A Declaração Universal não reafirmava simplesmente as noções de direitos individuais do século XVIII, tais como a igualdade perante a lei, a liberdade de expressão, a liberdade de religião, o direito de participar do governo, a proteção da propriedade privada e a rejeição da tortura e da punição cruel. Ela também proibia expressamente a escravidão e providenciava o sufrágio universal e igual por votação secreta. Além disso, requeria a liberdade de ir e vir, o direito a uma nacionalidade, o direito de casar e, com mais controvérsia, o direito à segurança social; o direito de trabalhar, com pagamento igual para trabalho igual, tendo por base um salário de subsistência; o direito ao descanso e ao lazer; e o direito à educação, que devia ser grátis nos níveis elementares. Numa época de endurecimento das linhas de conflito da Guerra Fria, a Declaração Universal expressava um conjunto de aspirações em vez de uma realidade prontamente alcançável. Delineava um conjunto de obrigações morais para a comunidade mundial, mas não tinha nenhum mecanismo de imposição. Se tivesse incluído um mecanismo para impor as obrigações morais, nunca teria sido aprovada. Entretanto, apesar de todas as suas deficiências, o documento teria efeitos não de todo diferentes daqueles causados pelos seus predecessores do século XVIII. Por mais de cinquenta anos ele tem estabelecido o padrão para a discussão e ação internacionais sobre os direitos humanos.*

---

* Ver no Apêndice o texto completo.

A Declaração Universal cristalizou 150 anos de luta pelos direitos. Durante todo o século XIX e o início do XX, algumas sociedades benevolentes tinham mantido acesa a chama dos direitos humanos universais, enquanto as nações se voltavam para dentro de si mesmas. As principais organizações desse tipo eram as sociedades inspiradas pelos quakers, fundadas para combater o tráfico de escravos e a escravidão. A britânica Sociedade para a Abolição do Tráfico de Escravos, criada em 1787, distribuía literatura e imagens abolicionistas e organizava grandes campanhas de petições dirigidas ao Parlamento. Os seus líderes desenvolveram laços próximos com os abolicionistas nos Estados Unidos, na França e no Caribe. Quando, em 1807, o Parlamento aprovou um projeto de lei para acabar com a participação britânica no tráfico de escravos, os abolicionistas deram um novo nome ao seu grupo, o de Sociedade Antiescravidão, e passaram a organizar grandes campanhas de petições para que o Parlamento abolisse a própria escravidão, o que finalmente aconteceu em 1833. A Sociedade Antiescravidão Estrangeira e Britânica então tomou a batuta e promoveu agitações para o fim da escravidão em outros países, especialmente nos Estados Unidos.

Por sugestão dos abolicionistas americanos, a sociedade britânica organizou uma convenção mundial antiescravidão em Londres, em 1840, para coordenar a luta internacional contra a escravidão. Apesar de os delegados terem se recusado a permitir a participação formal de mulheres abolicionistas, assim ajudando a precipitar o movimento sufragista das mulheres, eles favoreceram a causa internacional com o desenvolvimento de novos contatos internacionais, informações sobre as condições dos escravos e resoluções que denunciavam a escravidão "como um pecado contra Deus" e condenavam aquelas igrejas que a apoiavam, especialmente no sul dos Estados Unidos. Embora fosse dominada pelos britânicos e americanos, a convenção "mundial" estabeleceu o molde para futuras campanhas internacionais pelo sufrágio das mulheres, pela proteção do trabalho infantil, pelos direitos dos trabalhadores e uma legião de outras questões, algumas relacionadas a direitos e outras não, como a abstemia.[26]

Durante as décadas de 1950 e 1960, a causa dos direitos humanos internacionais assumiu uma posição de menor importância em relação às lutas anticoloniais e de independência. Ao término da Primeira Guerra Mundial, o presidente americano Woodrow Wilson insistira notoriamente em que a paz duradoura devia se assentar sobre o princípio da autodeterminação nacional. "Todo povo", insistia ele, "tem o direito de escolher a soberania sob a qual deverá viver." Tinha em mente os poloneses, os tchecos e os sérvios — não os africanos —, e ele e seus aliados concederam independência à Polônia, à Tchecoslováquia e à Iugoslávia porque se consideravam no direito de dispor dos territórios antes controlados pelas potências derrotadas. A Grã-Bretanha concordou em incluir a autodeterminação nacional na Carta Atlântica de 1941, que expunha os princípios compartilhados pelos Estados Unidos e pela Grã-Bretanha para travar a guerra, mas Winston Churchill insistiu que esse conceito se aplicava apenas à Europa, e não às colônias da Grã-Bretanha. Os intelectuais africanos discordaram e incorporaram a questão à sua crescente campanha pela independência. Embora as Nações Unidas tivessem deixado de tomar uma posição forte sobre a descolonização nos seus primeiros anos, já em 1952 haviam concordado em tornar a autodeterminação uma parte oficial do seu programa. A maioria dos estados africanos recuperou a sua independência, pacificamente ou pela força, na década de 1960. Embora às vezes incorporassem nas suas constituições os direitos enumerados, por exemplo, na Convenção Europeia para a Proteção dos Direitos Humanos e Liberdades Fundamentais de 1950, a garantia legal dos direitos foi frequentemente vítima dos caprichos da política internacional e intertribal.[27]

Nas décadas depois de 1948, formou-se aos trancos e barrancos um consenso internacional sobre a importância de se defender os direitos humanos. A Declaração Universal é mais o início do processo do que o seu apogeu. Em nenhum outro lugar o progresso dos direitos humanos foi mais visível do que entre os comunistas, que tinham resistido por tanto tempo a esse apelo. Desde o início da década de 1970, os partidos comunistas da Europa Ocidental retornaram a uma posição muito semelhante à exposta por Jaurès na França na virada do século. Eles substituíram "a ditadura do proletariado" nas suas plataformas oficiais pelo avanço da democracia e endossaram explicitamente os direitos humanos. No final da década de 1980, o bloco soviético começou a se mover na mesma direção. O secretário-geral do Partido Comunista Mikhail Gorbatchev propôs ao Congresso do Partido Comunista de 1988, em Moscou, que a União Soviética fosse a partir daquela data um Estado sob o domínio da lei com "a máxima proteção para os direitos e a liberdade do indivíduo soviético". Naquele mesmo ano, foi criado pela primeira vez um departamento de direitos humanos numa escola de direito soviética. Ocorrera certa convergência. A Declaração Universal de 1948 incluía direitos sociais e econômicos — o direito à segurança social, o direito ao trabalho, o direito à educação, por exemplo —, e nos anos 1980 a maioria dos partidos socialistas e comunistas havia desistido de sua anterior hostilidade aos direitos políticos e civis.[28]

As organizações não governamentais (agora chamadas ONGS) nunca desapareceram, mas ganharam mais influência internacional a partir do início da década de 1980, em grande parte por causa da difusão da própria globalização. ONGs como Anistia Internacional (fundada em 1961), Anti-Slavery International (uma continuação da Sociedade Antiescravidão), Human Rights Watch (fundada em 1978) e Médicos sem Fronteiras (fundada em 1971), para não falar em incontáveis grupos locais cujas atividades são desconhecidas fora de suas regiões, providenciaram apoio fundamental para os direitos humanos nas últimas décadas. Essas ongs frequentemente exerceram mais pressão sobre governos danosos e contribuíram mais para sanar a fome, a doença e o tratamento brutal de dissidentes e minorias do que as próprias Nações Unidas, mas quase todas elas basearam os seus programas nos direitos articulados numa ou noutra parte da Declaração Universal.[29]

Desnecessário dizer que ainda é mais fácil endossar os direitos humanos do que os impor. O fluxo constante de conferências e convenções internacionais contra o genocídio, a escravidão, o uso da tortura e o racismo e a favor da proteção das mulheres, crianças e minorias mostra que os direitos humanos ainda precisam ser resgatados. As Nações Unidas adotaram uma Convenção Suplementar sobre a Abolição da Escravatura, do Tráfico de Escravos e das Instituições e Práticas Análogas à Escravatura em 1956, porém ainda assim estima-se que haja 27 milhões de escravos no mundo hoje. Aprovaram a Convenção contra a Tortura e Outros Tratamentos ou Penas Cruéis, Desumanos ou Degradantes em 1984 porque a tortura não desapareceu, quando suas formas judiciais foram abolidas no século xviii. Em vez de ser empregada num cenário legalmente sancionado, a tortura passou aos quartos dos fundos da polícia e das forças militares secretas, e nem tão secretas, dos Estados modernos. Os nazistas autorizaram explicitamente o uso do "aperto" contra os comunistas, as testemunhas de Jeová, os sabotadores, os terroristas, os dissidentes, os "elementos antissociais" e os "vagabundos poloneses ou soviéticos". As categorias já não são exatamente as mesmas, mas a prática resiste. A África do Sul, os franceses na Argélia, o Chile, a Grécia, a Argentina, o Iraque, os americanos em Abu Ghraib — a lista jamais termina. A esperança de acabar com os "atos bárbaros" ainda não se tornou realidade.[30]

OS LIMITES DA EMPATIA

O que devemos concluir do ressurgimento da tortura e da limpeza étnica, do emprego continuado do estupro como arma de guerra, da opressão continuada das mulheres, do crescente tráfico sexual de crianças e mulheres e das práticas subsistentes da escravidão? Os direitos humanos nos desapontaram por se mostrarem inadequados para a sua tarefa? Um paradoxo entre distância e proximidade está em ação nos tempos modernos. Por um lado, a difusão da capacidade de ler e escrever e o desenvolvimento de romances, jornais, rádio, filmes, televisão e internet tornaram possível que mais e mais pessoas sintam empatia por aqueles que vivem em lugares distantes e em circunstâncias muito diferentes. Fotos de crianças morrendo de fome em Bangladesh ou relatos de milhares de homens e meninos assassinados em Srebrenica, na Bósnia, podem mobilizar milhões de pessoas para que enviem dinheiro, mercadorias e às vezes a si próprias como ajuda ao povo de outros lugares, ou para que exortem seus governos ou organizações internacionais a intervir. Por outro lado, relatos em primeira mão contam como vizinhos em Ruanda se matavam uns aos outros, com furiosa brutalidade, por causa da etnicidade. Essa violência em close está longe de ser excepcional ou recente: os judeus, os cristãos e os muçulmanos tentam há muito tempo explicar por que o bíblico Caim, filho de Adão e Eva, matou seu irmão Abel. À medida que se passam os anos depois das atrocidades nazistas, pesquisas cuidadosas têm mostrado que seres humanos comuns, sem anomalias psicológicas nem paixões políticas ou religiosas, podem ser induzidos, nas circunstâncias "corretas", a empreender o que sabem ser assassinato em massa em combates corpo a corpo. Os torturadores na Argélia, na Argentina e em Abu Ghraib também começaram como soldados comuns. Os torturadores e os assassinos são como nós e frequentemente infligem dor a pessoas que estão bem diante deles.[31]

Assim, embora as formas modernas de comunicação tenham expandido os meios de sentir empatia pelos outros, elas não têm sido capazes de assegurar que os homens ajam com base nesse sentimento de camaradagem. A ambivalência quanto à força da empatia pode ser encontrada do século XVIII em diante, tendo sido expressa até por aqueles que empreenderam explicar a sua operação. Na sua *Teoria dos sentimentos morais*, Adam Smith considera a reação de "um homem humanitário na Europa" ao ficar sabendo de um terremoto na China que mata centenas de milhões de pessoas. Ele dirá todas as coisas adequadas, prediz Smith, e continuará com as suas atividades como se nada tivesse acontecido. Se, em contraste, soubesse que perderia o dedo mínimo no dia seguinte, ele se agitaria e viraria de um lado para o outro a noite inteira. Estaria disposto a sacrificar as centenas de milhões de chineses em troca do seu dedo mínimo? Não, não estaria, afirma Smith. Mas o que leva uma pessoa a resistir a essa barganha? "Não é a força maleável da humanidade", insiste Smith, que nos torna capazes de agir contra o interesse próprio. Tem de ser uma força mais forte, a da consciência: "É a razão, o princípio, a consciência, o habitante do peito, o homem interior, o grande juiz e árbitro da nossa conduta".[32]

A própria lista de Smith em 1759 — razão, princípio, consciência, o homem interior — capta um elemento importante no estado atual do debate sobre empatia. O que é suficientemente forte para nos motivar a agir com base em nosso sentimento de camaradagem? A heterogeneidade da lista de Smith indica que ele próprio tinha algum problema para responder essa questão: "razão" é sinônimo de "o habitante do peito"? Smith parecia acreditar, como muitos ativistas dos direitos humanos hoje em dia, que uma combinação de invocações aos princípios dos direitos e apelos emocionais ao sentimento de camaradagem podem tornar a empatia moralmente mais eficaz. Os críticos daquela época e muitos críticos atuais responderiam que um senso de dever religioso mais elevado precisa ser ativado para fazer a empatia funcionar. Na opinião deles os humanos não podem vencer a sua propensão interior à apatia ou ao mal por conta própria. Um antigo presidente da American Bar Association [Ordem dos Advogados americana] expressou essa opinião comum. "Quando os seres humanos não são vistos como semelhantes a Deus", disse ele, "os seus direitos básicos podem muito bem perder a sua *raison d'être* metafísica." Sozinha, a ideia dos atributos humanos comuns não é suficiente.[33]

Adam Smith focaliza uma questão quando há realmente duas. Smith considera que a empatia por aqueles distantes está na mesma categoria dos sentimentos por aqueles que nos são próximos, apesar de reconhecer que o que nos confronta diretamente é muito mais motivador do que os problemas enfrentados por aqueles que estão distantes. As duas questões, portanto, são: o que pode nos motivar a agir com base em nossos sentimentos pelos que estão distantes, e o que faz o sentimento de camaradagem entrar num tal colapso que podemos torturar, aleijar ou até matar os que nos são mais próximos? A distância e a proximidade, os sentimentos positivos e os negativos, tudo tem de entrar na equação.

Da metade do século XVIII em diante, e precisamente por causa do surgimento de uma noção dos direitos humanos, essas tensões se tornaram cada vez mais mortíferas. Todos os que faziam campanhas contra a escravidão, a tortura legal e o castigo cruel no final do século XVIII realçavam a crueldade nas suas narrativas emocionalmente arrebatadoras. Eles pretendiam provocar a repulsa, mas o despertar de sensações, por meio da leitura e da visão de gravuras explícitas do sofrimento, nem sempre podia ser cuidadosamente canalizado. Da mesma forma, o romance que suscitava uma atenção intensa para os sofrimentos de moças comuns assumiu outras formas mais sinistras no final do século

xviii. O romance gótico, exemplificado por *The Monk* (1796), de Matthew Lewis, apresentava cenas de incesto, estupro, tortura e assassinato, e essas cenas sensacionalistas pareciam ser cada vez mais a razão do exercício, em detrimento do estudo dos sentimentos interiores ou resultados morais. O marquês de Sade fez o romance gótico dar um passo além para se transformar numa pornografia explícita da dor, reduzindo deliberadamente a seu núcleo sexual as longas e dilatadas cenas de sedução de romances mais antigos, como *Clarissa*, de Richardson. Sade visava revelar os significados ocultos dos romances anteriores: sexo, dominação, dor e poder em vez de amor, empatia e benevolência. O "direito natural" para ele significava apenas o direito de agarrar o máximo de poder possível e sentir prazer em brandi-lo sobre os outros. Não é mero acaso que Sade tenha escrito quase todos os seus romances na década de 1790, durante a Revolução Francesa.[34]

Assim, a noção dos direitos humanos trouxe na sua esteira toda uma sucessão de gêmeos malignos. A reivindicação de direitos universais, iguais e naturais estimulava o crescimento de novas e às vezes fanáticas ideologias da diferença. Alguns novos modos de ganhar compreensão empática abriram o caminho para um sensacionalismo da violência. O esforço para expulsar a crueldade de suas amarras legais, judiciais e religiosas tornava-a mais acessível como uma ferramenta diária de dominação e desumanização. Os crimes inteiramente desumanos do século xx só se tornaram concebíveis quando todos puderam afirmar serem membros iguais da família humana. O reconhecimento dessas dualidades é essencial para o futuro dos direitos humanos. A empatia não se exauriu, como alguns têm afirmado. Mais do que nunca, tornou-se uma força mais poderosa para o bem. Mas o efeito compensatório de violência, dor e dominação também é maior do que nunca.[35]

Os direitos humanos são o único baluarte que partilhamos comumente contra esses males. Ainda devemos aperfeiçoar continuamente a versão dos direitos humanos do século XVIII, para se assegurar que o "Humanos" na Declaração Universal dos Direitos Humanos elimine todas as ambiguidades do "homem" nos "direitos do homem". A cascata de direitos continua, embora sempre com um grande conflito sobre como ela deve fluir: o direito de uma mulher a escolher *versus* o direito de um feto a viver, o direito de morrer com dignidade *versus* o direito absoluto à vida, os direitos dos inválidos, os direitos dos homossexuais, os direitos das crianças, os direitos dos animais — os argumentos não terminaram, nem vão terminar. Os que fizeram campanhas pelos direitos humanos no século XVIII podiam condenar os seus opositores como tradicionalistas insensíveis, interessados apenas em manter uma ordem social baseada antes na desigualdade, na particularidade e no costume histórico do que na igualdade, na universalidade e nos direitos naturais. Mas já não podemos nos dar ao luxo de uma simples rejeição de visões mais antigas. Na outra ponta da luta pelos direitos humanos, quando a crença neles se torna mais difundida, temos de enfrentar o mundo que foi forjado por esse esforço. Temos de imaginar o que fazer com os torturadores e os assassinos, como prevenir o seu surgimento no futuro sem deixar de reconhecer, o tempo todo, que eles são nós. Não podemos nem tolerá-los nem desumanizá-los.

A estrutura dos direitos humanos, com seus órgãos internacionais, cortes internacionais e convenções internacionais, talvez seja exasperadora na sua lentidão para reagir ou na sua repetida incapacidade de atingir seus objetivos principais, mas não existe nenhuma estrutura mais adequada para confrontar essas questões. As cortes e as organizações governamentais, por mais que tenham alcance internacional, serão sempre freadas por considerações geopolíticas. A história dos direitos humanos mostra que os direitos são afinal mais bem defendidos pelos sentimentos, convicções e ações de multidões de indivíduos, que exigem respostas correspondentes ao seu senso íntimo de afronta. O pastor protestante Rabaut Saint-Étienne já tinha compreendido essa verdade em 1787, quando escreveu ao governo francês para reclamar dos defeitos do novo edito que oferecia tolerância religiosa aos protestantes. "Chegou a hora", disse ele, "em que não é mais aceitável que uma lei invalide abertamente os direitos da humanidade, que são muito bem conhecidos em todo o mundo." As declarações — em 1776, 1789 e 1948 — providenciaram uma pedra de toque para esses direitos da humanidade, recorrendo ao senso do que "não é mais aceitável" e ajudando, por sua vez, a tornar as violações ainda mais inadmissíveis. O processo tinha e tem em si uma inegável circularidade: conhecemos o significado dos direitos humanos porque nos afligimos quando são violados. As verdades dos direitos humanos talvez sejam paradoxais nesse sentido, mas apesar disso ainda são autoevidentes.

APÊNDICE

Três declarações
1776, 1789, 1948

Declaração da Independência, 1776

NO CONGRESSO, 4 de julho de 1776.
A Declaração unânime dos treze Estados unidos da América.

Quando, no Curso dos acontecimentos humanos, torna-se necessário que um povo dissolva os laços políticos que o ligam a outro e assuma entre as potências da Terra a posição separada e igual a que lhe dão direito as Leis da Natureza e do Deus da Natureza, um respeito decente pelas opiniões da humanidade requer que ele declare as causas que o impelem à separação.

Consideramos estas verdades autoevidentes: que todos os homens são criados iguais, dotados pelo seu Criador de certos Direitos inalienáveis, que entre estes estão a Vida, a Liberdade e a busca da Felicidade. — Que para assegurar esses direitos, Governos são instituídos entre os Homens, derivando seus justos poderes do consentimento dos governados. — Que, sempre que qualquer Forma de Governo se torne destrutiva desses fins, é Direito do Povo alterá-la ou aboli-la, e instituir novo Governo, assentando sua fundação nesses princípios e organizando os seus poderes da forma que lhe pareça mais conveniente para a realização da sua Segurança e Felicidade. A prudência, de fato, dita que os Governos estabelecidos há muito tempo não devem ser mudados por causas superficiais e transitórias; e, assim sendo, toda experiência tem mostrado que a humanidade está mais disposta a sofrer, enquanto os males são suportáveis, do que a se desagravar abolindo as formas a que está acostumada. Mas quando uma longa sequência de abusos e usurpações, perseguindo invariavelmente o mesmo Objeto, revela o desígnio de reduzir o povo a um Despotismo absoluto, é seu direito, é seu dever, derrubar tal Governo, e providenciar novos Guardiães para sua futura segurança. — Tal tem sido a tolerância paciente destas Colônias; e tal é agora a necessidade que as força a alterar os Sistemas anteriores de Governo. A história do presente Rei da Grã-Bretanha é uma história de repetidas injúrias e usurpações, todas tendo por objetivo direto o estabelecimento de uma Tirania absoluta sobre estes Estados. Para prová-lo, que os Fatos sejam submetidos a um mundo honesto.

Ele recusou Assentimento a Leis, as mais salutares e necessárias para o bem público.

Ele proibiu aos Governadores aprovar Leis de importância imediata e urgente, a menos que sua aplicação fosse suspensa até que se obtivesse seu Assentimento; e, quando assim suspensas, deixou totalmente de lhes dar atenção.

Ele recusou aprovar outras Leis para acomodar grandes distritos de pessoas, a menos que essas pessoas abrissem mão do direito de Representação no Legislativo, um direito inestimável para elas e temível apenas para os tiranos.

Ele convocou os corpos legislativos a se reunir em lugares inusitados, desconfortáveis e distantes dos locais em que se guardam os Arquivos públicos, com o único propósito de fatigá-los até que se submetessem a suas medidas.

Ele dissolveu as Câmaras de Representantes repetidas vezes, por se oporem com firmeza viril a suas invasões dos direitos do povo.

Ele recusou por muito tempo, depois dessas dissoluções, fazer com que outros fossem eleitos; com isso, os poderes Legislativos, incapazes de Aniquilação, retornaram ao Povo em geral para serem exercidos; permanecendo o Estado, nesse meio-tempo, exposto a todos os perigos de invasão externa ou convulsão interna.

Ele se empenhou em impedir o povoamento desses Estados, obstruindo para esse fim as Leis de Naturalização de Estrangeiros, recusando aprovar outras que encorajassem as migrações para cá, e impondo mais condições para novas Apropriações de Terras.

Ele dificultou a Administração da Justiça, recusando Assentimento a Leis que estabeleciam poderes Judiciários.

Ele tornou os Juízes dependentes apenas da Vontade do soberano quanto à posse dos cargos e ao valor e pagamento dos salários.

Ele criou uma multidão de Novos Cargos, e para cá enviou enxames de Oficiais para atormentar o nosso povo e devorar-lhe completamente a substância.

Ele manteve entre nós, em tempos de paz, Exércitos Permanentes sem o Consentimento de nossos corpos legislativos.

Ele tentou tornar o poder Militar independente e superior ao poder Civil.

Ele combinou com outros para nos submeter a uma jurisdição alheia à nossa Constituição e não reconhecida pelas nossas leis; dando Assentimento a seus Atos de pretensa legislação:

Para Aquartelar grandes corpos de tropas armadas entre nós;

Para protegê-las, por um arremedo de Julgamento, da punição por quaisquer Assassinatos que viessem a cometer contra os Habitantes destes Estados;

Para cortar o nosso Comércio com todas as regiões do mundo;

Para fixar Impostos sem o nosso Consentimento;

Para nos privar, em muitos casos, dos benefícios do Julgamento pelo Júri;

Para nos transportar além-Mar para sermos julgados por pretensos delitos;

Para abolir o Sistema livre de Leis Inglesas numa Província vizinha, aí estabelecendo um governo Arbitrário e ampliando-lhe as fronteiras, a fim de torná-lo, ao mesmo tempo, um exemplo e um instrumento adequado para introduzir o mesmo domínio absoluto nestas Colônias;

Para nos tomar as nossas Cartas, abolindo as nossas Leis mais valiosas e alterando fundamentalmente as Formas de nossos Governos;

Para suspender os nossos Corpos Legislativos, declarando-se investido do poder para legislar para nós em todo e qualquer caso.

Ele abdicou do Governo aqui, ao nos declarar fora da sua proteção e travar Guerra contra nós.

Ele saqueou os nossos mares, devastou as nossas Costas, incendiou as nossas cidades e destruiu a vida de nosso povo.

Ele está, neste momento, transportando grandes Exércitos de Mercenários estrangeiros para completar a obra de morte, desolação e tirania, já iniciada em circunstâncias de Crueldade & perfídia quase sem paralelo nas eras mais bárbaras e totalmente indignas do Chefe de uma nação civilizada.

Ele obrigou nossos concidadãos Aprisionados em alto-Mar a pegar em armas contra o próprio País deles, a se tornar os carrascos de seus amigos e Irmãos, ou a tombarem eles próprios pelas Mãos desses seus semelhantes.

Ele provocou insurreições domésticas entre nós, e empenhou-se em lançar sobre os habitantes de nossas fronteiras os cruéis Índios Selvagens, cuja conhecida regra de guerra é a destruição de todos sem distinção de idade, sexo e condições.

Em toda etapa dessas Opressões, Nós fizemos Pedidos de Reparação nos termos mais humildes: Nossas repetidas Petições só têm recebido como resposta repetidas injúrias. Um Príncipe cujo caráter é assim marcado por todo ato que define um Tirano é inapropriado para ser o governante de um povo livre.

Tampouco temos sido descorteses com nossos irmãos brittânicos [*sic*]. De tempos em tempos, nós os temos alertado sobre as tentativas de seu legislativo no sentido de estender sobre nós uma jurisdição injustificável. Temos lhes lembrado as circunstâncias de nossa emigração e colonização. Temos apelado à sua justiça e magnanimidade nativas, e temos rogado, pelos laços de nosso parentesco comum, que desautorizem essas usurpações que interromperiam, inevitavelmente, as nossas ligações e correspondência. Eles também têm sido surdos à voz da justiça e da consanguinidade. Devemos, portanto, admitir a necessidade, que denuncia nossa Separação, e considerá-los, assim como consideramos o resto da humanidade, Inimigos na Guerra, Amigos na Paz.

Nós, portanto, os Representantes dos Estados Unidos da América, Reunidos em Congresso Geral, apelando ao Juiz Supremo do mundo pela retidão de nossas intenções, publicamos e declaramos solenemente, em Nome e por Autoridade do bom Povo destas Colônias, que estas Colônias Unidas são e por direito devem ser Estados Livres e Independentes; que elas estão Desobrigadas de toda Vassalagem para com a Coroa Britânica, e que todo vínculo político entre elas e o Estado da Grã-Bretanha é e deve ser totalmente dissolvido; e que, como Estados Livres e Independentes, elas têm pleno Poder para declarar Guerra, concluir a Paz, contrair Alianças, estabelecer Comércio e praticar todos os outros

Atos e Negócios que os Estados Independentes têm o direito de fazer. E para apoiar esta Declaração, com uma firme confiança na proteção da Divina Providência, empenhamos mutuamente as nossas Vidas, as nossas Fortunas e a nossa sagrada Honra.

Fonte: Paul Leicester Ford, ed., *The Writings of Thomas Jefferson*, 10 vols. (Nova York: G. P. Putnam's Sons, 1892-9), vol. 2, pp. 42-58; <www.archives.gov/national-archives-experience/charters/declaration_transcript.html>.

Declaração dos Direitos do Homem e do Cidadão, 1789

Os representantes do povo francês, reunidos em Assembleia Nacional e considerando que a ignorância, a negligência ou o menosprezo dos direitos do homem são as únicas causas dos males públicos e da corrupção governamental, resolveram apresentar numa declaração solene os direitos naturais, inalienáveis e sagrados do homem: para que esta declaração, por estar constantemente presente a todos os membros do corpo social, possa sempre lembrar a todos os seus direitos e deveres; para que os atos dos poderes Legislativo e Executivo, por estarem a todo momento sujeitos a uma comparação com o objetivo de toda instituição política, possam ser mais plenamente respeitados; e para que as demandas dos cidadãos, por estarem a partir de agora fundamentadas em princípios simples e incontestáveis, possam sempre visar a manter a Constituição e o bem-estar geral.

Em consequência, a Assembleia Nacional reconhece e declara, na presença e sob os auspícios do Ser Supremo, os seguintes direitos do homem e do cidadão:

1. Os homens nascem e permanecem livres e iguais em direi-

tos. As distinções sociais só podem ser baseadas na utilidade comum.

2. O objetivo de toda associação política é a preservação dos direitos naturais e imprescritíveis do homem. Esses direitos são a liberdade, a propriedade, a segurança e a resistência à opressão.

3. O princípio de toda soberania reside essencialmente na nação. Nenhum corpo e nenhum indivíduo pode exercer uma autoridade que não emane expressamente da nação.

4. A liberdade consiste em poder fazer tudo o que não prejudique o outro: assim, o exercício dos direitos naturais de cada homem não tem outros limites senão aqueles que asseguram aos outros membros da sociedade o desfrute dos mesmos direitos. Esses limites só podem ser determinados pela lei.

5. A lei só tem o direito de proibir aquelas ações que são prejudiciais à sociedade. Nenhum obstáculo deve ser interposto ao que a lei não proíbe, nem pode alguém ser forçado a fazer o que a lei não ordena.

6. A lei é a expressão da vontade geral. Todos os cidadãos têm o direito de participar, em pessoa ou por meio de seus representantes, na sua formação. Deve ser a mesma para todos, quer proteja, quer penalize. Todos os cidadãos, sendo iguais a seus olhos, são igualmente admissíveis a todas as dignidades, cargos e empregos públicos, segundo a sua capacidade e sem nenhuma outra distinção que não seja a de suas virtudes e talentos.

7. Nenhum homem pode ser indiciado, preso ou detido exceto em casos determinados pela lei e segundo as formas que a lei prescreve. Aqueles que solicitam, lavram, executam ou mandam executar ordens arbitrárias devem ser punidos; mas os cidadãos intimados ou detidos por força da lei devem obedecer imediatamente, tornando-se culpados pela resistência.

8. Apenas punições estrita e obviamente necessárias podem ser estabelecidas pela lei, e ninguém pode ser punido senão por

força de uma lei estabelecida e promulgada antes do tempo do delito, e legalmente aplicada.

9. Sendo todo homem considerado inocente até ser declarado culpado, se for considerado indispensável prendê-lo, todo rigor desnecessário para deter a sua pessoa deve ser severamente reprimido pela lei.

10. Ninguém deve ser molestado por suas opiniões, mesmo as religiosas, desde que sua manifestação não perturbe a ordem pública estabelecida pela lei.

11. A livre comunicação de pensamentos e opiniões é um dos mais preciosos direitos do homem. Todo cidadão pode, portanto, falar, escrever e publicar livremente, se aceitar a responsabilidade por qualquer abuso dessa liberdade nos termos estabelecidos pela lei.

12. A salvaguarda dos direitos do homem e do cidadão requer uma força pública. Essa força é, portanto, instituída para o bem de todos, e não para o benefício privado daqueles a quem é confiada.

13. Para a manutenção da autoridade pública e para as despesas da administração, a tributação comum é indispensável. Ela deve ser dividida igualmente entre todos os cidadãos de acordo com sua capacidade de pagar.

14. Todos os cidadãos têm o direito de exigir, por si mesmos ou por meio de seus representantes, que lhes seja demonstrada a necessidade dos impostos públicos, de concordar livremente com a sua existência, de acompanhar o seu emprego e de determinar os meios de distribuição, avaliação e arrecadação, bem como a duração dos impostos.

15. A sociedade tem o direito de considerar que todo agente público da administração deve prestar contas de seus atos.

16. Não possui Constituição a sociedade em que a garantia dos direitos não esteja assegurada ou a separação dos poderes estabelecida.

17. Como a propriedade é um direito inviolável e sagrado,

ninguém pode ser dela privado, a não ser quando a necessidade pública legalmente comprovada a requeira indubitavelmente e sob condição de uma justa e prévia compensação.

Fonte: La Constitution française, Présentée au Roi par l'Assemblée Nationale, le 3 septembre 1791 (Paris, 1791).

Declaração Universal dos Direitos Humanos, 1948

PREÂMBULO

Visto que o reconhecimento da dignidade inerente a todos os membros da família humana e de seus direitos iguais e inalienáveis é o fundamento da liberdade, da justiça e da paz no mundo,

Visto que o desrespeito e o desprezo pelos direitos humanos têm resultado em atos bárbaros que ofenderam a consciência da humanidade e que o advento de um mundo em que os seres humanos tenham liberdade de expressão e crença e a liberdade de viver sem medo e privações foi proclamado como a aspiração mais elevada do homem comum,

Visto que é essencial que os direitos humanos sejam protegidos pelo estado de direito, para que o homem não seja compelido a recorrer, em última instância, à rebelião contra a tirania e a opressão,

Visto que é essencial promover o desenvolvimento de relações amistosas entre as nações,

Visto que os povos das Nações Unidas reafirmaram, na Carta, sua fé nos direitos humanos fundamentais, na dignidade e valor da pessoa humana e na igualdade de direitos dos homens e mulheres, e que decidiram promover o progresso social e melhores padrões de vida em maior liberdade,

Visto que os Estados-membros se comprometeram a desenvolver, em cooperação com as Nações Unidas, o respeito universal aos direitos humanos e liberdades fundamentais e o cumprimento desses direitos e liberdades,

Visto que uma compreensão comum desses direitos e liberdades é da maior importância para o pleno cumprimento desse compromisso,

A ASSEMBLEIA GERAL proclama ESTA DECLARAÇÃO UNIVERSAL DOS DIREITOS HUMANOS como um ideal comum a ser alcançado por todos os povos e todas as nações, para que todo indivíduo e todo órgão da sociedade, tendo sempre em mente esta Declaração, procure, pelo ensinamento e pela educação, promover o respeito a esses direitos e liberdades e, por medidas progressivas de caráter nacional e internacional, assegurar o seu reconhecimento e cumprimento universais e efetivos, tanto entre os povos dos próprios Estados-membros como entre os povos dos territórios sob sua jurisdição.

Artigo 1º. Todos os seres humanos nascem livres e iguais em dignidade e direitos. São dotados de razão e consciência e devem agir uns para com os outros num espírito de fraternidade.

Artigo 2º. Todo ser humano pode fruir de todos os direitos e liberdades apresentados nesta Declaração, sem distinção de qualquer sorte, como raça, cor, sexo, língua, religião, opinião política ou de outra ordem, origem nacional ou social, bens, nascimento ou qualquer outro status. Além disso, nenhuma distinção deve ser feita com base no status político, jurisdicional ou internacional do país ou território a que uma pessoa pertence, seja ele território independente, sob tutela, não autônomo ou com qualquer outra limitação de soberania.

Artigo 3º. Todo ser humano tem direito à vida, à liberdade e à segurança pessoal.

Artigo 4º. Ninguém deve ser mantido em escravidão ou servidão: a escravidão e o tráfico de escravos devem ser proibidos em todas as suas formas.

Artigo 5º. Ninguém deve ser submetido à tortura ou a um tratamento ou punição cruel, desumano ou degradante.

Artigo 6º. Todo ser humano tem o direito de ser reconhecido, por toda parte, como uma pessoa perante a lei.

Artigo 7º. Todos são iguais perante a lei e têm direito, sem qualquer distinção, a uma proteção igual da lei. Todos têm direito a uma proteção igual contra qualquer discriminação que viole esta Declaração e contra qualquer incitamento a tal discriminação.

Artigo 8º. Todo ser humano tem direito a receber, dos tribunais nacionais competentes, uma reparação efetiva para atos que violem os direitos fundamentais a ele concedidos pela constituição ou pela lei.

Artigo 9º. Ninguém deve ser submetido à prisão, à detenção ou ao exílio arbitrários.

Artigo 10. Todo ser humano tem direito, em total igualdade, a uma audiência justa e pública, por parte de um tribunal independente e imparcial, para a determinação de seus direitos e deveres e de qualquer acusação criminal contra a sua pessoa.

Artigo 11. (*1*) Todo ser humano acusado de um delito tem direito à presunção de inocência até que seja provada a sua culpa de acordo com a lei, num julgamento público em que lhe tenham sido asseguradas todas as garantias necessárias para a sua defesa.

(*2*) Ninguém deve ser considerado culpado por qualquer ato ou omissão que não constituía delito perante o direito nacional ou internacional na época em que foi cometido. Tampouco deve ser imposta uma pena mais pesada do que a aplicável na época em que o delito foi cometido.

Artigo 12. Ninguém deve ser sujeito a interferências arbitrárias na sua privacidade, família, lar ou correspondência, nem a ataques à sua honra e reputação. Todo ser humano tem direito à proteção da lei contra tais interferências ou ataques.

Artigo 13. (*1*) Todo ser humano tem o direito à liberdade de locomoção e residência dentro das fronteiras de cada Estado.

(*2*) Todo ser humano tem o direito de sair de qualquer país, inclusive do seu próprio, e de retornar ao seu país.

Artigo 14. (*1*) Todo ser humano vítima de perseguição tem o direito de procurar e receber asilo em outros países.

(*2*) Este direito não pode ser invocado no caso de uma perseguição legitimamente motivada por crimes não políticos ou por atos contrários aos propósitos e princípios das Nações Unidas.

Artigo 15. (*1*) Todo ser humano tem direito a uma nacionalidade.

(*2*) Ninguém deve ser arbitrariamente destituído de sua nacionalidade, nem lhe será negado o direito de mudar de nacionalidade.

Artigo 16. (*1*) Os homens e mulheres adultos, sem qualquer restrição de raça, nacionalidade ou religião, têm o direito de casar e fundar uma família, fazendo jus a direitos iguais em relação ao casamento, durante o casamento e na sua dissolução.

(*2*) O casamento deve ser realizado somente com o livre e pleno consentimento dos futuros cônjuges.

(*3*) A família é a unidade de grupo natural e fundamental da sociedade e tem direito à proteção da sociedade e do Estado.

Artigo 17. (*1*) Todo ser humano tem direito à propriedade, só ou em sociedade com outros.

(*2*) Ninguém deve ser arbitrariamente destituído de sua propriedade.

Artigo 18. Todo ser humano tem direito à liberdade de pensamento, consciência e religião; este direito inclui a liberdade de mudar de religião ou crença, e a liberdade de manifestar a sua religião ou crença pelo ensino, pela prática, pelo culto e pela observância, sozinho ou em comunidade com outros, em público ou em privado.

Artigo 19. Todo ser humano tem direito à liberdade de opinião e expressão; este direito inclui a liberdade de ter opiniões sem quaisquer interferências e de procurar, receber e transmitir informações e ideias por qualquer meio de comunicação e independentemente de fronteiras.

Artigo 20. (*1*) Todo ser humano tem direito à liberdade de reunião e associação pacíficas.

(*2*) Ninguém pode ser obrigado a pertencer a uma associação.

Artigo 21. (*1*) Todo ser humano tem o direito de participar do governo de seu país, diretamente ou por meio de representantes livremente escolhidos.

(*2*) Todo ser humano tem igual direito de acesso ao serviço público no seu país.

(*3*) A vontade do povo deve ser a base da autoridade do governo; esta vontade deve ser expressa em eleições periódicas e legítimas, por sufrágio universal e igual, realizadas por voto secreto ou por procedimento equivalente que assegure a liberdade de voto.

Artigo 22. Todo ser humano, como membro da sociedade, tem direito à segurança social e à realização, por meio de esforço nacional e cooperação internacional e de acordo com a organização e os recursos de cada Estado, dos direitos econômicos, sociais e culturais indispensáveis à sua dignidade e ao livre desenvolvimento da sua personalidade.

Artigo 23. (*1*) Todo ser humano tem direito ao trabalho, à livre escolha do emprego, a condições justas e satisfatórias de trabalho e à proteção contra o desemprego.

(*2*) Todo ser humano, sem qualquer distinção, tem direito a pagamento igual para trabalho igual.

(*3*) Todo ser humano que trabalha tem direito a uma remuneração justa e satisfatória que assegure para si mesmo e para sua família uma existência à altura da dignidade humana, suplementada, se necessário, por outros meios de proteção social.

(*4*) Todo ser humano tem o direito de organizar sindicatos e deles participar para a proteção de seus interesses.

Artigo 24. Todo ser humano tem direito ao descanso e ao lazer, inclusive a uma limitação razoável das horas de trabalho e a férias periódicas remuneradas.

Artigo 25. (*1*) Todo ser humano tem direito a um padrão de vida que lhe assegure, para si mesmo e para sua família, saúde e bem-estar, incluindo alimentação, vestuário, habitação, cuidados médicos e os serviços sociais indispensáveis, bem como o direito à segurança em caso de desemprego, doença, invalidez, viuvez, velhice ou perda dos meios de subsistência em circunstâncias fora de seu controle.

(*2*) A maternidade e a infância têm direito a cuidados e assistência especiais. Todas as crianças, nascidas dentro ou fora do casamento, devem ter a mesma proteção social.

Artigo 26. (*1*) Todo ser humano tem direito à educação. A educação deve ser gratuita, ao menos nos estágios elementares e fundamentais. A educação elementar deve ser obrigatória. A educação técnica e profissional deve ser colocada à disposição de todos, e a educação superior deve ser igualmente acessível a todos com base no mérito.

(*2*) A educação deve ser orientada para o pleno desenvolvimento da personalidade humana e para o fortalecimento do respeito pelos direitos humanos e liberdades fundamentais. Deve promover a compreensão, a tolerância e a amizade entre todas as nações e grupos raciais ou religiosos, e deve fomentar as atividades das Nações Unidas para a manutenção da paz.

(*3*) Os pais têm o direito prioritário de escolher o tipo de educação que será dado a seus filhos.

Artigo 27. (*1*) Todo ser humano tem o direito de participar livremente na vida cultural da comunidade, apreciar as artes e participar do progresso científico e seus benefícios.

(*2*) Todo ser humano tem direito à proteção dos interesses morais e materiais que resultem de qualquer produção científica, literária ou artística de sua autoria.

Artigo 28. Todo ser humano tem direito a uma ordem social e internacional em que os direitos e liberdades estabelecidos nesta Declaração possam ser plenamente realizados.

Artigo 29. (*1*) Todo ser humano tem deveres para com a comunidade em que o livre e pleno desenvolvimento da sua personalidade é possível.

(*2*) No exercício de seus direitos e liberdades, todo ser humano deve estar sujeito apenas às limitações determinadas pela lei exclusivamente com o propósito de assegurar o devido reconhecimento e respeito pelos direitos e liberdades dos outros e de satisfazer as justas exigências da moral, da ordem pública e do bem-estar geral de uma sociedade democrática.

(*3*) Estes direitos e liberdades não podem ser exercidos, em hipótese alguma, contra os propósitos e princípios das Nações Unidas.

Artigo 30. Nada nesta Declaração pode ser interpretado de maneira a implicar que qualquer Estado, grupo ou pessoa tem o direito de se envolver em qualquer atividade ou executar qualquer ato destinado à destruição de qualquer um dos direitos e liberdades aqui estabelecidos.

Fonte: Mary Ann Glendon, *A World Made New: Eleanor Roosevelt and the Universal Declaration of Human Rights* (Nova York: Random House, 2001), pp. 310-4; <www.un.org/Overview/rights.html>.

Notas

INTRODUÇÃO [PP. 13-33]

1. Julian P. Boyd, ed., *The Papers of Thomas Jefferson*, 31 vols. (Princeton: Princeton University Press, 1950-), vol. 1 (1760-66), esp. p. 423, mas ver também pp. 309-433.

2. D. O. Thomas, ed., *Political Writings/ Richard Price* (Cambridge/ Nova York: Cambridge University Press, 1991), p. 195. Citação de Burke tirada do parágrafo 144, disponível on-line em <www.bartleby.com/24/3/6.html>: *Reflections on the French Revolution*, vol. XXIV, parte 3 (Nova York: P. F. Collier & Son, 1909--14; Bartebly.com, 2001). [Ed. brasileira: *Reflexões sobre a revolução em França*, trad. Renato de Assumpção Faria (Brasília: UNB, 1997).]

3. Jacques Maritain, um dos líderes do Comitê da UNESCO sobre as Bases Teóricas dos Direitos Humanos, citado in Mary Ann Glendon, *A World Made New: Eleanor Roosevelt and the Universal Declaration of Human Rights* (Nova York: Random House, 2001), p. 77. Sobre a Declaração Americana, ver Pauline Maier, *American Scripture: Making the Declaration of Independence* (Nova York: Alfred A. Knopf, 1997), pp. 236-41.

4. Sobre a diferença entre a Declaração de Independência americana e a Declaração dos Direitos inglesa de 1689, ver Michael P. Zuckert, *Natural Rights and the New Republicanism* (Princeton: Princeton University Press, 1994), esp. pp. 3-25.

5. A citação de Jefferson é tirada de Andrew A. Lipscomb e Albert E. Bergh,

eds., *The Writings of Thomas Jefferson*, 20 vols. (Washington, D.C.: Thomas Jefferson Memorial Association of the United States, 1903-4), vol. 3, p. 421. Fui capaz de seguir o uso dos termos por Jefferson graças ao site de suas citações, criado pela biblioteca da Universidade de Virginia: <http://etext.lib.virginia.edu/jefferson/quotations>. Há muito mais a ser feito sobre a questão dos termos dos direitos humanos, e à medida que os bancos de dados on-line se expandem e são refinados essa pesquisa se torna menos embaraçosa. "Direitos humanos" é usado desde os primeiros anos do século XVIII em inglês, mas a maioria das ocorrências aparece frequentemente em conjunção com religião, como em "direitos divinos e humanos" ou até "direito divino divino" vs. "direito divino humano". Este último ocorre in Matthew Tindal, *The Rights of the Christian Church Asserted, against the Romish, and All Other Priests Who Claim an Independent Power over It* (Londres, 1706), p. liv; o primeiro em, por exemplo, *A Compleat History of the Whole Proceedings of the Parliament of Great Britain against Dr. Henry Sacheverell* (Londres, 1710), pp. 84 e 87.

6. A linguagem dos direitos humanos é traçada muito facilmente em francês graças ao Project for American and French Research on the Treasury of the French Language (ARTFL), um banco de dados on-line de uns 2 mil textos franceses dos séculos XIII ao XX. ARTFL inclui apenas uma seleção de textos escritos em francês, e favorece a literatura em detrimento de outras categorias. Encontra-se uma descrição do recurso em <http://humanities.uchicago.edu/orgs/ARTFL/artfl.flyer.html>. Nicolas Lenglet-Dufresnoy, *De l'usage des romans. Où l'on fait voir leur utilité et leurs différents caractères. Avec une bibliothèque des romans, accompagnée de remarques critiques sur leurs choix et leurs éditions* (Amsterdam: Vve de Poilras, 1734; Genebra: Slatkine Reprints, 1970), p. 245. Voltaire, *Essay sur l'histoire générale et sur les moeurs et l'esprit des nations, depuis Charlemagne jusqu'à nos jours* (Genebra: Cramer, 1756), p. 292. Consultando *Voltaire électronique*, um CD-ROM pesquisável das obras coligidas de Voltaire, encontrei *droit humain* usado sete vezes (*droits humains*, no plural, nunca), quatro delas no *Tratado sobre a tolerância* e uma vez em três outras obras. Em ARTFL a expressão aparece uma vez in Louis-François Ramond, *Lettres de W. Coxe à W. Melmoth* (Paris: Belin, 1781), p. 95, mas no contexto significa lei humana em oposição à lei divina. A função de busca do Voltaire eletrônico torna virtualmente impossível determinar com rapidez se Voltaire usou *droits de l'homme* ou *droits de l'humanité* em qualquer uma de suas obras (a busca só indica as milhares de referências a *droits* e *homme*, por exemplo, na mesma obra, e não numa expressão consecutiva, em contraste a ARTFL).

7. ARTFL dá a citação como sendo de Jacques-Bénigne Bossuet, *Méditations sur l'Évangile* (1704, Paris: Vrin, 1966), p. 484.

8. Rousseau pode ter tomado o termo "direitos do homem" de Jean-Jacques

Burlamaqui, que o usou no sumário de *Principes du droit naturel par J. J. Burlamaqui, Conseiller d'État, et ci-devant Professeur en droit naturel et civil à Genève* (Genebra: Barrillot et fils, 1747), parte 1, cap. vii, seção 4 ("Fondement général des Droits de l'homme"). Aparece como "direitos do homem" na tradução inglesa de Nugent (Londres, 1748). Rousseau discute as ideias de Burlamaqui sobre o *droit naturel* em seu *Discours sur l'origine et les fondements de l'inégalité parmi les hommes*, 1755, *Oeuvres complètes*, ed. Bernard Gagnebin e Marcel Raymond, 5 vols. (Paris: Gallimard, 1959-95), vol. 3 (1966), p. 124. [Ed. brasileira: *Discurso sobre a origem e os fundamentos da desigualdade entre os homens*, trad. Paulo Neves (Porto Alegre: L&PM, 2008).] O relato sobre *Manco* é tirado de *Mémoires secrets pour servir à l'histoire de la République des lettres en France, depuis MDCCLXII jusqu'à nos jours*, 36 vols. (Londres: J. Adamson, 1784-9), vol. 1, p. 230. As *Mémoires secrets* cobriam os anos 1762-87. Sem ser obra de um único autor (Louis Petit de Bachaumont morreu em 1771), mas provavelmente de vários, as "memórias" incluíam resenhas de livros, panfletos, peças teatrais, concertos musicais, exposições de arte e casos sensacionais nos tribunais — ver Jeremy D. Popkin e Bernadette Fort, *The* Mémoires secrets *and the Culture of Publicity in Eighteenth-Century France* (Oxford: Voltaire Foundation, 1998), e Louis A. Oliver, "Bachaumont the Chronicler: A Questionable Renown", in *Studies on Voltaire and the Eighteenth Century*, vol. 143 (Voltaire Foundation: Banbury, Oxford, 1975), pp. 161-79. Como os volumes foram publicados depois das datas que pretendiam cobrir, não podemos ter absoluta certeza de que o uso de "direitos do homem" fosse tão comum em 1763 quanto o autor supõe. No primeiro ato, cena ii, Manco recita: "Nascidos, como eles, na floresta, mas rápidos em nos conhecer/ Exigindo tanto o título como os direitos de nosso ser/ Lembramos a seus corações surpresos/ Tanto este título como estes direitos há tanto tempo profanados" — Antoine Le Blanc de Guillet, *Manco-Capac, premier Ynca Du Pérou, Tragédie, Représentée pour la première fois par les Comédiens François ordinaires du Roi, le 12 Juin 1763* (Paris: Belin, 1782), p. 4.

9. "Direitos do homem" aparece uma vez in William Blackstone, *Commentaries on the Laws of England*, 4 vols. (Oxford, 1765-9), vol. 1 (1765), p. 121. O primeiro uso que encontrei em inglês está em John Perceval, Earl of Egmont, *A Full and Fair Discussion of the Pretensions of the Dissenters, to the Repeal of the Sacramental Test* (Londres, 1733), p. 14. Aparece também na "epístola poética" de 1773, *The Dying Negro*, e num tratado anterior do líder abolicionista Granville Sharp, *A Declaration of the People's Natural Right to a Share in the Legislature...* (Londres, 1774), p. xxv. Encontrei esses dados usando o serviço on-line de Thomson Galé, Eighteenth Century Collections Online, e sou grata a Jenna Gibbs-Boyer pela ajuda nessa pesquisa. A citação de Condorcet está em Marie Louise Sophie de

Grouchy, marquesa de Condorcet, ed., *Oeuvres complètes de Condorcet*, 21 vols. (Brunswick/ Paris: Vieweg Henrichs, 1804), vol. xi, pp. 240-2, 249, 251. Sieyès usou o termo *droits de l'homme* apenas uma vez: "Il ne faut point juger de ses demandes par les observations isolées de quelques auteurs plus ou moins instruits des droits de l'homme" [Não se deve julgar suas [do Terceiro Estado] demandas pelas observações isoladas de alguns autores mais ou menos conhecedores dos direitos do homem] — Emmanuel Sieyès, *Le Tiers-État* (1789; Paris: E. Champion, 1888), p. 36. Na sua carta a James Madison escrita em Paris em 12 de janeiro de 1789, Thomas Jefferson enviou o rascunho da declaração feito por Lafayette. O segundo parágrafo começava: "Les droits de l'homme assurent sa proprieté, sa liberté, son honneur, sa vie" [Os direitos do homem asseguram sua propriedade, sua liberdade, sua honra, sua vida] — *Jefferson Papers*, vol. 14, p. 438. O rascunho de Condorcet data de um pouco antes da abertura dos Estados--Gerais em 5 de maio de 1789, in Iain McLean e Fiona Hewitt, eds., *Condorcet: Foundations of Social Choice and Political Theory* (Aldershot, Hants: Edward Elgar, 1994), p. 57; ver pp. 255-70 sobre o rascunho da declaração "dos direitos", em que aparece a expressão "direitos do homem", embora não no título. Ver os textos dos vários projetos para uma declaração in Antoine de Baecque, ed., *L'An I des droits de l'homme* (Paris: Presses du cnrs, 1988).

10. Blackstone, *Commentaries on the Laws of England*, vol. 1, p. 121. P. H. d'Holbach, *Système de la Nature* (1770; Londres, 1771), p. 336. H. Comte de Mirabeau, *Lettres écrites du donjon* (1780; Paris, 1792), p. 41.

11. Citado in Lynn Hunt, ed., *The French Revolution and Human Rights: A Brief Documentary History* (Boston: Bedford Books/St. Martin's Press, 1996), p. 46.

12. Denis Diderot e Jean le Rond d'Alembert, eds., *Encyclopédie ou Dictionnaire raisonné des sciences, des arts et des métiers*, 17 vols. (Paris, 1751-80), vol. 5 (1755), pp. 115-6. Esse volume inclui dois artigos diferentes sobre "Droit Naturel". O primeiro é intitulado "Droit Naturel (Morale)", pp. 115-6, e começa com o asterisco editorial característico de Diderot (assinalando a sua autoria); o segundo é intitulado "Droit de la nature, ou Droit naturel", pp. 131-4, e é assinado "A" (Antoine-Gaspard Boucher d'Argis). A informação sobre a autoria vem de John Lough, "The Contributors to the *Encyclopédie*", in Richard N. Schwab e Walter E. Rex, *Inventory of Diderot's* Encyclopédie, vol. 7: *Inventory of the Plates, with a Study of the Contributors to the* Encyclopédie *by John Lough* (Oxford: Voltaire Foundation, 1984), pp. 483-564. O segundo artigo de Boucher d'Argis consiste numa história do conceito e é baseado em grande parte no tratado de Burlamaqui de 1747, *Principes du droit naturel*.

13. Burlamaqui, *Principes du droit naturel*, p. 29 (a ênfase é dele).

14. J. B. Schneewind, *The Invention of Autonomy: A History of Modern Moral*

Philosophy (Cambridge: Cambridge University Press, 1998), p. 4. [Ed. brasileira: *A invenção da autonomia: uma história da filosofia moral moderna*, trad. Magda França Lopes (São Leopoldo: Unisinos, 2001).] A autonomia parece ser o elemento crucial que falta nas teorias da lei natural até meados do século XVIII. Como argumenta Haakonssen, "Segundo a maioria dos advogados da lei natural nos séculos XVII e XVIII, a ação moral consistia em estar sujeito à lei natural e cumprir os deveres impostos por essa lei, enquanto os direitos eram derivados, sendo meros meios para o cumprimento dos deveres" — Knud Haakonssen, *Natural Law and Moral Philosophy: From Grotius to the Scottish Enlightenment* (Cambridge: Cambridge University Press, 1996), p. 6. A esse respeito, Burlamaqui, que tanto influenciou os americanos nas décadas de 1760 e 1770, pode muito bem marcar uma transição importante. Burlamaqui insiste que os homens estão submetidos a um poder superior, mas que esse poder deve estar de acordo com a natureza interior do homem: "Para que regule as ações humanas, a lei deve estar absolutamente de acordo com a natureza e a constituição do homem, relacionada, enfim, com a sua felicidade, que é aquilo que a razão o leva necessariamente a buscar" — Burlamaqui, *Principes*, p. 89. Sobre a importância geral da autonomia para os direitos humanos, ver Charles Taylor, *Sources of the Self: The Making of Modern Identity* (Cambridge, MA: Harvard University Press, 1989), esp. p. 12. [Ed. brasileira: *As fontes do Self: a construção da identidade moderna*, trad. Adail Ubirajara Sobral e Dinah de Abreu Azevedo (São Paulo: Edições Loyola, 1997).]

15. Pesquisei "tortura" em ARTFL. A expressão de Marivaux é de *Le Spectateur français* (1724), in Frédéric Deloffre e Michel Gilet, eds., *Journaux et oeuvres diverses* (Paris: Garnier, 1969), p. 114. Montesquieu, *The Spirit of the Laws*, trad. e ed. Anne M. Cohler, Basia Carolyn Miller e Harold Samuel Stone (Cambridge: Cambridge University Press, 1989), pp. 92-3. [Ed. brasileira: *O espírito das leis*, trad. Cristina Murachco (São Paulo: Martins Fontes, 2005).]

16. A minha opinião é claramente muito mais otimista do que a elaborada por Michel Foucault, que enfatiza antes as superfícies que as profundezas psicológicas, ligando as novas visões do corpo mais ao surgimento da disciplina que à liberdade. Ver, por exemplo, *Discipline and Punish: The Birth of the Prison* de Foucault, trad. Alan Sheridan (Nova York: Vintage, 1979). [Ed. brasileira: *Vigiar e punir: história da violência nas prisões*, trad. Raquel Ramalhete (Petrópolis: Vozes, 1987).]

17. Benedict Anderson, *Imagined Communities: Reflections on the Origin and Spread of Nationalism* (Londres: Verso, 1983), esp. pp. 25-36. [Ed. brasileira: *Comunidades imaginadas: reflexões sobre a origem e difusão do nacionalismo*, trad. Denise Bottman (São Paulo: Companhia das Letras, 2008).]

18. Leslie Brothers, *Friday's Footprint: How Society Shapes the Human Mind*

(Nova York: Oxford University Press, 1997). Kai Voigeley, Martin Kurthen, Peter Falkai e Walfgang Maier, "Essential Functions of the Human Self Model Are Implemented in the Prefrontal Cortex", *Consciousness and Cognition*, 8 (1999): 343-63.

1. "TORRENTES DE EMOÇÕES" [PP. 35-69]

1. François-Marie Arouet de Voltaire a Marie de Vichy de Chamrond, marquesa de Deffand, 6 de março de 1761, em R. A. Leigh, ed., *Correspondance complète de Jean Jacques Rousseau*, 52 vols. (Genebra: Institut et Musée Voltaire, 1965-98), vol. 8 (1969), p. 222. Jean le Rond d'Alembert a Rousseau, Paris, 10 de fevereiro de 1761, in *Correspondance complète de Jean Jacques Rousseau*, vol. 8, p. 76. Sobre as respostas dos leitores citadas neste parágrafo e no seguinte, ver Daniel Mornet, *J.-J. Rousseau: La Nouvelle Héloïse*, 4 vols. (Paris: Hachette, 1925), vol. 1, pp. 246-9.

2. Sobre as traduções inglesas, ver Jean-Jacques Rousseau, *La Nouvelle Héloïse*, trad. Judith H. McDowell (University Park, PA: Pennsylvania State University Press, 1968), p. 2. [Ed. brasileira: *Júlia ou A nova Heloísa*, trad. Fulvia M. L. Moretto (São Paulo: Hucitec, 1994).] Sobre as edições francesas, ver Jo-Ann E. McEachern, *Bibliography of the Writings of Jean Jacques Rousseau to 1800*, vol. 1: *Julie, ou La Nouvelle Héloïse* (Oxford: Voltaire Foundation, Taylor Institution, 1993), pp. 769-75.

3. Alexis de Tocqueville, *L'Ancien Régime*, ed. J. P. Mayer (1856; Paris: Gallimard, 1964), p. 286. [Ed. brasileira: *O Antigo Regime e a Revolução*, trad. Yvone Jean (Brasília: UNB, 1989).] Olivier Zunz muito gentilmente me indicou essa obra.

4. Jean Decety e Philip L. Jackson, "The Functional Architecture of Human Empathy", *Behavioral and Cognitive Neuroscience Reviews*, 3 (2004): 71-100; ver esp. p. 91.

5. Sobre a evolução geral do romance francês, ver Jacques Rustin, *Le Vice à la mode: Etude sur le roman français du XVIIIe siècle de* Manon Lescaut *à l'apparition de* La Nouvelle Héloïse *(1731-1761)* (Paris: Ophrys, 1979), p. 20. Compilei os números sobre a publicação dos novos romances franceses a partir de Angus Martin, Vivienne G. Mylne e Richard Frautschi, *Bibliographie du genre romanesque français, 1751-1800* (Londres: Mansell, 1977). Sobre o romance inglês, ver James Raven, *British Fiction 1750-1770* (Newark, DE: University of Delaware Press, 1987), pp. 8-9, e James Raven, "Historical Introduction: The Novel Comes of Age", in Peter Garside, James Raven e Rainer Schöwerling, eds., *The English Novel, 1770-1829: A Bibliographical Survey of Prose Fiction Published*

in the British Isles (Londres/ Nova York: Oxford University Press, 2000), pp. 15-
-121, esp. pp. 26-32. Raven mostra que a porcentagem de romances epistolares
caiu de 44% de todos os romances na década de 1770 para 18% na década de 1790.

6. Este não é o lugar para uma exaustiva lista de obras. A mais influente para
mim é Benedict Anderson, *Comunidades imaginadas*.

7. [Abade Marquet], *Lettre sur Pamela* (Londres, 1742), pp. 3, 4.

8. Mantive a pontuação original. *Pamela: or Virtue Rewarded. In a Series of
Familiar Letters from a Beautiful Young Damsel to her Parents: In four volumes. The
sixth edition; corrected. By the late Mr. Sam. Richardson* (Londres: William Otridge,
1772), vol. 1, pp. 22-3.

9. Aaron Hill a Samuel Richardson, 17 de dezembro de 1740. Hill implora
que Richardson revele o nome do autor, suspeitando sem dúvida que seja o próprio
Richardson — Anna Laetitia Barbauld, ed., *The Correspondence of Samuel Richardson, Author of* Pamela, Clarissa, *and* Sir Charles Grandison. *Selected from the Original Manuscripts...*, 6 vols. (Londres: Richard Phillips, 1804), vol. 1, pp. 54-5.

10. T. C. Duncan Eaves e Ben D. Kimpel, *Samuel Richardson: A Biography*
(Oxford: Clarendon Press, 1971), pp. 124-41.

11. Carta de Bradshaigh datada de 11 de janeiro de 1749, citada em Eaves e
Kimpel, *Samuel Richardson*, p. 224. Carta de Edward de 26 de janeiro de 1749, in
Barbauld, ed., *Correspondence of Samuel Richardson*, vol. III, p. 1.

12. Sobre as bibliotecas particulares francesas, ver François Jost, "Le Roman
épistolaire et la technique narrative au XVIIIᵉ siècle", in *Comparative Literature Studies*, 3 (1966): 397-427, esp. pp. 401-2, baseado num estudo de Daniel Mornet de
1910. Sobre as reações dos boletins informativos (boletins escritos por intelectuais na França para governantes estrangeiros que queriam acompanhar os últimos desenvolvimentos na cultura francesa), ver *Correspondance littéraire, philosophique et critique par Grimm, Diderot, Raynal, Meister, etc., revue sur les textes
originaux, comprenant outre ce qui a été publié à diverses époques les fragments sup-
primés en 1813 par la censure, les parties inédites conservées à la Bibliothèque ducale
de Gotha et à l'Arsenal à Paris*, 16 vols. (Paris: Garnier, 1877-82, Nendeln, Lichtenstein: Kraus, 1968), pp. 25 e 248 (25 de janeiro de 1751 e 15 de junho de 1753).
O abade Guillaume Thomas Raynal foi o autor do primeiro e Friedrich Melchior
Grimm muito provavelmente escreveu o segundo.

13. Richardson não retribuiu o elogio de Rousseau: ele afirmava ter achado
impossível ler *Júlia* (mas morreu no ano da publicação de *Júlia* em francês). Ver
Eaves e Kimpel, *Samuel Richardson*, p. 605, sobre a citação de Rousseau e a reação
de Richardson a *Júlia*. Claude Perroud, ed., *Lettres de Madame Roland*, vol. 2
(1788-93) (Paris: Imprimerie Nationale, 1902), pp. 43-9, esp. p. 48.

14. Robert Darnton, *The Great Cat Massacre and Other Episodes in French*

Cultural History (Nova York: W. W. Norton, 1984), citação p. 243. [Ed. brasileira: *O grande massacre de gatos e outros episódios da história cultural francesa*, trad. Sonia Coutinho (Rio de Janeiro: Graal, 1986).] Claude Labrosse, *Lire au XVIIIᵉ siècle: La Nouvelle Héloïse et ses lecteurs* (Lyon: Presses Universitaires de Lyon, 1985), citação p. 96.

15. Um exame recente dos textos sobre o romance epistolar pode ser encontrado em Elizabeth Heckendorn Cook, *Epistolary Bodies: Gender and Genre in the Eighteenth-Century Republic of Letters* (Stanford: Stanford University Press, 1996). Sobre as origens do gênero, ver Jost, "Le Roman épistolaire".

16. W. S. Lewis, ed., *The Yale Edition of Horace Walpole's Correspondence*, vol. 22 (New Haven, 1960), p. 271 (carta a sir Horace Mann, 20 de dezembro de 1764). *Remarks on* Clarissa, *Addressed to the Author. Occasioned by some critical Conversations on the Characters and Conduct of that Work. With Some Reflections on the Character and Behaviour of Prior's* Emma (Londres, 1749), pp. 8 e 51.

17. *Gentleman's Magazine*, 19 (junho de 1749), pp. 245-6, e 19 (agosto de 1749), pp. 345-9, citações nas pp. 245 e 346.

18. N. A. Lenglet-Dufresnoy, *De l'usage des romans, où l'on fait voir leur utilité et leurs différents caractères*, 2 vols. (1734; Genebra: Slatkine Reprints, 1979), citações pp. 13 e 92 (vol. 1: 8 e 325 no original). Vinte anos mais tarde, Lenglet-Dufresnoy foi convidado a colaborar com outras figuras do Iluminismo na *Encyclopédie* de Diderot.

19. Armand-Pierre Jacquin, *Entretiens sur les romans* (1755; Genebra: Slatkine Reprints, 1970), citações pp. 225, 237, 305, 169 e 101. A literatura antirromance é discutida em Daniel Mornet, *J.-J. Rousseau: La Nouvelle Héloïse*, 4 vols. (Paris: Hachette, 1925), vol. 1.

20. Richard C. Taylor, "James Harrison, 'The Novelist Magazine', and the Early Canonizing of the English Novel", *Studies in English Literature, 1500-1900*, 33 (1993): 629-43, citação p. 633. John Tinnon Taylor, *Early Opposition to the English Novel: The Popular Reaction from 1760 to 1830* (Nova York: King's Crown Press, 1943), p. 52.

21. Samuel-Auguste Tissot, *L'Onanisme* (1774, ed. latina 1758; Paris: Éditions de la Différence, 1991), esp. pp. 22 e 166-7. Taylor, *Early Opposition*, p. 61.

22. Gary Kelly, "Unbecoming a Heroine: Novel Reading, Romanticism, and Barrett's *The Heroine*", *Nineteenth-Century Literature*, 45 (1990): 220-41, citação p. 222.

23. Londres: Impresso para C. Rivington, no adro de St. Paul; e J. Osborn [etc.], 1741.

24. Jean-Jacques Rousseau, *Julie, or The New Heloise*, trad. Philip Stewart e Jean Vaché, vol. 6 de Roger D. Masters e Christopher Kelly, eds., *The Collected Wri-*

tings of Rousseau (Hanover, NH: University Press of New England, 1997), citações pp. 3 e 15.

25. "Éloge de Richardson", *Journal étranger*, 8 (1762; Genebra: Slatkine Reprints, 1968), 7-16, citações pp. 8-9. Uma análise mais detalhada deste texto encontra-se in Roger Chartier, "Richardson, Diderot et la lectrice impatiente", *MLN*, 114 (1999): 647-66. Não se sabe quando Diderot leu pela primeira vez Richardson; as referências a ele na correspondência de Diderot só começam a aparecer em 1758. Grimm referiu-se a Richardson na sua correspondência já em 1753 — June S. Siegel, "Diderot and Richardson: Manuscripts, Missives, and Mysteries", *Diderot Studies*, 18 (1975): 145-67.

26. "Éloge", pp. 8, 9.

27. Ibid., p. 9.

28. Henry Home, lorde Kames, *Elements of Criticism*, 3ª ed., 2 vols. (Edimburgo: A. Kincaid & J. Bell, 1765), vol. 1, pp. 80, 82, 85, 92. Ver também Mark Salber Phillips, *Society and Sentiment: Genres of Historical Writings in Britain, 1740- -1820* (Princeton: Princeton University Press, 2000), pp. 109-10.

29. Julian P. Boyd, ed., *The Papers of Thomas Jefferson*, 30 vols. (Princeton: Princeton University Press, 1950-), vol. 1, pp. 76-81.

30. Jean Starobinski demonstra que esse debate sobre os efeitos da identificação aplicava-se igualmente ao teatro, mas argumenta que a análise de Diderot a respeito de Richardson constitui um importante ponto crítico no desenvolvimento de uma nova atitude para com a identificação — "'Se mettre à la place': la mutation de la critique de l'âge classique à Diderot", *Cahiers Vilfredo Pareto*, 14 (1976): 364-78.

31. Sobre esse ponto, ver esp. Michael McKean, *The Origins of the English Novel, 1600-1740* (Baltimore: Johns Hopkins University Press, 1987), p. 128.

32. Andrew Burstein, *The Inner Jefferson: Portrait of a Grieving Optimist* (Charlottesville, VA: University of Virginia Press, 1995), p. 54. J. P. Brissot de Warville, *Mémoires (1754-1793); publiés avec étude critique et notes par Cl. Perroud* (Paris: Picard, s. d.), vol. 1, pp. 354-5.

33. Immanuel Kant, "An Answer to the Question: What is Enlightenment?", in James Schmidt, ed., *What Is Enlightenment? Eighteenth-Century Answers and Twentieth-Century Questions* (Berkeley: University of California Press, 1996), pp. 58-64, citação p. 58. Não é fácil determinar a cronologia da autonomia. A maioria dos historiadores concorda que o alcance da tomada de decisão individual aumentou de modo geral entre os séculos XVI e XX no mundo ocidental, mesmo que discordem sobre como e por que isso ocorreu. Inúmeros livros e artigos foram escritos sobre a história do individualismo como doutrina filosófica e social e suas associações com o cristianismo, a consciência protestante, o capita-

lismo, a modernidade e os valores ocidentais de modo mais geral — ver Michael Carrithers, Steven Collins e Steven Lukes, eds., *The Category of the Person: Anthropology, Philosophy, History* (Cambridge: Cambridge University Press, 1985). Um breve exame dos textos sobre o tema pode ser encontrado em Michael Mascuch, *Origins of the Individualist Self: Autobiography and Self-Identity in England, 1591--1791* (Stanford: Stanford University Press, 1996), pp. 13-24. Um dos poucos a relatar esses desenvolvimentos para os direitos humanos é Charles Taylor, *As fontes do Self*.

34. Citado em Jay Fliegelman, *Prodigals and Pilgrims: The American Revolution Against Patriarchal Authority, 1750-1800* (Cambridge: Cambridge University Press, 1982), p. 15.

35. Jean-Jacques Rousseau, *Émile, ou l'Éducation*, 4 vols. (Haia: Jean Néaume, 1762), vol. 1, pp. 2-4. [Ed. brasileira: *Emílio ou Da educação*, trad. Roberto Leal Ferrara (São Paulo: Martins Fontes, 1995).] Richard Price, *Observations on the Nature of Civil Liberty, the Principles of Government, and the Justice and Policy of the War with America to which is added, An Appendix and Postscript, containing, A State of the National Debt, An Estimate of the Money drawn from the Public by the Taxes, and An Account of the National Income and Expenditure since the last War*, 9ª ed. (Londres: Edward & Charles Dilly, and Thomas Cadell, 1776), pp. 5-6.

36. Lynn Hunt, *The Family Romance of the French Revolution* (Berkeley: University of California Press, 1992), pp. 40-1.

37. Fliegelman, *Prodigals and Pilgrims*, pp. 39, 67.

38. Lawrence Stone, *The Family, Sex and Marriage in England, 1500-1800* (Londres: Weidenfeld & Nicolson, 1977). Sobre enrolar os bebês em panos, desmamá-los e ensiná-los a usar o banheiro, ver Randolph Trumbach, *The Rise of the Egalitarian Family: Aristocratic Kinship and Domestic Relations in Eighteenth--Century England* (Nova York: Academic Press, 1978), pp. 197-229.

39. Sybil Wolfram, "Divorce in England 1700-1857", *Oxford Journal of Legal Studies*, 5 (verão de 1985): 155-86. Roderick Phillips, *Putting Asunder: A History of Divorce in Western Society* (Cambridge: Cambridge University Press, 1988), p. 257. Nancy F. Cott, "Divorce and the Changing Status of Women in Eighteenth--Century Massachusetts", *William and Mary Quarterly*, 3ª série, vol. 33, nº 4 (outubro de 1976): 586-614.

40. Frank L. Dewey, "Thomas Jefferson's Notes on Divorce", *William and Mary Quarterly*, 3ª série, vol. 39, nº 1, *The Family in Early American History and Culture* (janeiro de 1982): 212-3, citações pp. 219, 217, 216.

41. "*Empathy*" só entrou na língua inglesa no início do século xx como um termo usado na estética e na psicologia. Uma tradução da palavra alemã *Einfüh-*

lung, ela foi definida como "o poder de projetar a própria personalidade no (e assim compreender plenamente o) objeto da contemplação".

42. Francis Hutcheson, *A Short Introduction to Moral Philosophy, in Three Books: Containing the Elements of Ethicks and the Law of Nature*, 1747, 2ª ed. (Glasgow: Robert & Andrew Foulis, 1753), pp. 12-6.

43. Adam Smith, *The Theory of Moral Sentiments*, 3ª ed. (Londres, 1767), p. 2. [Ed. brasileira: *Teoria dos sentimentos morais*, trad. Lya Luft (São Paulo: Martins Fontes, 1999).]

44. Burstein, *The Inner Jefferson*, p. 54; *The Power of Sympathy* foi escrito por William Hill Brown. Anne C. Vila, "Beyond Sympathy: Vapors, Melancholia, and the Pathologies of Sensibility in Tissot and Rousseau", *Yale French Studies*, nº 92, *Exploring the Conversible World: Text and Sociability from the Classical Age to the Enlightenment* (1997): 88-101.

45. Há muitos debates sobre as origens de Equiano (se ele nasceu na África, como afirmava, ou nos Estados Unidos), mas isso não é relevante para o meu argumento. Sobre a discussão mais recente, ver Vincent Carretta, *Equiano, the African: Biography of a Self-Made Man* (Athens, GA: University of Georgia Press, 2005).

46. Abade Sieyès, *Préliminaire de la constitution française* (Paris: Baudouin, 1789).

47. H. A. Washington, ed., *The Writings of Thomas Jefferson*, 9 vols. (Nova York: John C. Riker, 1853-7), vol. 7 (1857), pp. 101-3. Sobre Wollstonecraft, ver Phillips, *Society and Sentiment*, p. 114, e especialmente Janet Todd, ed., *The Collected Letters of Mary Wollstonecraft* (Londres: Allen Lane, 2003), pp. 34, 114, 121, 228, 253, 313, 342, 359, 364, 402, 404.

48. Andrew A. Lipscomb e Albert E. Bergh, eds., *The Writings of Thomas Jefferson*, 20 vols. (Washington, DC: Thomas Jefferson Memorial Association of the United States, 1903-4), vol. 10, p. 324.

2. "OSSOS DOS SEUS OSSOS" [PP. 70-112]

1. O melhor relato geral ainda é de David D. Bien, *The Calas Affair: Persecution, Toleration, and Heresy in Eighteenth-Century Toulouse* (Princeton: Princeton University Press, 1960). As torturas de Calas são descritas em Charles Berriat--Saint-Prix, *Des tribunaux et de la procédure du grand criminel au XVIIIᵉ siècle jusqu'en 1789 avec des recherches sur la question ou torture* (Paris: Auguste Aubry, 1859), pp. 93-6. Baseio minha descrição do suplício da roda no relato de uma testemunha ocular do suplício em Paris — James St. John, Esq., *Letters from France*

to a Gentleman in the South of Ireland: Containing Various Subjects Interesting to both Nations. Written in 1787, 2 vols. (Dublin: P. Byrne, 1788), vol. II: carta de 23 de julho de 1787, pp. 10-6.

2. Voltaire publicou um panfleto de 21 páginas em agosto de 1762 sobre a *Histoire d'Elisabeth Canning et des Calas.* Ele usou o caso de Elisabeth Canning para mostrar como a justiça inglesa funcionava de maneira superior, mas a maior parte do panfleto é dedicada ao caso Calas. A estruturação do caso em termos de intolerância religiosa, apresentada por Voltaire, pode ser vista muito claramente em *Tratado sobre a tolerância por ocasião da morte de Jean Calas* (1763). A citação é tirada de Jacques van den Heuvel, ed., *Mélanges/Voltaire* (Paris: Gallimard, 1961), p. 583.

3. A conexão entre a tortura e Calas pode ser pesquisada em Ulla Kölving, ed., *Voltaire électronique,* CD-ROM (Alexandria, VA: Chadwyck-Healey, Oxford: Voltaire Foundation, 1998). A denúncia de tortura em 1766 pode ser encontrada in *An Essay on Crimes and Punishments, Translated from the Italian, with a Commentary Attributed to Mons. De Voltaire, Translated from the French,* 4ª ed. (Londres: F. Newberry, 1775), pp. xii-xiii. [Ed. brasileira: *Dos delitos e das penas,* trad. Lucia Guidicini e Alessandro Berti Contessa (São Paulo: Martins Fontes, 1995).] Sobre o artigo a respeito da "Tortura" no *Dicionário filosófico,* ver Theodore Besterman et al., eds., *Les oeuvres complètes de Voltaire,* 135 vols. (1968-2003), vol. 36, ed. Ulla Kölving (Oxford: Voltaire Foundation, 1994), pp. 572-3. Voltaire argumentou a favor da abolição real da tortura em 1778 em seu *O preço da justiça.* Ver Franco Venturi, ed., *Cesare Beccaria, Dei Delitti e delle pene, con une raccolta di lettere e documenti relativi alla nascita dell'opera e alla sua fortuna nell'Europa Del Settecento* (Turim: Giulio Einaudi, 1970), pp. 493-5.

4. J. D. E. Preuss, *Friedrich der Grosse: eine Lebengeschichte,* 9 vols. (Osnabrück, Alemanha Ocidental: Biblio Verlag, 1981; reimpressão da ed. de Berlim, 1832), vol. 1, pp. 140-1. O decreto do rei francês deixou aberta a perspectiva de restabelecer a *question préalable,* se a experiência revelasse a sua necessidade. Além disso, o decreto era um entre muitos outros relacionados aos esforços da Coroa para diminuir a autoridade dos *parlements.* Depois de ter de registrá-lo num *lit de justice,* Luís XVI suspendeu a implementação de todos esses decretos em setembro de 1788. Como consequência, a tortura só foi definitivamente abolida quando a Assembleia Nacional a suprimiu em 8 de outubro de 1789 — Berriat--Saint-Prix, *Des Tribunaux,* p. 55. Ver também David Yale Jacobson, "The Politics of Criminal Law Reform in Pre-Revolutionary France", dissertação de PhD, Brown University, 1976, pp. 367-429. Sobre o texto dos decretos da abolição, ver Athanase Jean Léger et al., eds., *Recueil général des anciennes lois françaises depuis l'an 420 jusqu'à la Révolution de 1789,* 29 vols. (Paris: Plon, 1824-57), vol. 26

(1824), pp. 373-5, e vol. 28 (1824), pp. 526-32. Benjamin Rush, *An Enquiry into the Effects of Public Punishments upon Criminals, and Upon Society. Read in the Society for Promoting Political Enquiries, Convened at the House of His Excellency Benjamin Franklin, Esquire, in Philadelphia, March 9th, 1787* (Philadelphia: Joseph James, 1787), in *Reform of Criminal Law in Pennsylvania: Selected Enquiries, 1787-1810* (Nova York: Arno Press, 1972), com a numeração original das páginas, citação p. 7.

5. Sobre o estabelecimento e abolição geral da tortura na Europa, ver Edward Peters, *Torture* (Philadelphia: University of Pennsylvania Press, 1985). [Ed. portuguesa: *História da tortura*, trad. Pedro Silva Ramos (Lisboa: Teorema, 1994).] Embora a tortura não fosse abolida em alguns cantões suíços até meados do século XIX, a prática desapareceu em grande parte (ao menos enquanto instrumento legal) na Europa ao longo das guerras revolucionárias e napoleônicas. Napoleão a aboliu na Espanha, por exemplo, em 1808, e ela nunca foi restabelecida. Sobre a história do desenvolvimento dos júris, ver sir James Fitzjames Stephen, *A History of the Criminal Law of England*, 3 vols. (1833, Chippenham, Wilts: Routledge, 1996), vol. 1, pp. 250-4. Sobre casos de feitiçaria e o uso da tortura, ver Alan Macfarlane, *Witchcraft in Tudor and Stuart England: A Regional and Comparative Study* (Londres: Routledge & Kegan Paul, 1970), pp. 139-40; e Cristina A. Larner, *Enemies of God: The Witch-hunt in Scotland* (Londres: Chatto & Windus, 1981), p. 109. Como Larner indica, as constantes injunções dos juízes escoceses e ingleses, exigindo um fim para a tortura nos casos de feitiçaria, mostram que ela continuava a ser um ponto controverso. James Heath, *Torture and English Law: An Administrative and Legal History from the Plantagenets to the Stuarts* (Westport, CT: Greenwood Press, 1982), p. 179, detalha várias referências ao uso da roda nos séculos XVI e XVII, mas ela não era sancionada pela lei comum. Ver também Kathryn Preyer, "Penal Measures in the American Colonies: An Overview", *American Journal of Legal History*, 26 (outubro de 1982): 326-53, esp. p. 333.

6. Sobre os métodos gerais de punição, ver J. A. Sharpe, *Judicial Punishment in England* (Londres: Faber & Faber, 1990). A punição no pelourinho podia incluir ter as orelhas cortadas ou ter uma orelha pregada no pelourinho (p. 21). O tronco era um dispositivo de madeira para prender os pés de um infrator. O pelourinho era um dispositivo em que os infratores ficavam com a cabeça e as mãos entre dois pedaços de madeira — Leon Radzinowicz, *A History of English Criminal Law and Its Administration from 1750*, 4 vols. (Londres: Stevens & Sons, 1948), vol. 1, pp. 3-5 e 165-227. Um panorama da pesquisa recente nesse agora muito ricamente explorado veio encontra-se em Joanna Innes e John Styles, "The Crime Wave: Recent Writing on Crime and Criminal Justice in Eighteenth-Century England", *Journal of British Studies*, 25 (outubro de 1986): 380-435.

7. Linda Kealey, "Patterns of Punishment: Massachusetts in the Eighteenth Century", *American Journal of Legal History*, 30 (abril de 1986): 163-86, citação p. 172. William M. Wiecek, "The Statutory Law of Slavery and Race in the Thirteen Mainland Colonies of British America", *William and Mary Quarterly*, 3ª série, vol. 34, nº 2 (abril de 1977): 258-80, esp. pp. 274-5.

8. Richard Mowery Andrews, *Law, Magistracy, and Crime in Old Regime Paris, 1735-1789*, vol. 1: *The System of Criminal Justice* (Cambridge: Cambridge University Press, 1994), especialmente pp. 385, 387-8.

9. Benoît Garnot, *Justice et société en France aux XVIe, XVIIe et XVIIIe siècles* (Paris: Ophrys, 2000), p. 186.

10. Romilly é citado em Randall McGowen, "The Body and Punishment in Eighteenth-Century England", *Journal of Modern History*, 59 (1987): 651-79, p. 668. A famosa frase de Beccaria pode ser encontrada in *Crimes and Punishments*, p. 2. Jeremy Bentham tomou o lema de Beccaria como o fundamento para a sua doutrina do Utilitarismo. Para Bentham, Beccaria era nada menos que "meu mestre, o primeiro evangelista da Razão" — Leon Radzinowicz, "Cesare Beccaria and the English System of Criminal Justice: A Reciprocal Relationship", in *Atti del convegno internazionale su Cesare Beccari promosso dall'Accademia delle Scienze di Torino nel secondo centenario dell'opera "Dei delitti e delle pene"*, Turim, 4-6 de outubro de 1964 (Turim: Accademia delle Scienze, 1966), pp. 57-66, citação p. 57. Sobre a recepção na França e em outras regiões da Europa, ver as cartas reimpressas in Venturi, ed., *Cesare Beccaria*, esp. pp. 312-24. Voltaire mencionou que lia Beccaria numa carta de 16 de outubro de 1765, na qual ele também se refere ao caso Calas e ao caso Sirven (que também envolvia protestantes) — Theodore Besterman et al., eds., *Les Oeuvres complètes de Voltaire*, 135 vols. (1968-2003), vol. 113: Theodore Besterman, ed., *Correspondence and Related Documents, April--December 1765*, vol. 29 (1973): 346.

11. O erudito holandês Pieter Spierenburg liga a moderação da punição à crescente empatia: "A morte e o sofrimento de seres humanos eram experimentados cada vez mais como dolorosos, só porque as outras pessoas eram cada vez mais percebidas como seres humanos semelhantes" — Spierenburg, *The Spectacle of Suffering: Executions and the Evolution of Repression: From a Preindustrial Metropolis to the European Experience* (Cambridge: Cambridge University Press, 1984), p. 185. Beccaria, *Crimes and Punishments*, citações pp. 43, 107 e 112. Blackstone também defendia punições proporcionais aos crimes e lamentava o grande número de crimes punidos com a pena de morte na Inglaterra — William Blackstone, *Commentaries on the Laws of England*, 4 vols., 8ª ed. (Oxford: Clarendon Press, 1778), vol. IV, p. 3. Blackstone cita Montesquieu e Beccaria numa nota nessa página. Sobre a influência de Beccaria sobre Blackstone, ver Coleman Phil-

lipson, *True Criminal Law Reformers: Beccaria, Bentham, Romilly* (Montclair, NJ: Patterson Smith, 1970), esp. p. 90.

12. Em anos recentes os estudiosos têm questionado se Beccaria ou o Iluminismo de modo mais geral tiveram algum papel em eliminar a tortura judicial ou em moderar a punição, ou até se a abolição foi uma coisa tão boa assim — ver John H. Langbein, *Torture and the Law of Proof: Europe and England in the Ancien Régime* (Chicago: University of Chicago Press, 1976); Andrews, *Law, Magistracy, and Crime*; J. S. Cockburn, "Punishment and Brutalization in the English Enlightenment", *Law and History Review*, 12 (1994): 155-79; e esp. Michel Foucault, *Vigiar e punir*.

13. Norbert Elias, *The Civilizing Process: The Development of Manners*, trad. Edmund Jephcott (ed. alemã, 1939; Nova York: Urizen Books, 1978), citação pp. 69-70. [Ed. brasileira: *O processo civilizador 1: Uma história dos costumes*, trad. Ruy Jungmann (São Paulo: Jorge Zahar Editor, 1995).] Encontra-se uma visão crítica desta narrativa em Barbara H. Rosenwein, "Worrying About Emotions in History", *American Historical Review*, 107 (2002): 821-45.

14. James H. Johnson, *Listening in Paris: A Cultural History* (Berkeley: University of California Press, 1995), citação p. 61.

15. Jeffrey S. Ravel enfatiza a continuada rebeldia da plateia que ficava em pé em *The Contested Parterre: Public Theater and French Political Culture, 1680--1791* (Ithaca, NY: Cornell University Press, 1999).

16. Annik Pardailhé-Galabrun, *The Birth of Intimacy: Privacy and Domestic Life in Early Modern Paris*, trad. Jocelyn Phelps (Philadelphia: University of Pennsylvania Press, 1991). John Archer, "Landscape and Identity: Baby Talk at the Leasowes, 1760", *Cultural Critique*, 51 (2002): 143-85.

17. Ellen G. Miles, ed., *The Portrait in Eighteenth Century America* (Newark, DE: University of Delaware Press, 1993), p. 10. George T. M. Shackelford e Mary Tavener Holmes, *A Magic Mirror: The Portrait in France, 1700-1900* (Houston: Museum of the Fine Arts, 1986), p. 9. A citação de Walpole foi tirada de Desmond Shawe-Taylor, *The Georgians: Eighteenth-Century Portraiture and Society* (Londres: Barrie & Jenkins, 1990), p. 27.

18. *Lettres sur les peintures, sculptures et gravures de Mrs. de l'Académie Royale, exposées au Sallon du Louvre, depuis MDCCLXVII jusqu'en MDCCLXXIX* (Londres: John Adamson, 1780), p. 51 (*Salon* de 1769). Ver também Rémy G. Saisselin, *Style, Truth and the Portrait* (Cleveland: Cleveland Museum of Art, 1963), esp. p. 27. As reclamações quanto à arte do retrato e aos "*tableaux du petit genre*" continuaram na década de 1770 — *Lettres sur les peintures*, pp. 76, 212, 229. O artigo de Jaucourt pode ser encontrado em *Encyclopédie ou dictionnaire raisonné des sciences, des arts et des métiers*, 17 vols. (Paris, 1751-80), vol. 13 (1765), p. 153. O

comentário de Mercier da década de 1780 é citado em Shawe-Taylor, *The Georgians*, p. 21.

19. Sobre a importância das roupas e o impacto do consumismo na pintura de retratos nas colônias britânicas da América do Norte, ver T. H. Breen, "The Meaning of 'Likeness': Portrait-Painting in an Eighteenth-Century Consumer Society", in Miles, ed., *The Portrait*, pp. 37-60.

20. Angela Rosenthal, "She's Got the Look! Eighteenth-Century Female Portrait Painters and the Psychology of a Potentially 'Dangerous Employment'", in Joanna Woodall, ed., *Portraiture: Facing the Subject* (Manchester: Manchester University Press, 1997), pp. 147-66 (citação de Boswell p. 147). Ver também Kathleen Nicholson, "The Ideology of Feminine 'Virtue': The Vestal Virgin in French Eighteenth-Century Allegorical Portraiture", in ibid, pp. 52-72. Denis Diderot, *Oeuvres complètes de Diderot, revue sur les éditions originales, comprenant ce qui a été publié à diverses époques et les manuscrits inédits, conservés à la Bibliothèque de l'Ermitage, notices, notes, table analytique. Étude sur Diderot et le mouvement philosophique au XVIIIe siècle, par J. Assézat*, 20 vols. (Paris: Garnier, 1875-7; Nendeln, Lichtenstein: Kraus, 1966), vol. 11: *Beaux-Arts II, arts du dessin* (*Salons*), pp. 260-2.

21. Sterne, *A Sentimental Journey*, pp. 158 e 164.

22. Howard C. Rice, Jr., "A 'New' Likeness of Thomas Jefferson", *William and Mary Quarterly*, 3ª série, vol. 6, nº 1 (janeiro de 1949): 84-9. Sobre o processo de modo mais geral, ver Tony Halliday, *Facing the Public: Portraiture in the Aftermath of the French Revolution* (Manchester: Manchester University Press, 1999), pp. 43-7.

23. Muyart não pôs o seu nome nos panfletos que defendiam o cristianismo: *Motifs de ma foi en Jésus-Christ, par un magistrat* (Paris: Vve Hérissant, 1776) e *Preuves de l'authenticité de nos évangiles, contre les assertions de certains critiques modernes. Lettre à Madame de ***. Par l'auteur de Motifs de ma foi en Jésus-Christ* (Paris: Durand et Belin, 1785).

24. Pierre-François Muyart de Vouglans, *Réfutation du Traité des délits et peines, etc.*, impressa no final de seu *Les Lois criminelles de France, dans leur ordre naturel* (Paris: Benoît Morin, 1780), pp. 811, 815 e 830.

25. Ibid., p. 830.

26. Spierenburg, *The Spectacle of Suffering*, p. 53.

27. Anon., *Considerations on the Dearness of Corn and Provisions* (Londres: J. Almon, 1767), p. 31; Anon., *The Accomplished Letter-Writer; or, Universal Correspondent. Containing Familiar Letters on the Most Common Occasions in Life* (Londres, 1779), pp. 148-50. Donna T. Andrew e Randall McGowen, *The Perreaus and Mrs. Rudd: Forgery and Betrayal in Eighteenth-Century London* (Berkeley: University of California Press, 2001), p. 9.

28. St. John, *Letters from France*, vol. ii: carta de 23 de julho de 1787, p. 13.

29. *Crimes and Punishments*, pp. 2 e 179.

30. A respeito dos estudos do século xviii sobre a dor, ver Margaret C. Jacob e Michael J. Sauter, "Why Did Humphry Davy and Associates Not Pursue the Pain-Alleviating Effects of Nitrous Oxide?", *Journal of the History of Medicine*, 58 (abril de 2002): 161-76. Dagge citado in McGowen, "The Body and Punishment in Eighteenth-Century England", p. 669. Sobre multas coloniais, ver Preyer, "Penal Measures", pp. 350-1.

31. Eden citado in McGowen, "The Body and Punishment in Eighteenth--Century England", p. 670. A minha análise segue a de McGowen em muitos aspectos. Benjamin Rush, *An Enquiry*, ver esp. pp. 4, 5, 10 e 15.

32. Uma fonte essencial, não só sobre o caso Calas mas sobre a prática da tortura de modo mais geral, é Lisa Silverman, *Tortured Subjects: Pain, Truth, and the Body in Early Modern France* (Chicago: University of Chicago Press, 2001). Ver também Alexandre-Jérôme Loyseau de Mauléon, *Mémoire pour Donat, Pierre et Louis Calas* (Paris: Le Breton, 1762), pp. 38-9; e Élie de Beaumont, *Mémoire pour Dame Anne-Rose Cabibel, veuve Calas, et pour ses enfants sur le renvoi aux requêtes de l'Hôtel au Souverain, ordonné par arrêt du Conseil du 4 juin 1764* (Paris: L. Cellot, 1765). Élie de Beaumont representou a família Calas perante o Conselho Real. Sobre a publicação desse tipo de petição legal, ver Sarah Maza, *Private Lives and Public Affairs: The* Causes Célèbres *of Prerevolutionary France* (Berkeley: University of California Press, 1993), pp. 19-38.

33. Alain Corbin, Jean-Jacques Courtine e Georges Vigarello, eds., *Histoire du corps*, 3. vols. (Paris: Éditions du Seuil, 2005-6), vol. 1: *De la Renaissance aux Lumières* (2005), pp. 306-9. [Ed. brasileira: *História do corpo*, 3 vols., trad. Lúcia M. E. Orth (Petrópolis: Vozes, 2008), vol. 1: *Da Renascença às Luzes*.] *Crimes and Punishments*, pp. 58 e 60.

34. O *Parlement* de Burgundy deixou de ordenar a *question préparatoire* depois de 1766, e o seu emprego da pena de morte declinou de 13-14,5% de todas as condenações criminais na primeira metade do século xviii para menos de 5% entre 1770 e 1789. O emprego da *question préparatoire*, entretanto, aparentemente não diminuiu na França — Jacobson, "The Politics of Criminal Law Reform", pp. 36-47.

35. *Crimes and Punishments*, pp. 60-1 (ênfase no original). Muyart de Vouglans, *Réfutation du Traité*, pp. 824-6.

36. Ver Venturi, ed., *Cesare Beccaria*, pp. 30-1, a edição italiana definitiva de 1766 (a última supervisionada pelo próprio Beccaria). O parágrafo aparece no mesmo lugar na tradução inglesa original, no cap. 11. Sobre o emprego posterior da ordem francesa, ver, por exemplo, *Dei delitti e delle pene. Edizione rivista, coretta, e*

disposta secondo l'ordine della traduzione francese approvato dall'autore (Londres: Presso la Società dei Filosofi, 1774), p. 4. Segundo Luigi Firpo, essa edição foi na verdade publicada por Coltellini em Livorno — Luigi Firpo, "Contributo alla bibliografia del Beccaria. (Le edizioni italiane settecentesche del *Dei delitti e delle pene)*", in *Atti del convegno internazionale su Cesare Beccaria*, pp. 329-453, esp. pp. 378-9.

37. A primeira obra francesa abertamente crítica ao emprego judicial da tortura apareceu em 1682 e foi escrita por um importante magistrado no *Parlement* de Dijon, Augustin Nicolas; o seu argumento era contra o uso da tortura em julgamentos de feitiçaria — Silverman, *Tortured Subjects*, p. 161. O estudo mais completo das várias edições italianas de Beccaria pode ser encontrado em Firpo, "Contributo alla bibliografia de Beccaria", pp. 329-453. Sobre a tradução inglesa e para outras línguas, ver Marcello Maestro, *Cesare Beccaria and the Origins of Penal Reform* (Philadelphia: Temple University Press, 1973), p. 43. Suplementei a sua contagem das edições de língua inglesa com o English Short Title Catalogue. *Crimes and Punishments*, p. iii.

38. Venturi, ed., *Cesar Beccaria*, p. 496. O texto apareceu em *Annales politiques et littéraires* 5 (1779), de Linguet.

39. *Encyclopédie ou dictionnaire raisonné des sciences, des arts et des métiers*, 17 vols. (Paris, 1751-80), vol. 13 (1765), pp. 702-4. Jacobson, "The Politics of Criminal Law Reform", pp. 295-6.

40. Jacobson, "The Politics of Criminal Law Reform", p. 316. Venturi, ed., *Cesare Beccaria*, p. 517. Joseph-Michel-Antoine Servan, *Discours sur le progrès des connoissances humaines en général, de la morale, et de la législation en particulier* (n. p., 1781), p. 99

41. Tenho uma opinião mais favorável dos escritos sobre lei criminal de Brissot do que Robert Darnton. Ver, por exemplo, *George Washington's False Teeth: An Unconventional Guide to the Eighteenth Century* (Nova York: W. W. Norton, 2003), esp. p. 165. [Ed. brasileira: *Os dentes falsos de George Washington*, trad. José Geraldo Couto (São Paulo: Companhia das Letras, 2005).] As citações de Brissot são tiradas de *Théorie des lois criminelles*, 2 vols. (Paris: J. P. Aillaud, 1836), vol. 1, pp 6-7.

42. Essas estratégias retóricas são analisadas em profundidade em Maza, *Private Lives and Public Affairs*. Quando Brissot publicou o seu *Théorie des lois criminelles* (1781), escrito originalmente para um concurso de ensaios em Berna, Dupaty lhe escreveu com o intuito de celebrar o esforço de ambos "para fazer a verdade, e com ela a humanidade, triunfar". A carta foi reimpressa na edição de 1836, *Théorie des lois criminelles*, vol. 1, p. vi. [Charles-Marguerite Dupaty], *Mémoire justificatif pour trois hommes condamnés à la roue* (Paris: Philippe-Denys Pierres, 1786), p. 221.

43. Dupaty, *Mémoire justificatif*, pp. 226 e 240. *L'Humanité* aparece muitas vezes na petição e em virtualmente todo parágrafo nas últimas páginas.

44. Maza, *Private Lives and Public Affairs*, p. 253. Jacobson, "The Politics of Criminal Law Reform", pp. 360-1.

45. Jourdan, ed., *Recueil général des anciennes lois françaises*, vol. 28, p. 528. Muyart de Vouglans, *Les Loix criminelles*, p. 796. No *ranking* da frequência dos assuntos por documento (1 sendo o grau mais alto, 1125 o mais baixo), o código criminal teve 70,5 para o Terceiro Estado, 27,5 para a Nobreza e 337 para as Paróquias; o processo legal teve 34 para o Terceiro Estado, 77,5 para a Nobreza e 15 para as Paróquias; a acusação e as penalidades criminais tiveram 60,5 para o Terceiro Estado, 76 para a Nobreza e 171 para as Paróquias; e as penalidades pela lei criminal tiveram 41,5 para o Terceiro Estado, 213,5 para a Nobreza e 340 para as Paróquias. As duas formas de tortura judicialmente sancionadas não chegaram a ter graus assim tão elevados, porque a "questão preparatória" já tinha sido definitivamente eliminada e a "questão preliminar" fora também provisoriamente abolida. O *ranking* dos assuntos é tirado de Gilbert Saphiro e John Markoff, *Revolutionary Demands: A Content Analysis of the* Cahiers de Doléances *of 1789* (Stanford: Stanford University Press, 1998), pp. 438-74.

46. Rush, *An Enquiry*, pp. 13 e 6-7.

47. Muyart de Vouglans, *Les Loix criminelles*, esp. pp. 37-8.

48. António Damásio, *The Feeling of What Happens: Body and Emotion in the Making of Consciousness* (San Diego: Harcourt, 1999) [ed. brasileira: *O mistério da consciência: do corpo e das emoções ao conhecimento de si*, trad. Laura Teixeira Motta (São Paulo: Companhia das Letras, 2000)], e *Looking for Spinoza: Joy, Sorrow, and the Feeling Brain* (San Diego: Harcourt, 2003) [ed. brasileira: *Em busca de Espinosa: prazer e dor na ciência dos sentimentos*, trad. João Baptista da Costa Aguiar (São Paulo: Companhia das Letras, 2004)]. Ann Thomson, "Materialistic Theories of Mind and Brain", in Wolfgang Lefèvre, ed., *Between Leibniz, Newton, and Kant: Philosophy and Science in the Eighteenth Century* (Dordrecht: Kluwer Academic Publishers, 2001), pp. 149-73.

49. Jessica Riskin, *Science in the Age of Sensibility: The Sentimental Empiricists of the French Enlightenment* (Chicago: University of Chicago Press, 2002), citação de Bonnet, p. 51. Sterne, *A Sentimental Journey*, p. 117.

50. Rush, *An Enquiry*, p. 7.

3. "ELES DERAM UM GRANDE EXEMPLO" [PP. 113-45]

1. O significado de "declaração" pode ser pesquisado in *Dictionnaires d'autrefois*, função de ARTFL em <www.lib.uchicago.edu/efts/ARTFL/projects/

dicos>. O título oficial da *Bill of Rights* inglesa de 1689 era "Uma Lei Declarando os Direitos e as Liberdades do Súdito e Estabelecendo a Sucessão da Coroa".

2. *Archives parlementaires de 1787 à 1860: Recueil complet des débats legisla-tifs et politiques des chambres françaises*, série 1, 99 vols. (Paris: Librairie Adminis-trative de P. Dupont, 1875-1913), vol. 8, p. 320.

3. Sobre a importância de Grotius e do seu tratado *O direito da guerra e da paz* (1625), ver Richard Tuck, *Natural Rights Theories: Their Origin and Develop-ment* (Cambridge: Cambridge University Press, 1979). Ver também Léon Ingber, "La Tradition de Grotius. Les Droits de l'homme et le droit naturel à l'époque contemporaine", *Cahiers de philosophie politique et juridique*, nº 11: "Des Théories du droit naturel" (Caen, 1988): 43-73. Sobre Pufendorf, ver T. J. Hochstrasser, *Natu-ral Law Theories in the Early Enlightenment* (Cambridge: Cambridge University Press, 2000).

4. Não me concentrei aqui na distinção entre a lei natural e os direitos natu-rais, em parte porque nas obras em francês, como a de Burlamaqui, ela é frequen-temente pouco nítida. Além disso, as próprias figuras políticas do século XVIII não faziam necessariamente distinções claras. O tratado de Burlamaqui de 1747 foi traduzido imediatamente para o inglês como *The Principles of Natural Law* (1748) e depois para o holandês (1750), dinamarquês (1757), italiano (1780) e finalmente espanhol (1850) — Bernard Gagnebin, *Burlamaqui et le droit naturel* (Genebra: Editions de la Fregate, 1944), p. 227. Gagnebin afirma que Burlamaqui tinha menos influência na França, mas um dos ilustres autores que escreviam para a *Encyclopédie* (Boucher d'Argis) usou-o como sua fonte para um dos arti-gos sobre a lei natural. Sobre as visões de Burlamaqui a respeito da razão, da natu-reza humana e da filosofia escocesa, ver J. J. Burlamaqui, *Principes du droit naturel par J. J. Burlamaqui, Conseiller d'État, et ci-devant Professeur en droit naturel et civil à Genève* (Genebra: Barrillot et fils, 1747), pp. 1-2 e 165.

5. Jean Lévesque de Burigny, *Vie de Grotius, avec l'histoire de ses ouvrages, et de négociations auxquelles il fut employé*, 2 vols. (Paris: Debure l'aîné, 1752). T. Rutherford, D. D. F. R. S., *Institutes of Natural Law Being the substance of a Course of Lectures on Grotius de Jure Belli et Paci, read in St. Johns College Cambridge*, 2 vols. (Cambridge: J. Bentham, 1754-6). As palestras de Rutherford parecem ser uma exemplificação perfeita da ideia de Haakonssen de que a ênfase da teoria da lei natural sobre os deveres mostrou-se muito difícil de se conciliar com a ênfase emergente sobre os direitos naturais que cada pessoa possui (ainda que Grotius tivesse contribuído para ambas). Outro jurista suíço, Emer de Vattel, escreveu também extensamente sobre a lei natural, mas ele se concentrou mais nas relações entre as nações. Vattel também insistia na liberdade e independência naturais de todos os homens. "On prouve en *Droit Naturel*, que tous les hommes tiennent de

256

la Nature une Liberté & une indépendance, qu'ils ne peuvent perdre que par leur consentement" [Prova-se em *Direito Natural* que todos os homens recebem da Natureza uma Liberdade & uma independência que eles não podem perder senão por seu consentimento] — M. de Vattel, *Le Droit des gens ou principes de la loi naturelle appliqués à la conduite et aux affaires des nations et des souverains*, 2 vols. (Leyden: Aux Dépens de la compagnie, 1758), vol. 1, p. 2.

6. John Locke, *Two Treatises of Government* (Cambridge: Cambridge University Press, 1963), pp. 366-7. [Ed. brasileira: *Dois tratados sobre o governo*, trad. Júlio Fischer (São Paulo: Martins Fontes, 1998).] James Farr, "'So Vile and Miserable an Estate': The Problem of Slavery in Locke's Political Thought", *Political Theory*, vol. 14, nº 2 (maio de 1986): 263-89, citação p. 263.

7. William Blackstone, *Commentaries on the Laws of England*, 8ª ed., 4 vols. (Oxford: Clarendon Press, 1778), vol. 1, p. 129. A influência do discurso dos direitos naturais é evidente nos comentários de Blackstone, porque ele começa a sua discussão no livro I com uma consideração sobre os "*direitos* absolutos dos indivíduos", com os quais ele queria dizer "aqueles que pertenceriam às suas pessoas meramente num estado de natureza, e que todo homem tem o direito de possuir, dentro ou fora da sociedade" (I:123, mesmas palavras na edição de 1766, Dublin). Há uma literatura imensa sobre a relativa influência das ideias universalistas e particularistas dos direitos nas colônias britânicas na América do Norte. Uma alusão sobre esses debates pode ser encontrada em Donald S. Lutz, "The Relative Influence of European Writers on Late Eighteenth-Century American Political Thought", *American Political Science Review*, 78 (1984): 189-97.

8. James Otis, *The Rights of the British Colonies Asserted and Proved* (Boston: Edes & Gill, 1764), citações pp. 28 e 35.

9. Sobre a influência de Burlamaqui nos conflitos americanos, ver Ray Forrest Harvey, *Jean Jacques Burlamaqui: A Liberal Tradition in American Constitutionalism* (Chapel Hill: University of North Carolina Press, 1937), p. 116. Sobre as citações de Pufendorf, Grotius e Locke, ver Lutz, "The Relative Influence of European Writers", esp. pp. 193-4; sobre a presença de Burlamaqui nas bibliotecas americanas, ver David Lundberg e Henry F. May, "The Enlightened Reader in America", *American Quarterly*, 28 (1976): 262-93, esp. p. 275. Citação de Burlamaqui, *Principes du droit naturel*, p. 2.

10. Sobre o crescente desejo de declarar a independência, ver Pauline Maier, *American Scripture*, pp. 47-96. Sobre a Declaração da Virginia, ver Kate Mason Rowland, *The Life of George Mason, 1725-1792*, 2 vols. (Nova York: G. P. Putnam's Sons, 1892), vol. 1, pp. 438-41.

11. Uma discussão breve mas extremamente pertinente é encontrada em

Jack N. Rakove, *Declaring Rights: A Brief History with Documents* (Boston: Bedford Books, 1998), esp. pp. 32-8.

12. Sou grata a Jennifer Popiel pela pesquisa inicial sobre os títulos ingleses empregando o English Short Title Catalogue. Não faço distinção no emprego do termo "direitos", e não excluo o considerável número de reimpressões ao longo dos anos. O número de usos de *direitos* nos títulos dobrou dos anos 1760 para os anos 1770 (de 51 na década de 1760 para 109 na de 1770) e depois permaneceu quase o mesmo na década de 1780 (95). [William Graham of Newcastle], *An Attempt to Prove, That Every Species of Patronage is Foreign to the Nature of the Church, and, That any MODIFICATIONS, which either have been, or ever can be proposed, are INSUFFICIENT to regain, and secure her in the Possession of the LIBERTY, where with CHRIST hath made her free...* (Edimburgo: J. Gray & G. Alston, 1768), pp. 163 e 167. Já em 1753, um certo James Tod tinha publicado um panfleto intitulado *The Natural Rights of Mankind Asserted: Or a Just and Faithful Narrative of the Illegal Procedure of the Presbytery of Edinburgh against Mr. James Tod Preacher of the Gospel...* (Edimburgo, 1753). William Dodd, *Popery inconsistent with the Natural Rights of MEN in general, and of ENGLISHMEN in particular: A Sermon Preached at Charlotte-Street Chapel* (Londres: W. Faden, 1768). Sobre Wilkes, ver por exemplo "To the Electors of Aylesbury (1764)", in *English Liberty: Being a Collection of Interesting Tracts, From the Year 1762 to 1769 Containing the Private Correspondence, Public Letters, Speeches, and Addresses, of John Wilkes, Esq.* (Londres: T. Baldwin, s. d.), p. 125. Sobre Junius, ver, por exemplo, as cartas XII (30 de maio de 1769) e XIII (12 de junho de 1769) in *The Letters of Junius*, 2 vols. (Dublin: Thomas Ewing, 1772), pp. 69 e 81.

13. [Manasseh Dawes], *A Letter to Lord Chatham, Concerning the Present War of Great Britain against America; Reviewing Candidly and Impartially Its Unhappy Cause and Consequence; and wherein The Doctrine of Sir William Blackstone as Explained in his Celebrated* Commentaries on the Laws of England, *is Opposed to Ministerial Tyranny, and Held up in Favor of America. With some Thoughts on Government by a Gentleman of the Inner Temple* (Londres: G. Kearsley, s.d.; manuscrito 1776), citações pp. 17 e 25. Richard Price, *Observations on the Nature of Civil Liberty*, citação p. 7. Price alegou existirem onze edições de seu tratado numa carta a John Winthrop — D. O. Thomas, *The Honest Mind: The Thought and Work of Richard Price* (Oxford: Clarendon Press, 1977), pp. 149-50. O sucesso do panfleto foi instantâneo. Price escreveu a William Adams, em 14 de fevereiro de 1776, que o panfleto fora publicado três dias antes e já estava quase inteiramente esgotada a sua edição de mil cópias — W. Bernard Peach e D. O. Thomas, eds., *The Correspondence of Richard Price*, 3 vols. (Durham, NC: Duke University Press, e Cardiff: University of Wales Press, 1983-94), vol. 1: *July 1748-March 1778*

(1983), p. 243. Uma bibliografia completa encontra-se em D. O. Thomas, John Stephens e P. A. L. Jones, *A Bibliography of the Works of Richard Price* (Aldershot, Hants: Scolar Press, 1993), esp. pp. 54-80. J. D. van der Capellen, carta de 14 de dezembro de 1777, in Peach e Thomas, eds., *The Correspondence of Richard Price*, vol. 1, p. 262.

14. *Civil Liberty Asserted, and the Rights of the Subject Defended, against The Anarchical Principles of the Reverend Dr. Price. In which his Sophistical Reasonings, Dangerous Tenets, and Principles of False Patriotism, Contained in his* Observations on Civil Liberty, etc. *are Exposed and Refuted. In a Letter to a Gentleman in the Country. By a Friend to the Rights of the Constitution* (Londres: J. Wilkie, 1776), citações pp. 38-9. Os opositores de Price não negavam necessariamente a existência de direitos universais. Às vezes eles simplesmente se opunham às posições específicas de Price no Parlamento ou à relação da Grã-Bretanha com as colônias. Por exemplo, *The Honor of Parliament and the Justice of the Nation Vindicated. In a Reply to Dr. Price's* Observations on the Nature of Civil Liberty (Londres: W. Davis, 1776) usa a expressão "os direitos naturais da humanidade" por todo o livro num sentido favorável. Da mesma forma, o autor de *Experience Preferable to Theory. An Answer to Dr. Price's* Observations on the Nature of Civil Liberty, *and the Justice and Policy of the War with America* (Londres: T. Payne, 1776) não vê nenhum problema em se referir aos "direitos da natureza humana" (p. 3) ou aos "direitos da humanidade" (p. 5).

15. A longa réplica de Filmer a Grotius pode ser encontrada em "Observations Concerning the Original of Government", no seu *The Free-holders Grand Inquest, Touching Our Sovereign Lord the King and his Parliament* (Londres, 1679). Ele resume a sua posição: "Apresentei brevemente aqui as inconveniências irremediáveis que acompanham *a doutrina da liberdade natural e da comunidade de todas as coisas*; estes e muito mais absurdos são facilmente eliminados, se ao contrário mantemos *o domínio natural e privado de Adão* como a fonte de todo o governo e propriedade" — p. 58. *Patriarcha: Or the Natural Power of Kings* (Londres: R. Chiswel et al., 1685), esp. pp. 1-24.

16. Charles Warren Everett, ed., *A Comment on the Commentaries: A Criticism of William Blackstone's* Commentaries on the Laws of England *by Jeremy Bentham* (Oxford: Clarendon Press, 1928), citações pp. 37-8. "Nonsense upon Stilts, or Pandora's Box Opened, or The French Declaration of Rights Prefixed to the Constitution of 1791 Laid Open and Exposed", reimpresso in Philip Schofield, Catherine Pease-Watkin e Cyprian Blamires, eds., *The Collected Works of Jeremy Bentham. Rights, Representation, and Reform:* Nonsense upon Stilts *and Other Writings on the French Revolution* (Oxford: Clarendon Press, 2002), pp.

319-75, citação p. 330. O panfleto, escrito em 1795, só foi publicado em 1816 (em francês) e 1824 (em inglês).

17. Du Pont também insistia nos deveres recíprocos dos indivíduos — Pierre du Pont de Nemours, *De l'Origine et des progrès d'une science nouvelle* (1768), in Eugène Daire, ed., *Physiocrates. Quesnay, Dupont de Nemours, Mercier de la Rivière, l'Abbé Baudeau, Le Trosne* (Paris: Librarie de Guillaumin, 1846), pp. 335-66, citação p. 342.

18. Sobre a "praticamente esquecida" Declaração da Independência, ver Maier, *American Scripture*, pp. 160-70.

19. A carta de Rousseau criticando o uso excessivo de "humanidade" pode ser encontrada em R. A. Leigh, ed., *Correspondance complète de Jean Jacques Rousseau*, vol. 27, *Janvier 1769-Avril 1770* (Oxford: Voltaire Foundation, 1980), p. 15 (carta de Rousseau a Laurent Aymon de Franquières, 15 de janeiro de 1769). Sou grata a Melissa Verlet pela sua pesquisa sobre esse tema. Sobre Rousseau ter conhecido Benjamin Franklin e sua defesa dos americanos, ver o relato de Thomas Bentley datado de 6 de agosto de 1776, em Leigh, ed., *Correspondance complète*, vol. 40, *Janvier 1775-Juillet 1778*, pp. 258-63 ("[...] os americanos, que ele disse não terem menos direito de defender as suas liberdades por serem obscuros ou desconhecidos", p. 259). Além desse relato de um visitante de Rousseau, não há menção a temas americanos nas cartas do próprio Rousseau de 1775 até a sua morte.

20. Elise Marienstras e Naomi Wulf, "French Translations and Reception of the Declaration of Independence", *Journal of American History*, 85 (1999): 1299--334. Joyce Appleby, "America as a Model for the Radical French Reformers of 1789", *William and Mary Quarterly*, 3ª série, vol. 28, nº 2 (abril de 1971): 267-86.

21. Sobre os empregos dessas expressões, ver *Archives parlementaires*, 1: 711; 2: 57, 139, 348, 383; 3: 256, 348, 662, 666, 740; 4: 668; 5: 391, 545. Os primeiros seis volumes dos *Archives parlementaires* contêm apenas uma seleção das milhares de listas de queixas existentes; os editores incluíram muitas das listas "gerais" (as dos nobres, clero e Terceiro Estado de toda uma região) e algumas dos estágios preliminares. Sou grata a Susan Mokhberi pela pesquisa sobre esses termos. A maior parte da análise do conteúdo das listas de queixas foi realizada antes que houvesse escaneamento e pesquisa eletrônica e, portanto, reflete os interesses específicos dos autores e os meios um tanto canhestros de análise antes disponíveis — Gilbert Saphiro e John Markoff, *Revolutionary Demands*.

22. *Archives parlementaires*, 2: 348; 5: 238. Beatrice Fry Hyslop, *French Nationalism in 1789 According to the General Cahiers* (Nova York: Columbia University Press, 1934), pp. 90-7. Stéphane Rials, *La Déclaration des droits de l'homme et du citoyen* (Paris: Hachette, 1989). Um tanto desapontador é Claude Courvoisier, "Les Droits de l'homme dans les cahiers de doléances", in Gérard Chinéa, ed.,

Les Droits de l'homme et la conquête des libertés: Des Lumières aux révolutions de 1848 (Grenoble: Presses Universitaires de Grenoble, 1988), pp. 44-9.

23. *Archives parlementaires*, 8:135, 217.

24. Julian P. Boyd, ed., *The Papers of Thomas Jefferson*, 31 vols. (Princeton: Princeton University Press, 1950-), vol. 15: *March 27, 1789, to November 30, 1789* (1958), pp. 266-9. Os títulos dos vários projetos encontram-se em Antoine de Baecque, ed., *L'An I des droits de l'homme*. De Baecque oferece informações essenciais sobre o pano de fundo dos debates.

25. Rabaut é citado em de Baecque, *L'An I*, p. 138. Sobre a dificuldade de explicar a mudança de opiniões a respeito da necessidade de uma declaração, ver Timothy Tackett, *Becoming a Revolutionary: The Deputies of the French National Assembly and the Emergence of a Revolutionary Culture (1789-1790)* (Princeton: Princeton University Press, 1996), p. 183.

26. Sessão da Assembleia Nacional de 1º de agosto de 1789, *Archives parlementaires*, 8: 230.

27. A necessidade de quatro declarações é mencionada na "recapitulação" dada pelo Comitê sobre a Constituição em 9 de julho de 1789 — *Archives parlementaires*, 8: 217.

28. Conforme citado em D. O. Thomas, ed., *Richard Price: Political Writings* (Cambridge: Cambridge University Press, 1991), pp. 119 e 195.

29. A passagem de *Direitos do homem* pode ser encontrada em "Hypertext on American History from the Colonial Period until Modern Times", Department of Humanities Computing, Universidade de Groningen, Países Baixos, <http://odur.let.nl/~usa/_D/1776-1800/paine/ROM/rofm04.htm> (consultado em 13 de julho de 2005). A passagem de Burke pode ser encontrada em <www.bartleby.com/24/3/6.html> (consultado em 7 de abril de 2006).

30. Sobre os títulos ingleses, ver nota 12 acima. O número de títulos ingleses que usam a palavra "direitos" na década de 1770 foi 109, muito mais elevado que na década de 1760, mas ainda só um quarto do número encontrado na década de 1790. Os títulos holandeses podem ser encontrados no Short Title Catalogue Netherlands. Sobre as traduções alemãs de Paine, ver Hans Arnold, "Die Aufnahme von Thomas Paine Schriften in Deutschland", *PMLA*, 72 (1959): 365-86. Sobre as ideias de Jefferson, ver Matthew Schoenbachler, "Republicanism in the Age of Democratic Revolution: The Democratic-Republican Societies of the 1790s", *Journal of the Early Republic*, 18 (1998): 237-61. Sobre o impacto de Wollstonecraft nos Estados Unidos, ver Rosemarie Zagarri, "The Rights of Man and Woman in Post-Revolutionary America", *William and Mary Quarterly*, 3ª série, vol. 55, nº 2 (abril de 1998): 203-30.

31. Sobre a discussão de 10 de setembro de 1789, ver *Archives parlementai-*

res, 8: 608. Sobre a discussão e passagem finais, ver ibid., 9: 386-7, 392-6. O melhor relato da política em torno da nova legislação criminal e penal pode ser encontrado em Roberto Martucci, *La Costituente ed il problema penale in Francia, 1789--1791* (Milão: Giuffre, 1984). Martucci mostra que o Comitê dos Sete tornou-se o Comitê sobre a Lei Criminal.

32. *Archives parlementaires*, 9: 394-6 (o decreto final) e 9: 213-7 (relatório do comitê apresentado por Bon Albert Briois de Beaumetz). O artigo 24 no decreto final era uma versão levemente revisada do artigo 23 original, submetido pelo comitê em 29 de setembro. Ver também Edmond Seligman, *La Justice en France pendant la Révolution*, 2 vols. (Paris: Librairie Plon, 1913), vol. 1, pp. 197--204. A linguagem usada pelo comitê sustenta a posição tomada por Barry M. Saphiro de que o "humanitarismo" do Iluminismo animava as considerações dos deputados — Saphiro, *Revolutionary Justice in Paris, 1789-1790* (Cambridge: Cambridge University Press, 1993).

33. *Archives parlementaires*, 26: 319-32.

34. Ibid., 26: 323. A imprensa focalizava quase exclusivamente a questão da pena de morte, embora alguns notassem com aprovação a eliminação da marca de ferro em brasa. O opositor mais vociferante da pena de morte foi Louis Prudhomme em *Révolutions de Paris*, 98 (21-28 de maio de 1791), pp. 321-7, e 99 (28 de maio-4 de junho de 1791), pp. 365-470. Prudhomme citava Beccaria como apoio.

35. O texto do código criminal pode ser encontrado em *Archives parlementaires*, 31: 326-39 (sessão de 25 de setembro de 1791).

36. Ibid., 26: 325.

37. Robespierre é citado em conformidade com a crítica que Lacretelle publicou a respeito do ensaio: "Sur le discours qui avait obtenu un second prix à l'Académie de Metz, par Maximilien Robespierre", em Pierre-Louis Lacretelle, *Oeuvres*, 6 vols. (Paris: Bossange, 1823-4), vol. iii, pp. 315-34, citação p. 321. O próprio ensaio de Lacretelle encontra-se no vol. iii, pp. 205-314. Ver também Joseph I. Shulim, "The Youthful Robespierre and His Ambivalence Toward the Ancien Régime", *Eighteenth-Century Studies*, 5 (primavera de 1972): 398-420. Fui alertada para a importância da honra no sistema de justiça criminal por Gene Ogle, "Policing Saint Domingue: Race, Violence, and Honor in an Old Regime Colony", diss. PhD, University of Pennsylvania, 2003.

38. A definição de honra no dicionário da Académie Française pode ser encontrada em ARTFL, <http://colet.uchicago.edu/cgi-bin/dico1loo.pl?-]strip-pedhw+honneur>.

39. Sébastien-Roch-Nicolas Chamfort, *Maximes et pensées, anecdotes et caractères*, ed. Louis Ducros (1794; Paris: Larousse, 1928), p. 27. [Ed. brasileira:

Máximas e pensamentos, trad. Cláudio Figueiredo (Rio de Janeiro: José Olympio, 2007).] Eve Katz, "Chamfort", *Yale French Studies*, nº 40 (1968): 32-46.

4. "ISSO NÃO TERMINARÁ NUNCA" [PP. 146-76]

1. *Archives parlementaires*, 10: 693-4, 754-7. Sobre os atores, ver Paul Friedland, *Political Actors: Representative Bodies and Theatricality in the Age of the French Revolution* (Ithaca, NY: Cornell University Press, 2002), esp. pp. 215-7.

2. Citado em Joan R. Gundersen, "Independence, Citizenship, and the American Revolution", *Signs: Journal of Women in Culture and Society*, 13 (1987): 63-4.

3. Em 20-21 de julho de 1789 Sieyès leu o seu "Reconnaissance et exposition raisonnée des droits de l'homme et du citoyen" para o Comitê sobre a Constituição. O texto foi publicado como *Préliminaire de la constitution française* (Paris: Baudoin, 1789).

4. Sobre as qualificações para votar em Delaware e nas outras treze colônias, ver Patrick T. Conley e John P. Kaminsky, eds., *The Bill of Rights and the States: The Colonial and Revolutionary Origins of American Liberties* (Madison, WI: Madison House, 1992), esp. p. 291. Adams é citado in Jacob Katz Cogan, "The Look Within: Property, Capacity, and Suffrage in Nineteenth-Century America", *Yale Law Journal*, 107 (1997): 477.

5. Antoine de Baecque, ed., *L'An I des droits de l'homme*, p. 165 (22 de agosto), pp. 174-9 (23 de agosto). Timothy Tackett, *Becoming a Revolutionary*, p. 184.

6. *Archives parlementaires*, 10 (Paris, 1878): 693-5.

7. Ibid., 780 e 782. A frase-chave do decreto diz: "Não pode ser apresentado nenhum motivo para excluir da elegibilidade um cidadão, a não ser aqueles que resultam de decretos constitucionais". Sobre a reação à decisão a respeito dos protestantes, ver *Journal d'Adrian Duquesnoy, Député du tiers état de Bar-le-Duc sur l'Assemblée Constituante*, 2 vols. (Paris, 1894), vol. II, p. 208. Ver também Raymond Birn, "Religious Toleration and Freedom of Expression", in Dale van Kley, ed., *The French Idea of Freedom: The Old Regime and the Declaration of the Rights of 1789* (Stanford: Stanford University Press, 1994), pp. 265-99.

8. Tackett, *Becoming a Revolutionary*, pp. 262-3. *Archives parlementaires*, 10 (Paris, 1878): 757.

9. Ronald Schechter, *Obstinate Hebrews: Representations of Jews in France, 1715-1815* (Berkeley: University of California Press, 2003), pp. 18-34.

10. David Feuerwerker, "Anatomie de 307 cahiers de doléances de 1789", *Annales: E. S. C.*, 20 (1965): 45-61.

11. *Archives parlementaires*, 11 (Paris, 1880): 364.

12. Ibid., 364-5; 31 (Paris, 1880): 372.

13. As palavras de Clermont-Tonnerre são tiradas de seu discurso de 23 de dezembro de 1789 — ibid., 10 (Paris, 1878): 754-7. Alguns críticos tomam o discurso de Clermont-Tonnerre como um exemplo da recusa a endossar a diferença étnica dentro da comunidade nacional. Mas uma interpretação mais anódina parece justificada: os deputados acreditavam que todos os cidadãos devem viver sob as mesmas leis e instituições, portanto um grupo de cidadãos não podia ser julgado em tribunais separados. Tenho claramente uma visão mais positiva que Schechter, que descarta a "emancipação fabulosa dos judeus". O decreto de 27 de setembro de 1791, ele insiste, "era meramente uma revogação de restrições" e mudou "o status apenas de um punhado de judeus, a saber, aqueles que satisfaziam as condições rigorosas" para a cidadania ativa. Que o decreto tivesse concedido aos judeus direitos iguais aos de todos os outros cidadãos franceses parece não ser muito significativo para ele, mesmo que os judeus só tenham ganhado essa igualdade no estado de Maryland em 1826 ou na Grã-Bretanha em 1858 — Schechter, *Obstinate Hebrews*, p. 151.

14. Uma discussão das petições judaicas encontra-se em Schechter, *Obstinate Hebrews*, pp. 165-78, citação p. 166; *Pétition des juifs établis en France, adressée à l'Assemblée Nationale, le 28 janvier 1790, sur l'ajournement du 24 décembre 1789* (Paris: Praul, 1790), citações pp. 5-6, 96-7.

15. Stanley F. Chyet, "The Political Rights of Jews in the United States: 1776--1840", *American Jewish Archives*, 10 (1958): 14-75. Sou grata a Beth Wenger pela sua ajuda nessa questão.

16. Um útil panorama do caso dos Estados Unidos pode ser encontrado em Cogan, "The Look Within". Ver também David Skillen Bogen, "The Maryland Context of *Dred Scott*: The Decline in the Legal Status of Maryland Free Blacks, 1776-1810", *American Journal of Legal History*, 34 (1990): 381-411.

17. *Mémoire en faveur des gens de couleur ou sang-mêlés de St.-Domingue, et des autres Îles françoises de l'Amérique, adressé à l'Assemblée Nationale, par M. Grégoire, curé d'Emberménil, Député de Lorraine* (Paris, 1789).

18. *Archives parlementaires*, 12 (Paris, 1881): 71. David Geggus, "Racial Equality, Slavery, and Colonial Secession during the Constituent Assembly", *American Historical Review*, vol. 94, nº 5 (dezembro de 1989): 1290-308.

19. *Motion faite par M. Vincent Ogé, jeune à l'assemblée des colons, habitants de S.-Domingue, à l'hôtel Massiac, Place des Victoires* (provavelmente Paris, 1789).

20. Laurent Dubois, *Avengers of the New World: The Story of the Haitian Revolution* (Cambridge, MA: Belknap Press of Harvard University Press, 2004), p. 102.

21. *Archives parlementaires*, 40 (Paris, 1893): 586 e 590 (Armand-Guy Ker-

saint, "Moyens proposés à l'Assemblée Nationale pour rétablir la paix et l'ordre dans les colonies").

22. Dubois, *Avengers of the New World*, esp. p. 163. *Décret de la Convention Nationale, du 16 jour de pluviôse, an second de la République française, une et indivisible* (Paris: Imprimerie Nationale Exécutive du Louvre, ano ii [1794]).

23. Philip D. Curtin, "The Declaration of the Rights of Man in Saint--Domingue, 1788-1791", *Hispanic American Historical Review*, 30 (1950): 157--75, citação p. 162. Sobre Toussaint, ver Dubois, *Avengers of the New World*, p. 176. Dubois fornece um relato completo do interesse dos escravos pelos direitos do homem.

24. Sobre o fracasso dos esforços de Napoleão, ver Dubois, *Avengers.* O poema de Wordsworth, "To Toussaint L'Overture" (1803), pode ser encontrado em E. de Selincourt, ed., *The Poetical Works of William Wordsworth*, 5 vols. (Oxford: Clarendon Press, 1940-9), vol. 3, pp. 112-3. Laurent Dubois, *A Colony of Citizens: Revolution and Slave Emancipation in the French Caribbean, 1787-1804* (Chapel Hill: University of North Caroline Press, 2004), citação p. 421.

25. A explicação para a exclusão das mulheres tem sido muito debatida nos últimos tempos. Ver, por exemplo, a muito sugestiva intervenção de Anne Verjus, *Le Cens de la famille: Les femmes et le vote, 1789-1848* (Paris: Belin, 2002).

26. *Réflexions sur l'esclavage des nègres* (Neufchâtel: Société typographique, 1781), pp. 97-9.

27. As referências às mulheres e aos judeus encontram-se em *Archives parlementaires*, 33 (Paris, 1889): 363, 431-2. Sobre as opiniões a respeito das viúvas, ver Tackett, *Becoming a Revolutionary*, p. 105.

28. "Sur l'admission des femmes au droit de cité", *Journal de la Société de 1789*, 5 (3 de julho de 1790): 1-12.

29. Os textos de Condorcet e Olympe de Gouges podem ser encontrados em Lynn Hunt, ed., *The French Revolution and Human Rights: A Brief Documentary History* (Boston: Bedford/St. Martin's Press, 1996), pp. 119-21, 124-8. Sobre a reação a Wollstonecraft e para um ótimo relato das suas ideias, ver Barbara Taylor, *Mary Wollstonecraft and the Feminist Imagination* (Cambridge: Cambridge University Press, 2003).

30. A contribuição de Pierre Guyomar pode ser encontrada em *Archives parlementaires*, 63 (Paris, 1903): 591-9. O porta-voz do comitê constitucional propôs a questão dos direitos das mulheres em 29 de abril de 1793, e citou dois defensores da ideia, um deles Guyomar, mas a rejeitou (pp. 561-4).

31. Lynn Hunt, *The Family Romance*, esp. p. 119.

32. Rosemarie Zagarri, "The Rights of Man and Woman in Post-Revolutio-

nary America", *William and Mary Quarterly*, 3ª série, vol. 55, nº 2 (abril de 1998): 203-30.

33. Zagarri, "The Rights of Man and Woman"; Carla Hesse, *The Other Enlightenment: How French Women Became Modern* (Princeton: Princeton University Press, 2001); Suzanne Desan, *The Family on Trial in Revolutionary France* (Berkeley: University of California Press, 2004). Ver também Sarah Knott e Barbara Taylor, eds., *Women, Gender and Enlightenment* (Nova York: Palgrave/Macmillan, 2005).

34. "Rapport sur un ouvrage du cit. Théremin, intitulé: De la condition des femmes dans une république. Par Constance D. T. Pipelet", *Le Mois*, vol. 5, nº 14, ano VIII (aparentemente mês Prairial): 228-43.

5. "A FORÇA MALEÁVEL DA HUMANIDADE" [PP. 177-216]

1. Mazzini é citado em Micheline R. Ishay, *The History of Human Rights: From Ancient Times to the Globalization Era* (Berkeley e Londres: University of California Press, 2004), p. 137.

2. J. B. Morrell, "Professors Robison and Playfair, and the 'Theophobia Gallica': Natural Philosophy, Religion and Politics in Edinburgh, 1789-1815", *Notes and Records of the Royal Society of London*, vol. 26, nº 1 (junho de 1971): 43--63, citação pp. 47-8.

3. Louis de Bonald, *Législation primitive* (Paris: Le Clere, ano XI [1802]), citação p. 184. Ver também Jeremy Jennings, "The *Declaration des droits de l'homme et du citoyen* and Its Critics in France: Reaction and Idéologie", *Historical Journal*, vol. 35, nº 4 (dezembro de 1992): 839-59.

4. Sobre o bandido Schinderhannes e seus ataques a franceses e judeus na Renânia no final da década de 1790, ver T. C. W. Blanning, *The French Revolution in Germany: Occupation and Resistance in the Rhineland, 1792-1802* (Oxford: Clarendon Press, 1983), pp. 292-9.

5. J. Christopher Herold, ed., *The Mind of Napoleon* (Nova York: Columbia University Press, 1955), p. 73.

6. Laurent Dubois e John D. Garrigus, eds., *Slave Revolution in the Caribbean, 1789-1804: A Brief History with Documents* (Boston: Beford/St. Martin's Press, 2006), citação p. 176.

7. Germaine de Staël, *Considérations sur la Révolution Française* (1817, Paris: Charpentier, 1862), p. 152.

8. Simon Collier, "Nationality, Nationalism, and Supranationalism in the

Writings of Simon Bolívar", *Hispanic American Historical Review*, vol. 63, nº 1 (fevereiro de 1983): 37-64, citação p. 41.

9. Hans Kohn, "Father Jahn's Nationalism", *Review of Politics*, vol. 11, nº 4 (outubro de 1949): 419-32, citação p. 428.

10. Thomas W. Laqueur, *Making Sex: Body and Gender from the Greeks to Freud* (Cambridge, MA: Harvard University Press, 1990). [Ed. brasileira: *Inventando o sexo: corpo e gênero, dos gregos a Freud*, trad. Vera Whately (Rio de Janeiro: Relume-Dumará, 2001).]

11. As visões revolucionárias francesas são discutidas em Lynn Hunt, *The Family Romance*, esp. pp. 119 e 157.

12. O texto de Mill pode ser encontrado em <www.constitution.org/jsm/women.htm>. Sobre Brandeis, ver Susan Moller Okin, *Women in Western Political Thought* (Princeton: Princeton University Press, 1979), esp. p. 256.

13. Sobre Cuvier e a questão de modo mais geral, ver George W. Stocking, Jr., "French Anthropology in 1800", *Isis*, vol. 55, nº 2 (junho de 1964): 134-50.

14. Arthur de Gobineau, *Essai sur l'inégalité des races humaines*, 2ª ed. (Paris: Firmin-Didot, 1884), 2 vols. citação vol. 1, p. 216. Michael D. Biddiss, *Father of Racist Ideology: The Social and Political Thought of Count Gobineau* (Londres: Weidenfeld & Nicolson, 1970), citação p. 113; ver também pp. 122-3 a respeito das civilizações baseadas na linhagem ariana.

15. Michael D. Biddiss, "Prophecy and Pragmatism: Gobineau's Confrontation with Tocqueville", *The Historical Journal*, vol. 13, nº 4 (dezembro de 1970): 611-33, citação p. 626.

16. Herbert H. Odom, "Generalizations on Race in Nineteenth-Century Physical Anthropology", *Isis*, vol. 58, nº 1 (primavera de 1967): 4-18, citação p. 8. Sobre a tradução americana de Gobineau, ver Michelle M. Wright, "Nigger Peasants from France: Missing Translations of American Anxieties on Race and the Nation", *Callaloo*, vol. 22, nº 4 (outono de 1999): 831-52.

17. Biddiss, "Prophecy and Pragmatism", p. 625.

18. Jennifer Pitts, *A Turn to Empire: The Rise of Imperial Liberalism in Britain and France* (Princeton: Princeton University Press, 2005), p. 139. Patrick Brantlinger, "Victorians and Africans: The Genealogy of the Myth of the Dark Continent", *Critical Inquiry*, vol. 12, nº 1 (outono de 1985): 166-203, citação de Burton p. 179. Ver também Nancy Stepan, *The Idea of Race in Science: Great Britain, 1800-1960* (Hamden, CT: Archon Books, 1982), e William H. Schneider, *An Empire for the Masses: The French Popular Image of Africa, 1870-1900* (Westport, CT: Greenwood Press, 1982).

19. Paul A. Fortier, "Gobineau and German Racism", *Comparative Litera-*

ture, vol. 19, nº 4 (outono 1967): 341-50. A citação de Chamberlain encontra-se em <www.hschamberlain.net/grundlagen/division2_chapter5.html>.

20. Robert C. Bowles, "The Reaction of Charles Fourier to the French Revolution", *French Historical Studies*, vol. 1, nº 3 (primavera de 1960): 348-56, citação p. 352.

21. Aaron Noland, "Individualism in Jean Jaurès's Socialist Thought", *Journal of the History of Ideas*, vol. 22, nº 1 (janeiro-março de 1961): 63-80, citação p. 75. Quanto à frequente invocação dos direitos em Jaurès e sua celebração da declaração, ver Jean Jaurès, *Études socialistes* (Paris: Ollendorff, 1902), que está disponível em Frantext: <www.lib.uchicago.edu/efts/ARTFL/databases/TLF/>. O principal opositor de Jaurès, Jules Guesde, é citado em Ignacio Walker, "Democratic Socialism in Comparative Perspective", *Comparative Politics*, vol. 23, nº 4 (julho de 1991): 439-58, citação p. 441.

22. Robert C. Tucker, *The Marx-Engels Reader*, 2ª ed. (Nova York: W. W. Norton, 1978), pp. 43-6.

23. Ver Vladimir Lenin, *The State and Revolution* (1918), em <www.marxists.org/archive/lenin/works/1917/staterev/index.htm>. [Ed. brasileira: *O Estado e a revolução*, trad. Aristides Lobo (São Paulo: Expressão Popular, 2007).]

24. Jan Herman Burgers, "The Road to San Francisco: The Revival of the Human Rights Idea in the Twentieth Century", *Human Rights Quarterly*, vol. 14, nº 4 (novembro de 1992): 447-77.

25. A condição estabelecida pela Carta é citada em Ishay, *The History of Human Rights*, p. 216. A fonte essencial da história da Declaração Universal é Mary Ann Glendon, *A World Made New*.

26. Douglas H. Maynard, "The World's Anti-Slavery Convention of 1849", *Mississippi Valley Historical Review*, vol. 47, nº 3 (dezembro de 1960): 452-71.

27. Michla Pomerance, "The United States and Self-Determination: Perspectives on the Wilsonian Concept", *American Journal of International Law*, vol. 70, nº 1 (janeiro de 1976): 1-27, citação p. 2. Marika Sherwood, "'There Is No New Deal for the Blackman in San Francisco': African Attempts to Influence the Founding Conference of the United Nations, April-July, 1945", *International Journal of African Historical Studies*, vol. 29, nº 1 (1996): 71-94. A. W. Brian Simpson, *Human Rights and the End of Empire: Britain and the Genesis of the European Convention* (Londres: Oxford University Press, 2001), esp. pp. 175-83.

28. Manfred Spieker, "How the Eurocommunists Interpret Democracy", *Review of Politics*, vol. 42, nº 4 (outubro de 1980): 427-64. John Quigley, "Human Rights Study in Soviet Academia", *Human Rights Quarterly*, vol. 11, nº 3 (agosto de 1989): 452-8.

29. Kenneth Cmiel, "The Recent History of Human Rights", *American His-*

torical Review (fevereiro de 2004), <www.historycooperative.org/journals/ahr/109.1/cmiel.html> (consultado em 3 de abril de 2006).

30. Edward Peters, *Torture*, p. 125.

31. Christopher R. Browning, *Ordinary Men: Reserve Police Battalion 101 and the Final Solution in Poland* (Nova York: HarperCollins, 1992).

32. O caso hipotético é estudado na parte III, cap. 3 da *Teoria dos sentimentos morais* e pode ser consultado em <www.adamsmith.org/smith/tms/tms-p3-c3a.htm>. [Ed. brasileira, trad. Lya Luft (São Paulo: Martins Fontes, 1999).]

33. Jerome J. Shestack, "The Philosophic Foundations of Human Rights", *Human Rights Quarterly*, vol. 20, nº 2 (maio de 1998): 201-34, citação p. 206.

34. Karen Halttunen, "Humanitarianism and the Pornography of Pain in Anglo-American Culture", *American Historical Review*, vol. 100, nº 2 (abril 1995): 303-34. Sobre Sade, ver Hunt, *The Family Romance*, esp. pp. 124-50.

35. Carolyn J. Dean, *The Fragility of Empathy After the Holocaust* (Ithaca, NY: Cornell University Press, 2004).

Créditos das imagens

P. 37: Julie's Deathbed. Department of Special Collections, Charles E. Young Research Library, UCLA

P. 44: Singer-Mendenhall Collection, Rare Book and Manuscript Library, University of Pennsylvania

P. 71: © Special Collections, University of Maryland Libraries

P. 72: © Special Collections, University of Maryland Libraries

P. 79: © Bibliothèque Nationale de France

P. 86: Portrait of Captain John Pigott, por Joseph Blackburn © 2009 Museum Associates/LACMA.

P. 88: © The British Museum Company Limited.

P. 91: © Bibliothèque Nationale de France

P. 95: © The British Museum Company Limited

P. 100: © Bibliothèque Nationale de France

P. 196: © The French Revolution Before and Today. Department of Special Collections, Charles E. Young Research Library, UCLA

Índice remissivo

Abelardo, Pedro, 35
Académie Française, 143-5, 262
açoitamento, 77, 78
acordo social, 60
Adams, John, 16, 147-8, 258, 263
África: divisão colonial europeia da, 194, 208
Alemanha: antissemitismo, 195, 197; ideologia racial da, 186, 192, 195, 197, 202; nacionalismo da, 184-5, 195; regime nazista da, 197, 202-3, 210-1
Alembert, Jean Le Rond d', 36, 240, 242
alma, negação materialista da, 110
amende honorable, 94, 140
América do Sul, movimentos de independência da, 183
Anderson, Benedict, 30, 241, 243
anestesia, 97
antissemitismo, 186-8, 190, 195, 197, 203
Argélia, controle francês da, 194-5, 210

arquitetura doméstica, 83
arrastamento e esquartejamento, 77, 80
arte do retrato, 83, 85, 251
Artigos da Confederação (1777), 126
asiáticos, imigrantes, 186
asquenazes, 157
assassinos, penalidades judiciais para, 77
Assembleia Nacional: declarações de direitos da, 115, 129-33; *ver também* Declaração dos Direitos do Homem e do Cidadão; formação da, 129; punição judicial reformada pela, 137-42, 248; sobre a elegibilidade dos direitos políticos, 146; sobre o sistema da escravatura, 162, 164-5
ateísmo, 110, 180
atores, direitos políticos dos, 147, 153
Austrália: restrições de imigração da, 186; sufrágio feminino na, 190

autismo, 31, 39

autocontrole, 26, 29, 82

autodeterminação nacional, 184-5, 208

autonomia individual: a escrita como expressão da, 44; autodisciplina requerida pela, 83; busca das heroínas da ficção pela, 59-60; como liberdade, 61; das mulheres, 26, 58-60, 64, 67-9, 169; ênfase educacional na, 60, 61; interioridade como evidência da, 30, 48; julgamento moral e, 26, 241

autoridade política: acordo social sobre a, 60; preservação dos direitos como base da, 30

Barbeyrac, Jean, 118

Barnave, Antoine, 162

Bastilha, ataque à prisão da, 130

Beccaria, Cesare, 80, 81, 93-4, 97, 101-4, 139, 248, 250-1, 253-4; ampla influência de, 80-1, 102, 103-4, 125, 250-1, 262; oposto à pena de morte, 80, 81, 98; procedimentos criminais públicos apoiados por, 97, 98, 101, 137; sobre a tortura, 29, 80-1, 101-2; sobre os direitos do homem, 102-3

Bentham, Jeremy, 124-5, 177, 250-1, 256, 259

Bill of Rights, americana (1791), 16, 117, 121, 126

Bill of Rights, britânica (1689), 19, 77, 114, 122, 256

Blackburn, Joseph, 86

Blackstone, William, 23, 26, 81, 119, 122, 124-5, 239-40, 250, 257-9

bolcheviques, 199, 201-2

Bolívar, Simón, 183, 184, 267

Bonald, Louis de, 179-80, 266

Bonnet, Charles, 111, 255

Bossuet, Jacques-Bénigne, 22, 238

Boswell, James, 89, 252

Boucher d'Argis, Antoine-Gaspard, 104, 240, 256

Bradshaigh, Lady Dorothy, 46, 243

Brandeis, Louis, 190, 267

Brissot, Jacques-Pierre, 59, 105-6, 161, 245, 254

Brunet de Latuque, Pierre, 146, 152-3, 155

Burke, Edmund, 15, 134, 135, 174, 178-9, 183, 237, 261

Burlamaqui, Jean-Jacques, 25, 117-8, 120, 238-41, 256-7

Burney, Fanny, 59

Burton, Richard, 195, 267

Cabanis, Pierre, 189

Calas, Jean, 70-5, 78, 80-1, 92, 99-104, 107-8, 247-8, 250, 253

Calas, Marc-Antoine, 74

calvinistas, 152, 156

Campbell, John, 193

capacidade de ler e escrever, 40, 211

capitalismo, 41, 246

Caran d'Ache (Emmanuel Poiré), 196

carrascos, 105, 147, 151, 153, 170, 222

Carta Atlântica (1941), 208

casamento: autoridade dos pais no, 62-3; direitos de divórcio e, 62-4, 150, 168, 180; entre diferentes grupos, 188, 192

Castellane, Comte de, 151

catolicismo: argumento dos direitos naturais contra, 122; direitos civis britânicos e, 159; domínio na França do, 24, 70, 74, 146, 155, 179, 181;

274

nas colônias americanas, 148, 160; táticas da Inquisição do, 74, 76, 180

Cavour, Camillo di, 185

cérebro, funcionamento do, 31, 39

Chamberlain, Howard Stewart, 192-3, 195, 268

Chamfort, Sébastien-Roch Nicolas, 144-5, 262, 263

Chodowiecki, Daniel, 100

Chrétien, Gilles-Louis, 90, 92

Churchill, Winston, 208

Clarissa (Richardson): dilema feminino apresentado em, 46, 53, 59, 63; publicação de, 39, 46; reações dos leitores a, 46, 48, 49, 51, 55, 68, 89

Clermont-Tonnerre, conde Stanislas de, 146-7, 153, 158, 264

clínica médica, tratamento da dor na, 97

colarinho de ferro, 78, 79, 141-2, 144, 145

Comitê dos Sete, 136, 139, 262

Comitê sobre a Constituição, 129, 133, 157, 261, 263

Comitê sobre a Lei Criminal, 139, 262

Common Sense (Paine), 129

comunidade, autonomia individual vs., 64

comunismo, 197, 199

Condorcet, marquês de, 23, 107, 127-8, 161, 171, 173, 239-40, 265; sobre os direitos das mulheres, 170-2

consciência, 65

Constituição (EUA), 117, 121, 126-7, 131, 161

consumismo, 89, 252

Contrato social, O (Rousseau), 22, 35

Convenção Constitucional, 161

Convenção Europeia para a Proteção

dos Direitos Humanos e Liberdades Fundamentais (1950), 208

corpo: caráter revelado pelo, 99, 101; dignidade do, 108; integridade do, 27-8, 30, 82, 241; na pintura, 85

Corte Internacional de Justiça, 203

Cosway, Richard, 90

crianças: controle dos pais sobre as, 28, 61-2; educação das, 60-2; práticas de criação das, 63

crimes contra a humanidade, 202

cristianismo, 93, 134, 245, 252; igualdade das almas no, 28, 40; pecado original no, 93, 109; *ver também* catolicismo, protestantismo

Cuvier, Georges, 191, 193, 267

Dagge, Henry, 97, 253

Damásio, António, 110, 255

decapitação, 80, 140, 143

14ª Emenda, 161

13ª Emenda, 161

declaração (definição), 113-4

Declaração da Independência (1776): *Bill of Rights* vs., 16, 126; busca da felicidade na, 64; Declaração da Virgina vs., 121; direitos humanos afirmados na, 13, 23, 115-6, 126; franceses influenciados pela, 20, 127; texto da, 219-23; transferência de soberania afirmada na, 115

Declaração de Direitos da Virginia (1776), 121, 126

Declaração dos Direitos da Mulher (1791), 171

Declaração dos Direitos do Homem e do Cidadão (1789): adoção da, 13, 131; afirmação de autoevidência da, 17; aprovação real da, 136; controvérsia dos direitos inflamada pela, 15, 134-5; critérios dos direitos políticos e, 150-1, 153; Declaração das Nações Unidas vs., 205; declaração dos direitos das mulheres modelada na, 171; exclusão colonial da, 162; liberdade religiosa na, 132, 146, 152; motivação da, 127-30; mudança de soberania sugerida pela, 133; o rei omitido na, 115, 132; precedentes americanos para, 19, 127, 131; rascunho da, 130-1; reações críticas a, 125, 135, 179; reações socialistas a, 199-200; sobre o governo como fiador dos direitos, 29, 115, 133; terminologia dos direitos na, 23, 240; texto da, 225, 227, 229; universalidade da, 14, 19, 117, 153, 199, 200

Declaração dos Direitos dos Trabalhadores e dos Explorados (1918), 200-1

Declaração Universal dos Direitos Humanos (1948), 15, 205, 215, 229

Defoe, Daniel, 62

degradação cívica, 141

Delaunay, Nicolas, 37

Dez Mandamentos, 124

Dicionário Filosófico (Voltaire), 75, 248

Diderot, Denis, 25, 55-6, 80, 90, 240, 243, 245, 252; enciclopédia de, 36, 87, 104, 240, 244; sobre direitos naturais, 25; sobre Richardson, 55, 245

direito romano, 76

Direitos do homem, Os (Paine), 135, 174

direitos humanos: abolição da tortura ligada aos, 102-3, 106, 108, 113, 254; autoevidência dos, 17, 24, 29,

33; bases biológicas para exclusão dos, 187-95; como naturais, 19, 115-25, 256-7; conflitos entre, 215; da liberdade, 61, 181, 200; da tolerância religiosa, 24, 73-4, 121, 132, 146, 152, 154-5, 160; das minorias étnicas, 185; *ver também* negros; judeus; dentro da estrutura nacional, 177; direitos divinos vs., 238; esforços internacionais para, 202-7, 209, 215; foco particularista vs. pensamento universalista sobre, 116-8, 120, 122-6; fontes seculares dos, 132; garantia governamental dos, 19, 133, 178, 184-5; igualdade dos, 17-9, 187-8, 201; intolerância rejeitada como, 73-4; orientação socialista sobre, 197-201; poder patriarcal vs., 124, 178, 199; políticos vs. naturais, 67, 124, 148; *ver também* direitos políticos; reconhecimento progressivo dos, 27, 177; sociedade hierárquica tradicional ameaçada pelos, 178-81; terminologia dos, 20-4, 238; universalidade dos, 14, 16, 18-20, 69, 116-8, 120, 122-6, 132, 136, 177, 188

direitos humanos, declarações dos: da ONU *ver* Declaração Universal dos Direitos Humanos; francesa *ver* Declaração dos Direitos do Homem e do Cidadão; nos EUA, 116-8, 120, 122-6; *ver também* Bill of Rights, americana; Declaração da Independência; transferência de soberania sugerida por, 114-5, 132-3

direitos políticos: das minorias religiosas, 146, 148-9, 151-61, 177, 181, 263; das mulheres, 67-9, 141, 147-

9, 151, 153, 157, 168-75, 177, 189-90, 199, 207, 265; direitos naturais vs., 67, 123, 124, 148; dos trabalhadores, 177, 198; igualdade vs., 181; nos EUA, 148; nos territórios coloniais, 194-5; posse de propriedade vs., 26, 148, 163, 170; profissão vs., 147, 149, 153; raça vs., 149, 151, 160-7; requisitos de idade dos, 147-8, 151

divórcio, 62-4, 150, 168, 180

Dodd, William, 122, 258

dor: como experiência comunal, 94; pornografia da, 214; tratamento médico da, 97

Dos delitos e das penas (Beccaria), 80, 248

Dred Scott, 161, 264

Dreyfus, Alfred, 186-7, 196, 200

Du Pont de Nemours, Pierre-Samuel, 125, 260

Dupaty, Charles-Marguerite, 106-8, 254

Eden, William, 98

Edito de Tolerância (1787), 154-5

educação, 63; autonomia da individualidade na, 60-1; das mulheres, 68, 175; pública, 125

Edwards, Thomas, 46

Elements of Criticism (Kames), 56-7, 245

Emílio (Rousseau), 22, 60-1, 63, 68, 246

emoção *ver* paixões

empatia: através das linhas do gênero, 48, 60; como meio de aperfeiçoamento moral, 55-8, 65-6, 109; definição, 65; desenvolvimento da, 27, 39; evocada nos romances, 31-2,

38-43, 4-9, 55-6, 60; fronteiras socioculturais transpostas pela, 27, 38-9; funcionamento do cérebro e, 31, 39; igualdade e, 26, 39; limites da, 212, 213, 214; reformas criminais produzidas pela, 82; simpatia vs., 65; tortura e, 30, 108-09

empregados domésticos, direitos políticos dos, 149

Encyclopédie (Diderot), 36, 55, 87, 104, 240, 244, 251, 254, 256

enforcamentos, 76, 78

Equiano, Olaudah, 67, 247

escravidão: abolição americana da, 160-1, 193; abolição francesa da, 27, 149, 160-1, 165-7; abolicionistas e, 67, 161-2, 167, 191, 207; ações internacionais contra a, 206-7, 210; argumentos dos direitos naturais contra a, 20, 119, 134; de prisioneiros em guerras justas, 119; direitos das mulheres vs., 67, 151, 169; nas colônias francesas, 161-7, 181, 191; negros livres vs., 151; punição corporal e, 78; relatos autobiográficos da, 67

Espinosa, 110, 255

Essai sur l'inégalité des races humaines (Gobineau), 191, 267

Estados Unidos: *Bill of Rights* dos, 16, 117, 121, 126; Constituição dos, 117, 121, 126-7, 131, 161; direitos das minorias religiosas nos, 159-60; elegibilidade dos direitos políticos expandida nos, 148; escravidão nos, 20, 78, 160-1, 193; nascimento revolucionário dos, 15, 23, 61-2, 122, 134; restrições étnicas de imigração nos, 186; sobre grupos da paz internacional, 202-4; sufrágio feminino nos, 190

Estados-Gerais, 170, 240

eu interior, revelação corporal do, 99, 101

experiência religiosa: apreciação artística da, 83; moralidade secular vs., 57, 58

expressão, liberdade de, 21, 181, 201, 206, 229

família, reformas legais francesas na, 61-2

federalistas, 136

feitiçaria, 76, 249, 254

feminismo, 68, 190

Fielding, Henry, 46, 57

Fielding, Sarah, 48, 55

Filmer, Robert, 124, 259

fisionotraço, 92

Fitz-William, Lady Charlotte, 88

Foucault, Michel, 241, 251

Fourier, Charles, 199, 268

França: antissemitismo na, 186-7; Argélia incorporada à, 193-4; Declaração dos Direitos do Homem e do Cidadão *ver* Declaração dos Direitos do Homem e do Cidadão (entrada principal); dialetos regionais da, 185; diferenças religiosas na, 24, 70, 74, 146, 149-58; escravidão colonial da, 161-7, 181, 190; imperialismo da, 179-81, 183, 193-5; na Primeira Guerra Mundial, 202; Revolução Americana ajudada pela, 127; Revolução Francesa, 14-5, 47, 107, 135-6, 150, 169-70, 173, 179-80, 187, 189-90, 196, 214; sufrágio

feminino concedido na, 190; *ver também* Assembleia Nacional

François, Louis, 47

Franklin, Benjamin, 14, 16, 62, 127, 249, 260

Frederico ii (o Grande), rei da Prússia, 75

frenologia, 101

Gagnebin, Bernard, 239, 256

Gluck, Christoph Willibald von, 83

Gobineau, Arthur de, 192-3, 195, 267

Goldsmith, Oliver, 57

Gorbatchev, Mikhail, 209

Gouges, Olympe de, 171-3, 265

Grã-Bretanha: abolição da escravatura da, 160, 207; controvérsia dos direitos na, 123-5, 259; direitos particulares dos homens livres da, 116, 119-20; direitos políticos das minorias religiosas na, 159; documentos dos direitos na, 19, 77, 114, 122, 256; restrições de imigração da, 186; separação americana da, 116, 120, 122, 127; sufrágio feminino na, 190; territórios colônias da, 194, 208

Graham, William, 258

Grégoire, Baptiste-Henri, 161

Grimm, Friedrich Melchior, 243, 245

Grotius, Hugo, 60, 117-20, 124, 241, 256-7, 259

Guadalupe, escravos em, 168, 181

Guilherme i da Alemanha, 192

guilhotina, 76, 140, 172

Guyomar, Pierre, 265

Haakonssen, Knud, 241, 256

Haiti (Saint Domingue), levante dos escravos do, 162-3, 165-7, 181, 262

Haller, Albrecht von, 49-50, 55

Heloísa, 35, 37, 242

herança, direitos de, 62, 150, 174

heterogeneidade étnica, movimentos nacionalistas vs., 185

Hill, Aaron, 45, 57, 243

Hitler, Adolf, 187, 193, 195

Hobbes, Thomas, 118-9, 124

Hogarth, William, 95

Holbach, Paul-Henri-Dietrich d', 22-4, 240

honra, 142-5

Humphrey, John, 205

Hutcheson, Francis, 65, 66, 247

identificação, 36, 38-9, 55-8, 245

igualdade: argumentos biológicos contra, 190-5; crítica social da, 201; das almas cristãs vs. direitos terrenos, 40; do sistema penal, 139; dos direitos humanos, 17-9, 187-8, 201; empatia e, 26, 39, 58; liberdades políticas vs., 181

Iluminismo, 22-5, 46, 60-1, 81-2, 103, 112, 156, 175, 180, 244, 262; autonomia individual enfatizada pelo, 60-1; reformas do sistema criminal e, 80-1, 251; sobre emoções, 110-1

imigração, restrições racistas na, 186, 194

imperialismo, 183, 194

imprensa, liberdade de, 121, 128, 132, 174, 181

índex papal dos livros proibidos, 46, 75, 103

Índia, domínio britânico da, 194

individualidade, 28-9, 32, 48, 56, 59, 89, 109, 112; *ver também* autonomia individual; interioridade

individualismo, arte do retrato e, 85-92

industrialização, 198

Inquisição Católica, 76, 180

interioridade, 28, 48

Itália, unificação da, 184-5

Jacquin, Armand-Pierre, 51, 244

Jahn, Friedrich, 183-4, 267

jardins, circuito de caminhada em, 85

Jaucourt, Louis de, 87, 104, 251

Jaurès, Jean, 200, 209, 268

Jefferson, Thomas: a Declaração Francesa e, 13, 129, 130, 240; como autor da Declaração da Independência, 13, 16-8, 64, 120, 132; critérios de participação política de, 69, 160; escravidão e, 17, 20, 69; retrato de, 91-2; sobre o divórcio, 64; sobre o governo como segurança dos direitos, 30; sobre romances, 57-8, 66, 68, 111; termos dos direitos humanos empregados por, 20, 136

Jesus Cristo, 22, 99

Johnson, Samuel, 89, 251

Jorge III, rei da Inglaterra, 113, 116, 121

jornais, 29, 30, 172, 186-7, 195, 197, 211

Journal to Eliza (Sterne), 90

judeus: direitos políticos concedidos aos, 27, 146, 149, 151-3, 155-61, 170, 180, 195, 264; genocídio nazista contra, 202; preconceito xenófobo europeu contra, 186-91, 195, 197

Julgamentos de Nuremberg, 203

Júlia (Rousseau), 38, 41, 46, 56, 59, 68, 243; enredo de, 35, 59; prefácio de, 54; reações empáticas dos leitores a, 36, 47; subtítulo de, 35; sucesso de, 36

Kames, Henry Home, Lorde, 56-7, 245
Kant, Immanuel, 60, 245, 255
Kersaint, Armand-Guy, 164-5, 264
Knox, Robert, 193
Knox, Vicesimus, 51

Lacretelle, Pierre-Louis, 142, 262
Lafayette, marquês de, 14, 17, 23, 128, 129, 136, 161, 240
Larner, Christina A., 249
Le Blanc de Guillet, Antoine, 239
Lei das Causas Matrimoniais (1857), 63
Lei do Casamento (1753), 62
lei positiva, 93, 124
Leis dos Estrangeiros e da Sedição (1798), 179
Lenglet-Dufresnoy, Nicolas, 21, 50, 238, 244
Lênin, 201
Lepeletier de Saint-Fargeau, Louis--Michel, 139-42
Letters of Junius, The, 122, 258
lettres de cachet, 62
Lévesque de Burigny, Jean, 118, 256
Lewis, Matthew, 214
liberdade, autogoverno como, 61
libertinagem, 51
Liga das Nações, 202-3
Linguet, Simon-Nicolas-Henri, 104, 254
Locke, John., 60-1, 63, 118-20, 257
Loyseau de Mauléon, Alexandre--Jérôme, 99, 253
Lueger, Karl, 187
Luís xiv, rei da França, 22, 78

Luís xvi, rei da França, 105, 107-8, 128, 136-7, 144, 156, 248; ações revolucionárias contra, 130, 136; reformas do sistema criminal de, 105, 107-8, 137, 248

MacArdell, James, 88
Madison, James, 118, 240
Magna Carta (1215), 114
Maier, Pauline, 126, 237, 242, 257, 260
Manco (Le Blanc de Guillet), 22, 239
marca de ferro em brasa, 262
Marivaux, Pierre Carlet de Chamblain de, 29, 241
Martucci, Roberto, 262
Marx, Karl, 198, 200-1, 268
Mason, George, 24, 257
masturbação, 52
materialismo, 110, 197
Maury, Jean, 155
Mazzini, Giuseppe, 177, 184, 266
Mercier, Louis-Sébastien, 22, 87, 252, 260
metoposcopia, 101
Mickiewicz, Adam, 184
Mill, John Stuart, 190, 194
Mirabeau, conde de, 23, 24, 240
monarquia, 21, 22, 75, 113, 117, 127, 133, 135-6, 142, 145, 158, 168, 179-80
Montesquieu, barão de, 29, 142-3, 241, 250
Montmorency, Mathieu, duque de, 117, 132, 145
Moreau, Jean-Michel, 37
Morellet, André, 103
movimento de independência húngaro, 185
muçulmanos argelinos, 195

mulheres: autonomia pessoal das, 26, 58-60, 64, 67-9, 169; como heroínas de ficção, 59-60, 68; *ver também* romances; como pintoras de retratos, 89-90; dependência moral imputada às, 26, 169; direitos de divórcio das, 62-4, 149, 168; direitos políticos das, 67-9, 141, 147-9, 151, 153, 157, 168-75, 177, 189-90, 199, 207, 265; honra das, 143; limitações biológicas atribuídas às, 187, 188-90; punição criminal das, 77, 141, 172; sentimento associado às, 90, 97

Muyart de Vouglans, Pierre-François, 93-4, 102-3, 108-11, 252-3, 255

nacionalismo, 30, 41, 178, 182-7, 197-8, 241; polonês, 183, 186

Nações Unidas, 15, 17, 177, 203-4, 208, 210, 229-30, 232, 235-6; Declaração Universal dos Direitos Humanos aprovada pelas, 204-6, 210, 229-36

Napoleão Bonaparte, 145, 167-8, 178, 180-4, 249, 265

nazismo, 202

negros: inferioridade biológica atribuída aos, 187-95; livres, 16, 67, 149, 151, 160-1, 170; *ver também* escravidão

Nicolas, Augustin, 254

Observations on the Importance of the American Revolution (Price), 134

Observations on the Nature of Civil Liberty (Price), 123, 246, 258-9

Ogé, Vincent, 163, 264

organizações não governamentais (ONGs), 209-10

Otis, James, 119, 257

Paine, Thomas, 129, 130, 135, 174, 179, 261

pais, autoridade absoluta dos, 28

paixões: autocontrole das, 82; comportamento criminal ligado a, 109-10; controle externo das, 92, 93; razão vs., 110-1

Pamela (Richardson), 40-1, 44, 49, 51; diferenças de classe em, 39, 42; efeito moral de, 52-3; popularidade de, 42-6; reações emocionais a, 42-3; restrições da heroína em, 59

Panckoucke, C. J., 47, 56

Patriarcha (Filmer), 124, 259

pecado original, 93, 109

pelourinho, 77, 78, 142, 249

pena de morte: administração menos dolorosa da, 76, 102, 139-40; administrações torturantes da, 70, 77, 80, 99, 131-40; execução pública da, 73, 76, 94-99; fator dissuasivo da, 77; oposição à, 80-1, 98, 139, 250, 262; taxas de implementação da, 77, 102, 253

penitência, atos formais dos criminosos de, 94, 140-1

Pensamentos sobre a educação (Locke), 61

performances musicais, 83

Petição de Direitos (1628), 114

Pigott, John, 86

Pipelet, Constance (Constance de Salm), 174-6, 266

Place de Grève, 96

poder patriarcal, 124

Poiré, Emmanuel (Caran d'Ache), 196
presença ideal, 56, 57
Price, Richard, 14-5, 61, 123-4, 134, 237, 246, 258, 259, 261
Priestley, Joseph, 69
Primeira Guerra Mundial, 202, 208
Primeiro Estado, 128
primogenitura, 62
privacidade, no projeto do lar, 85
propriedade: apropriação governamental da, 131; crítica socialista da, 198-201; direitos ligados à, 26, 148, 163, 170; dos negros livres, 163; escravos como, 119; punição pelo confisco da, 142
protestantismo: consciência individual no, 28; direitos políticos franceses e, 146, 149, 151-58, 263; maioria americana, 160; na França, 24, 70, 146, 180, 216
Protocolos dos sábios de Sião, Os, 197
Prudhomme, Louis, 262
Pufendorf, Samuel, 117-8, 120, 256, 257
punição: obediência imposta pela, 61
punição corporal, 29; das crianças na escola, 63; dos escravos, 78; formas brutais de, 29, 77, 249; humilhação na, 79-80, 137, 141-3; moderação na, 105, 108, 250-1; multas, 98; mutilação na, 80, 140; punições vergonhosas vs., 141; reabilitação vs., 98, 139-40; *ver também* punição criminal; pena de morte; tortura
punição criminal: abordagens racionais da, 80-1, 93; como reparação à comunidade, 94, 98; condições da prisão e, 106; das mulheres, 77, 141, 171; de membros da família, 142;

desonra da, 141-5; igualdade da, 139; reformas francesas da, 136-45; valor dissuasivo da, 77, 94, 98, 140; visões religiosas da, 92-3, 97-8, 102, 109-10, 140; *ver também* punição corporal; pena de morte; tortura
Punt, Jan, 44

quartos de dormir, 84, 92
queima na fogueira, 77-8, 80, 102, 140
Quenedey, Edmé, 91-2
questão preliminar, 70, 137, 255
questão preparatória, 74, 137, 255

Rabaut Saint-Étienne, Jean-Paul, 24-5, 131, 152, 154, 216, 261
racismo, 162, 188, 190-1, 193-4, 210; *ver também* antissemitismo
Raven, James, 242-3
Raynal, Guillaume Thomas, 22, 243
razão, 61, 65; justiça criminal e, 80, 81, 94; paixão vs., 110, 111
religião: argumentos dos direitos naturais contra instituições da, 122; liberdade de, 128, 132, 146, 152, 154-5, 160, 200, 204, 206; punição criminal influenciada pela, 92, 93, 97-8, 102, 109-10, 140; tolerância da, 24, 73-4, 121, 132, 146, 152, 154-5, 160, 181-2, 216, 248; *ver também* catolicismo; cristianismo; judeus; protestantismo
revogação do Edito de Nantes, 153
revoluções: compromisso comunista com, 199, 200; Revolução Americana, 15, 23, 62; Revolução Francesa, 14-5, 47, 107, 135-6, 150, 169-70, 173, 179-80, 187, 189-90, 196, 214; Revolução Russa, 200

Reynolds, Sir Joshua, 87-8

Richardson, Samuel, 39, 41, 243; como autor anônimo, 45, 243; como "editor" de romances epistolares, 42, 53-4; reações dos leitores a, 45-9, 51, 55-6

Rights of the British Colonies Asserted and Proved, The (Otis), 119, 257

Robespierre, Maximilien de, 142-3, 262

Robinson Crusoé (Defoe), 41, 62, 63

Robison, John, 179

roda, suplício da, 70, 73, 78, 80, 96, 99, 106, 140, 247

Roland, Jeanne-Marie, 47, 243

romances: autonomia individual nos, 58-60; busca da autonomia pelas personagens femininas, 58-60, 68; efeitos morais dos, 45, 50-8, 67-8; epistolares, 30, 32, 38, 41, 243; góticos, 214; identificação dos leitores com os personagens dos, 36, 38, 42-3, 45-8, 55-6, 58-60; leitorado dos, 41, 45-6; natureza interior revelada nos, 30, 43, 48, 58; peças teatrais vs., 43; pessoas comuns como personagens centrais dos, 29, 40, 89; ponto de vista do autor, 42; reações empáticas aos, 31-2, 38-49, 55-6, 60, 66

Romilly, Samuel, 80, 250-1

Roosevelt, Eleanor, 205, 236-7

Rothschild, família, 197

Rousseau, Jean-Jacques: como romancista, 35-6, 41, 46-8, 53-4, 57-8, 243; sobre Richardson, 47, 243; teorias educacionais de, 60-3, 68; termos de direitos humanos usados por, 22-3, 70, 127, 238

Ruanda, conflito étnico em, 211

Rush, Benjamin, 76, 98, 108-9, 112, 249, 253, 255

Rutherford, Thomas, 256

Sade, marquês de, 214, 269

Saint Domingue *ver* Haiti

Salm, Constance de (Constance Pipelet), 174

Saphiro, Barry M., 255, 260, 262

Saunders, Richard, 101

Schechter, Ronald, 263-4

Schneewind, J. B., 26, 240

sefarditas, 157

Segunda Guerra Mundial, 202

Segundo Estado, 128

sellette, 137

sensibilidade, 28, 66; *ver também* empatia; simpatia

senso moral interior, 118

Servan, Joseph-Michel-Antoine, 105, 254

sexismo, 188, 190

Shakespeare, William, 57

Sieyès, Emmanuel-Joseph, 23, 67-8, 148, 240, 247, 263

simpatia, 58, 65-7, 109, 112; *ver também* empatia

sindicatos, 198-9, 234

Skipwith, Robert, 57

Smith, Adam, 65, 212-3, 247

Sobre a admissão das mulheres aos direitos da cidadania (Condorcet), 171

socialismo, 197-9

Sociedade Antiescravidão, 207, 209

sociedade burguesa, 198

Sociedade dos Amigos dos Negros, 106, 161

sociedade hierárquica, 178, 182

Sociedade para a Abolição do Tráfico de Escravos, 161, 207

sodomia, 80, 140

Spierenburg, Peter, 250, 252

Staël, Germaine de, 266

Stálin, Joseph, 201

Starobinski, Jean, 245

Sterne, Laurence, 57, 59, 66, 68, 90, 92, 111, 252, 255

strappado, 71

suicídio, 43, 74

Sujeição das mulheres, A (Mill), 190

Suprema Corte dos Estados Unidos, 161, 190

supremacia: ariana, 203

Tackett, Timothy, 154-5, 261, 263, 265

Talleyrand-Périgord, Charles-Maurice de, 157-8

teatro, 43, 54-5, 83, 245

teoria da lei natural, 256; *ver também* direitos humanos; como naturais

Teoria dos sentimentos morais (Smith), 65, 212, 247, 269

Terceiro Estado, 23, 126, 128-9, 240, 255, 260

Terror, 16, 144, 178

Therbusch, Anna, 90

Théremin, Charles, 174-5, 266

Tissot, Samuel-Auguste, 52, 244, 247

Tocqueville, Alexis de, 38, 193, 242, 267

Tod, James, 258

Tom Jones (Fielding), 41, 46, 51

tortura: abolição oficial da, 75, 108, 136-9, 248-9; afirmações dos direitos humanos vs., 102-3, 106, 108, 113, 254; campanha contra a, 102-6, 108, 254; convenção da ONU contra, 210; empatia e, 30, 108-9, 111-

2; métodos de, 70, 74, 76, 137; motivação religiosa da, 102, 180; no caso Calas, 70, 74, 99; para obter informações, 29, 70, 74-6, 99, 101-2, 104, 108, 138, 180; pena de morte administrada com, 70, 77, 80, 99, 131-40; ressurgimento contemporâneo da, 210-1

Toussaint-Louverture, 166-7

trabalhadores, direitos políticos dos, 177, 198

Tratado sobre a tolerância por ocasião da morte de Jean Calas (Voltaire), 73

tributação, 125, 129, 132, 227

Tristram Shandy (Sterne), 41, 59

tronco (instrumento de tortura), 77, 142, 249

Tyburn, execuções públicas em, 76, 95-6

União Soviética, 203-5, 209; na Primeira Guerra Mundial, 202

Utilitarismo, 124, 250

Van der Capellen tot den Poll, Joan Derk, 123, 259

Vattel, Emer de, 256-7

Viagem sentimental, Uma (Sterne), 59, 111

vida secular, 57

Vindication of the Rights of Woman (Wollstonecraft), 172-4

violência: da revolução política, 179; reportagens da mídia moderna sobre, 211; sensacionalismo da, 214

Voltaire, 21, 29, 36, 38, 73-5, 81, 93, 238-9, 242, 248, 250, 260; argumento dos direitos humanos usado por, 73-4; sobre o caso da tortura de Calas, 73-4, 80-1, 99, 248, 250

Wagner, Richard, 192
Walpole, Horace, 48, 87, 244, 251
Wilkes, John, 122, 258
Wilson, Woodrow, 208

Wollstonecraft, Mary, 68, 135, 172-3, 175, 247, 261, 265
Wordsworth, William, 167, 265

xenofobia, 186

Zola, Émile, 187, 196

1ª EDIÇÃO [2007] 7 reimpressões

ESTA OBRA FOI COMPOSTA PELA SPRESS EM MINION E IMPRESSA
EM OFSETE PELA GRÁFICA BARTIRA SOBRE PAPEL PÓLEN NATURAL
DA SUZANO S.A. PARA A EDITORA SCHWARCZ EM NOVEMBRO DE 2023

A marca FSC® é a garantia de que a madeira utilizada na fabricação do papel deste livro provém de florestas que foram gerenciadas de maneira ambientalmente correta, socialmente justa e economicamente viável, além de outras fontes de origem controlada.